国家社科基金
GUOJIA SHEKE JIJIN HOUQI ZIZHU XIANGMU
后期资助项目

晋法家源流研究

The Study on the Origin and Development of
Jin Legalism

黄辉明 著

上海交通大学出版社
SHANGHAI JIAO TONG UNIVERSITY PRESS

内容提要

本书对法家的研究突破传统的法、术、势三派分类的方法,提出以学术渊源标准重新划分晋、齐法家进行分类研究的方法,着重研究了晋法家的学术思想和实践。书中以春秋战国历史大变革为时代背景,以儒、法斗争为主线,并围绕"法与权"这一法治核心问题,对晋法家思想的形成、发展、终结和历史影响加以系统研究,形成对晋法家的完整认识。为适应时代变革的需要,法家思想是在诸侯争霸和百家争鸣的背景下展开的。晋法家由儒家现实派转化而来,主张法治,反对礼治、德治、人治,推行变法,实现由身份制社会向官僚制社会的转变,由形式法治走向尊君集权法治。晋法家随秦亡而终结,但仍然通过儒、法合流在历史上发挥作用。

图书在版编目(CIP)数据

晋法家源流研究 / 黄辉明著. —上海: 上海交通大学出版社,2021
ISBN 978 - 7 - 313 - 24716 - 2

Ⅰ.①晋… Ⅱ.①黄… Ⅲ.①法家-思想史-研究-中国 Ⅳ.①B226.05

中国版本图书馆 CIP 数据核字(2021)第 074494 号

晋法家源流研究
JIN FAJIA YUANLIU YANJIU

著　　者:	黄辉明			
出版发行:	上海交通大学出版社		地　　址:	上海市番禺路 951 号
邮政编码:	200030		电　　话:	021 - 64071208
印　　制:	江苏凤凰数码印务有限公司		经　　销:	全国新华书店
开　　本:	710 mm×1000 mm　1/16		印　　张:	16.25
字　　数:	280 千字			
版　　次:	2021 年 6 月第 1 版		印　　次:	2021 年 6 月第 1 次印刷
书　　号:	ISBN 978 - 7 - 313 - 24716 - 2			
定　　价:	75.00 元			

国家社科基金后期资助项目
出版说明

后期资助项目是国家社科基金设立的一类重要项目,旨在鼓励广大社科研究者潜心治学,支持基础研究多出优秀成果。它是经过严格评审,从接近完成的科研成果中遴选立项的。为扩大后期资助项目的影响,更好地推动学术发展,促进成果转化,全国哲学社会科学工作办公室按照"统一设计、统一标识、统一版式、形成系列"的总体要求,组织出版国家社科基金后期资助项目成果。

全国哲学社会科学工作办公室

前　言

　　在对法家思想史展开初步研究的时候，笔者发现晋、齐法家的学术渊源是大不相同的，因而产生对晋、齐法家分别进行研究的想法，本书就是对晋法家进行系统研究的成果。书中突破法、术、势三派划分的传统分类研究方法，提出了以学术渊源标准重新划分晋、齐法家的分类方法。书中立足于战国大变革时代的历史背景，以儒、法斗争为主线，并围绕"法与权"这一法治核心问题，对晋法家思想的形成、发展、终结和历史影响加以系统研究，肯定其法治主义精神，批判其专制主义弊病，进而探讨其当代意义。

　　适应时代变革的需要，法家思想是在诸侯争霸和百家争鸣的背景下展开的。诸侯争霸、礼崩乐坏的东周乱世，催生了一个思想上百家争鸣、百花齐放的文化盛世，成为中国古代学术思想最为繁荣的时代。面对时代巨变和天下混乱，诸子百家纷纷开出治世良方，道家的无为守静、儒家的复古守礼与法家的革新法治形成鲜明对比。诸子百家中，儒、法、道三家的论争在一定程度上决定了先秦政治和社会的走向，论争的焦点是人治还是法治，以及与之密切相关的法与权的关系。三者关系中，儒、法斗争尤为激烈。法家适应时代变革的需要，从功利主义出发，鲜明地主张法治，反对儒家的人治、德治、礼治思想，成为时代的引领，书写了"以法治国，富国强兵"的历史篇章，促进了大一统。法家思想在百家争鸣中产生，最终成为战国显学；法家人物是战国时代叱咤风云的人物，引领战国时代潮流。法家在取得成功的同时，其代表人物却往往难以逃脱悲剧的命运。

　　先秦法家思想的形成有两条重要路径：由儒转法和由道入法。晋法家和齐法家是先秦有鲜明地域文化色彩的两个重要法家集团，其形成路径是不同的。晋法家反儒尚法，而齐法家是道、法结合的，晋法家和齐法家正是由此形成的先秦法家内部的两个重要派别。晋法家由儒家现实派转化而来，齐法家是黄老道家的延伸，这正是晋法家与齐法家思想差别的源头所在。两者在理论渊源、法治理念、法治方式和历史影响诸方面都有着显著不同。尤其值得注意的是，两者与道家的关系是不同的，齐法家出自道家，而晋法家只是在发展过程中吸收了部分道家思想。晋法家出自儒家而非道家,是作为儒家的反对派而产生的,但在儒、法斗争过程中不断向道家靠拢,吸收道家思想以增强自身理论力量。这与申韩本于黄、老的观点有所不同,但并不否认黄老学说对晋法家的重要影响,尤其是对申韩术治思想的影响。另外,两者与儒家的关系也是不同的,晋法家强烈反儒,齐法家不完全排斥儒家。因此,对晋法家和齐法家分别进行系统研究并加以比较,对于我们更好地理解法家思想的内在逻辑和历史全貌非常有价值。

伴随着儒、法斗争的不断升级,晋法家由形式法治走向尊君法治。新兴地主阶级与奴隶主世袭贵族的斗争,在意识形态上的表现就是儒、法斗争、法与礼的斗争,法治与人治的论争。晋法家由务实致用的儒家现实派转化而来,子夏在晋儒转法过程中充当了桥梁,发挥了关键作用,可称为儒家现实派的鼻祖和法家的思想先驱。李悝、吴起完成了由儒转法的过程,称为初期晋法家。初期晋法家以功利主义为基础,完成了法典化,在主张法治的同时还保留着明显的儒家痕迹。以商鞅为代表的中期晋法家为典型的法家,以功利主义人性论颠覆儒家礼治学说的伦理基础,以严刑峻法取代儒家的礼仪德教,反对人治、德治,主张形式法治,强调君臣共同守法。申不害以术治补充商鞅法治的不足,增强了君主对官吏的控制。后期法家韩非为了反儒的需要还积极吸收道家思想,反对人治、德治,主张中主守法而治。在法权关系上,与商鞅重法不同,韩非更看重权势和权术,主张法、术、势相结合,强化君主集权,由尚法到尊君,将商鞅的形式法治转向了尊君法治,即由法治走向了权治。正是因为韩非迷信权术之治,他至死也没弄明白"法术之士焉得不危"的根源所在。

晋法家的变法改革阻力重重但卓有成效,不能因秦亡而片面否定。顺应时代变革的要求,法家推行变法奖励耕战,废除世卿世禄制,实现了中国历史上由分封向郡县、由身份向功劳、由贵族向官僚、由礼治向法治的巨大转变。晋法家的变法肇始于魏国,使得魏国在战国初年率先崛起而成为中原强国。随后,吴起将变法的火炬传到楚国,但因楚国贵族趁楚悼王死去之机发动政变,射杀吴起而使变法火熄,楚国随后日渐削弱。随着商鞅携李悝《法经》入秦,封建化变法改革的重心转移到秦国。秦国在商鞅变法以后,国富兵强,向东扩张,魏国被迫迁都大梁,秦国崛起。几代秦王继续沿用法家法制,至秦王嬴政兼并六国,统一天下。然而秦始皇专制独裁、横征暴敛,激起天下共愤,以至于自己倾力打造的惊天伟业二世而崩。秦朝的迅速灭亡使法家声名扫地,汉初儒家乘机反击,片面地将秦亡归因于法治本身,从而树立其儒学独尊的地位,实行人治、德治,晋法家的法治事业戛然而止。晋法家随秦亡而终结，但不能因秦亡而片面否定法治。今天有必要重新评估秦亡的原因。法治的关键是约束权力，秦亡的根本原因不在于其法律的严酷性，而是不受约束的绝对君权。晋法家缺乏君权约束机制，不能防止秦始皇和二世由法治走向权治，实行集权独裁统治，偏离了法治轨道。可以说，秦亡于势治主义而不是法治主义。因此，不能因秦亡而否定法治本身，但应对其法治方式进行民本化的改造，尤其需要建立起君权的约束机制，把权力关进制度的笼子。若如此，中国古代法治有可能走上另一条道路，打破王朝兴替的历史周期律。

晋法家是法治主义与专制主义的结合物，其历史进步性与局限性并存。晋法家法治思想是中国古代君主制纯粹法治的理论总结，是君主集权与以法治国的结合物，它是以功利主义为基础，以国家主义为导向，以重刑主义为特征的法治学说。其法治主义与专制主义成分兼而有之，精华与糟粕并存。一方面，晋法家的法治主义精神光芒闪烁——崇尚形式理性，摒弃个人私智；严格执法，不分贵贱，因时变法，勇于革新；重视对官吏权力的监督——这在两千多年前是非常难得的；另一方面，晋法家的专制主义色彩也很浓厚——国家本位、君主集权、法律严酷、文化专制，这是古代君主集权法治的必然结果。这种法治主体上依靠独尊的君主，维护君主绝对权力，权大于法，不惜采取严酷的法律，对人民实行专政，本质上是君主人治。任何思想都离不开其产生的时代条件，晋法家的法治适应天下一统的需要，促进了富国强兵，同时也不可避免地给人民带来苦痛。因此，我们要辩证地看待晋法家的法治思想，不能因其一面而否认其另一面。

晋法家对汉以后的政治和近代的新法家思潮都有很大影响。晋法家因秦亡而终结，但并没有完全退出历史舞台，而是通过臣服于儒家，仍然在历史幕后发挥重要作用。晋法家对汉以后正统儒家的影响不是正面的，而是颠倒了的。正统儒家贬斥法家的法治主义，但又吸收了法家的专制主义，从而形成所谓阳儒阴法。儒、法合流，德、法并用，共同维护君主专制统治。在统治危机到来的时候，间或有思想家从正面吸收法家思想，重拾其法治主义，抨击儒家人治思想的弊端，试图推动法家思想复兴，以救时弊。王安石变法就是法家长期蛰伏后的一次中兴，但由于反对派的极力反对而流产了，王安石罢官退隐。明代李贽以法家思想锐利批判儒家僵化的教条主义，并为此付出了生命。到了近代，随着西方入侵和西学东渐，中国面临两千多年来未有之大变局，中国学者开始反思儒家人治文化的弊病，除了向西方寻求经世济民的新思想外，一些富有民族情怀的学者运用西方思想回过头来整理传统国学，重新审视法家，推动法家思想的复兴。走在时代前列的梁启超热情提倡法家的法治主义精神,作为"吾以救世"的药方。在他的带领和影响下,形成了新法家思潮。

　　晋法家思想是宝贵的本土法治资源,对法治中国建设具有重要借鉴意义。中共十八届四中全会提出全面推进依法治国,加快建设社会主义法治国家的历史任务。在中国这样一个长期受儒家人治文化浸染的东方大国,要建设现代法治国家,不能照搬西方的法治经验,必须兼顾法治的世界性和民族性,建设有民族气派的法治国家。因此,充分挖掘本土法治资源,"取旧学磨洗而光大之",对于建设中国特色社会主义法治国家有着重要意义,同时也有助于我们增强民族自豪感和文化自信。法家变法至少为我们留下了两大重要历史遗产:一是变分封制为郡县制,二是变人治主义为法治主义。这两大遗产对中国历史产生了深刻的影响。郡县制一直为历朝历代所沿袭,而法治主义却被后来的封建统治者抛弃了,这是非常可惜的。中国的法治建设并非无源之水,先秦法家的法治思想博大精深,可以说与古希腊的法治思想相比并不逊色,不失为宝贵的本土法治资源,只是汉以后独尊儒学使得中国法治思想的发展进入了漫长的停滞时期。梁启超先生基本肯定法家与郭沫若先生基本否定法家这两种代表性的观点都有偏颇之处。今天,要一分为二地对待法家思想遗产,去除其专制主义成分,继承其法治主义精神,并把法治主义与民主主义结合起来,建设中国特色社会主义法治国家,尤其要处理好法与权的关系。

目　　录

导论　先秦法家分类
研究述评

先秦法家代表人物众多,派中有派,因此对法家的分类研究对于厘清法家思想尤为重要。对法家研究的传统分类方法是将法家划分为法、术、势三派,这种分类方法是一种点状分类而非线状分类,存在很大不足,不能完全反映先秦法家思想的全貌,尤其不能反映法家思想发展演变的历史过程。晋法家与齐法家的划分是对法家分类研究的一个突破。学界一般以地域标准来界定晋法家与齐法家,但其划分标准也有不足之处,需要改进。故笔者提出以学术渊源的标准来重新界定晋、齐法家及其代表人物,这对于先秦法家研究的深化乃至重构具有重要意义。

第一节　法、术、势三派划分的传统
分类研究方法及其不足

先秦法家的共性是主张法治,但由于其代表人物众多,思想也非铁板一块,甚至有很大的差异性。研究法家,除了揭示其共同性之外,更要考察其差异性,这样才能全面深入了解法家,不犯以偏概全的错误。为此,我们要对法家代表人物进行分类研究。

一　韩非最早对法家进行的学术分类研究

分类是学术研究的一个重要方法,科学的分类对于正确认识研究对象具有重要意义。不仅先秦诸子可以分为儒、墨、道、法等诸家,而且各家内部还可以分派。韩非说过,“儒分为八,墨离为三”①。同理,战国法家林立,内部也有派系。

对法家法、术、势三派的划分最早可以追溯到韩非。在《韩非子·定法》

---

① 高华平等译注:《韩非子·显学》,北京,中华书局,2015 年,第 725 页。

和《韩非子·难势》两篇中,韩非分别谈到商鞅的"法"、申不害的"术"和慎到的"势",初步勾勒出法家由法、术、势三派组成的轮廓。

在《韩非子·定法》中,韩非说:"今申不害言术而公孙鞅为法。"韩非先对申不害的术和商鞅的法分别做了简明扼要的定义。"术者,因任而授官,循名而责实,操杀生之柄,课群臣之能者也。此人主之所执也。"可见,术是指治官的法,即循名责实、考核监督。"法者,宪令著于官府,刑罚必于民心,赏存乎慎法,而罚加乎奸令者也。此臣之所师也。"法主要是指治民的法,即赏罚之法。所以,术由君主操作,而法由官吏执行。君主用术治理百官,而百官用法治理百姓,则实现法治。韩非对申不害的术和商鞅的法加以评价,认为法与术缺一不可。徒术而无法,徒法而无术,都不能实现法治:"君无术则弊于上,臣无法则乱于下,此不可一无,皆帝王之具也。"①最后,韩非进一步指出,无论是申不害的术还是商鞅的法,都要加以完善。"申子未尽于术,商君未尽于法也。"②申不害"术"概念的提出,是对商鞅法治学说的一大提升。商鞅的法治主要是官员以法治民,严刑峻法,迫使民众遵守法律。而申不害的术治则是君主以法治官,循名责实,迫使官员恪尽职守。韩非主张法、术的结合,使得法治从治民为主的层次上升到既治民又治官,发展了古代法治学说。

在《韩非子·难势》中,韩非谈及慎到的"势"。首先,韩非阐述了慎到的"势"概念和功能,认为"势"就是指权位、权势,治国要依靠客观性的权势而不靠主观性的贤人。韩非说:"贤人而诎于不肖者,则权轻位卑也;不肖而能服于贤者,则权重位尊也。"并举为人们所熟知的贤人尧和不肖者桀为例:"尧为匹夫,不能治三人;而桀为天子,能乱天下:吾以此知势位之足恃而贤智之不足慕也。"③其次,韩非认为,"势"要和"法"结合才能治理国家。"抱法处势则治,背法去势则乱。"④最后,韩非驳斥儒家人治的观点,坚定主张法治和势治。在他看来,抱法处势,中人可以治一国;背法去势,尧、舜不能治三家。

在《韩非子·八经》中,韩非综合法、术、势三派的思想,提出以法为主,法、术、势相结合的法治主张:

> 凡治天下,必因人情。人情者,有好恶,故赏罚可用;赏罚可用,则禁令可立而治道具矣。君执柄以处势,故令行禁止。……故明主之行

---

① 高华平等译注:《韩非子·定法》,第 620 页。
② 高华平等译注:《韩非子·定法》,第 624 页。
③ 高华平等译注:《韩非子·难势》,第 603 页。
④ 高华平等译注:《韩非子·难势》,第 608 页。

制也天,其用人也鬼。①

可见,韩非认为,君主要牢牢地抓住权柄,掌握用人之术,严格执行法律,三者相结合就能实现法治。至此,韩非在阐述法、术、势三派思想的基础上加以综合,勾画出他眼里法家思想的轮廓,对后世学者的研究影响很大。

二　近代学者对法家的分类研究方法

近代学者对法家内部进行分类研究的方法,明显受到韩非的影响,进而明确将法家分为"法、术、势"三派进行研究。

梁启超是近代法家研究的主要开拓者和引领者,出于爱国救世的需要,梁启超基本肯定法家的法治主义,而对法家的专制主义成分有所忽视。梁启超在《先秦政治思想史》(1922年)中将法家归纳为"法治主义""术治主义""势治主义"三派。梁启超说:"当时所谓法家者流中,尚有两派与法治主义极易相混而实大不同者:一曰'术治主义',二曰'势治主义'。"②在梁启超看来,"法治主义"是法家的主流,此外还有"术治主义"和"势治主义"。梁启超基本肯定了法家的法治主义和势治主义,而否定了术治。梁启超认为唯有法家的法治主义才能救中国,他"希望把先秦法家真精神着实提倡"③。梁启超对术治的看法有失偏颇,将其归结为人治而不是法治。梁启超说:"'法'与'术'在当时盖为相反之两名词。"又说:"术治主义者,亦人治主义之一种也。"④梁启超对势治主义的看法也值得商榷。他认为势治与法治的共同点是反对人治,但也有差异,"势治者自然的惰性之产物,法治则人为的努力所创造"⑤。他显然没有深入研究申、慎、韩思想的差别。实际上,申不害的术治和慎到的势治,法治色彩较浓,而韩非的术治和势治都带有强烈的人治色彩。基于把法家划分为法、术、势三派,梁启超在对法家人物的分类处理上,把慎到、商鞅、尹文、韩非等列入主张法治的法治主义一派;申不害为术治主义;慎到兼势治主义;而管仲、子产归为法治主义的先驱。他说:"法家成为一有系统之学派,为时甚晚,盖自慎到、尹文、韩非以后。然法治主义则起源甚早。管仲、子产时确已萌芽。"⑥

① 高华平等译注:《韩非子·八经》,第681页。
② 梁启超:《先秦政治思想史》,北京,中华书局,2015年,第197页。
③ 梁启超:《先秦政治思想史》,第308页。
④ 梁启超:《先秦政治思想史》,第198页。
⑤ 梁启超:《先秦政治思想史》,第199页。
⑥ 梁启超:《先秦政治思想史》,第191页。

在梁启超的积极倡导和影响下,一批近代学者基本沿着梁启超肯定法家法治主义的研究路径继续研究法家,成果丰硕,从中形成了一股主张以法家法治主义救国的新法家思潮。研究主要聚焦于商鞅、申不害、韩非等法家人物思想。专门研究法家的著作主要有丘汉平的《先秦法律思想》、洪嘉仁的《韩非的政治哲学》、谢无量的《韩非》、陈烈的《法家政治哲学》、陈启天的《中国法家概论》、曹谦的《韩非法治论》等。此外,在一些法律史、政治思想史和哲学史的研究著作中也有专门章节研究法家的思想,如吴经熊的《法律哲学研究》、杨鸿烈的《中国法律思想史》、萧公权的《中国政治思想史》、郭沫若的《十批判书》、冯友兰的《中国哲学简史》等。另外,还有一些重要论文,如常燕生的《法家思想的复兴与中国的起死回生之道》。虽然这些著作和论文多数研究晋法家人物的思想,但还没有晋法家的专门概念。

郭沫若可谓近代新法家思潮的终结者。在其《十批判书》中,郭沫若祭起批法扬儒的大旗,一反近代以来梁启超倡导的肯定法家法治主义的研究路径,大力批判法家的专制主义。郭沫若除了对商鞅的"秉公执法"还有所肯定以外,基本否定以韩非为代表的法家。郭沫若指责申不害、韩非"玩弄权柄",搞阴谋术;又认为韩非"推重权势",是一位"极权主义者";对韩非批判儒家人治、德治的观点也一概予以否定,认为韩非"把一切的人看成坏蛋"。郭沫若看到了韩非学说的极端之处,但全面加以否定也是失之偏颇的。应该说,韩非的术治、势治思想具有较多的专制成分和人治色彩,但其法治思想对儒家人治思想的批判还是非常深刻的,实有可取之处。

近代学者是将管仲作为法家先驱人物来研究的,而不是从晋、齐法家比较的视角来研究的。章太炎有《读管子书后》,宣扬法家的法治思想。梁启超较早系统研究了《管子》的思想。1909年,梁启超著《管子传》。在该书中,梁启超运用西方法治理论考查《管子》的思想,极力推崇管子的法治思想。梁启超的弟子杨鸿烈基本承袭其师的衣钵,在《中国法律思想史》(1936年)中将管仲与子产、邓析一起列为法家的先驱进行介绍。郭沫若在《十批判书》(1945年)中将《管子》归入黄老学派,加以介绍。此外,研究管子法律思想的还有何隼的《管子之法治思想》(1943年)、范扬的《管子法律论》(1946年)、梅仲协的《老子与管子的法律思想》(1946年)等。近代学者研究管子法律思想的不可谓不多,但这些学者都没有注意齐法家与晋法家的区分,而是笼统地归于法家思想,忽略了它们之间的重要差别。

三   当代学者对法家思想的主流分类研究方法

"文化大革命"时期曾有"评法批儒"运动,法家地位得以抬高,但那主要是一场政治运动而非学术研究,这里不赘述。

改革开放以来,法家研究又重新兴起。当代学者研究先秦法家思想时的主流分类方法,基本延续了近代学者的分类方法。一般将法家分为"法、术、势"三派,以商鞅、申不害、慎到为法、术、势三派的代表,而韩非为法家的集大成者。如张国华等主编的《中国法律思想史纲　上》(1984年)一书认为,韩非"在总结前期法家法、势、术三派的基础上,建立了一个'以法为本',法、势、术三者结合的完整体系"①。《简明法学大词典》(1991年)认为:"(法家)起源于春秋时的管仲、子产。战国时又以李悝、商鞅、慎到、申不害等人为代表。商鞅重'法',申不害重'术',慎到重'势'。战国末期,韩非集前人大成,提出了法、术、势结合、相递为用的思想体系。"②1994年出版的《诸子百家大辞典》以及1998年出版的《法学大辞典》也都做了类似的表述。可见,将法家划分为以商鞅、申不害、慎到为代表的法、术、势三派,韩非集三派之大成,而管仲、子产为法家先驱,已经成了当代学界关于法家研究的主流范式和定论。按照这种主流分类范式对法家思想展开整体研究或个别研究,取得的研究成果非常丰硕。仅研究专著就有曾振宇的《前期法家研究——法、术、势社会政治理论的建构》(1996年)、武树臣、李力的《法家思想与法家精神》(1998年)、蒋重跃的《韩非子的政治思想》(2000年)、夏勇的《法治源流——东方与西方》(2004年)、杨玲的《中和与绝对的抗衡:先秦法家思想比较研究》(2007年)、时显群的《法家"以法治国"思想研究》(2010年)等等,以及大量的研究论文。

此外,戴东雄的《从法实证主义之观点论中国法家思想》(1973年),耿云卿的《先秦法律思想与自然法》(1973年)较有代表性,分别从实证主义与自然法的角度讨论法家的思想。此外,还有黄公伟的《法家哲学体系指归》(1983年),蔡振修的《韩非的法律思想研究》(1986年),郑良树的《商鞅及其学派》(1987年),徐汉昌的《管子思想研究》(1990年)等。

四　主流分类方法存在的不足之处

上述主流分类范式看似抓住了法家的主流,但总体上是以晋法家的研究替代了整个法家的研究,有意无意地忽略了对齐法家的研究。因而,迄今为止的法家研究往往以偏概全,不能真实反映先秦法家思想的全貌,以至于人们对法家的理解产生偏差,在提到法家时,头脑中自觉不自觉地把它与晋

---

① 张国华、饶鑫贤:《中国法律思想史纲　上》,兰州,甘肃人民出版社,1984年,第209页。
② 张光博主编:《简明法学大词典》,长春,吉林人民出版社,1991年,第1069页。

法家联系到一起。晋法家甚至成了法家的代名词,而齐法家的研究相对滞后。提到晋法家,人们能如数家珍:李悝、吴起、商鞅、申不害、韩非等;提到齐法家,人们往往只知道管仲,而不知其他代表人物。

正如当代管学研究专家胡家聪所说:"提起战国时代的法家学说,人们习惯地想到秦国商鞅变法,以及秦法家著作《商君书》。但在战国时代的法家学派中,不仅有秦国而且有齐国的法家学派,前者的代表著作是《商君书》,后者的代表著作则是《管子》。这就是法家学者韩非把二者提到并重地位的'商、管之法'(《韩非子·五蠹》)。这一点似未引起人们注意,又加上《管子》研究有其难处,因此前人对秦、齐两国法家学派的法制理论未曾做过比较研究。"①应该说,对商管之法进行比较研究的还是有的,但对晋(秦)、齐法家进行比较研究的确实很少见。

这种分类研究的不足从学界关于法家的概念中可窥见一斑。例如《中国大百科全书》对法家的定义:

> 中国古代先秦诸子百家中主张"以法治国"的一个学派。法家很重视法律及其强制作用……认为只要加重轻罪的刑罚即能"以刑去刑",忽视甚至完全否定道德教化的作用。②

这一定义基本代表了当代学界的看法,但这一定义强调法家的思想是重刑主义,所以还是偏重于晋法家,忽略了齐法家,未反映法家的全貌,这正是传统法、术、势三派分类方法所造成的。其实,法家人物中观点相左者并不少见,晋法家和齐法家的观点就有很多不同,因此对法家概念的界定不宜太过具体,只要能概括出先秦法家的共同点,并能区别于儒、墨、道等其他学派就可以了。这个共同点就是,法家人物都主张在君主制的条件下推行法治。所以,本书给法家下了这样一个简明的定义:"法家是先秦诸子百家中主张在君主制下实行法治的一个学派。"这个定义能把晋(秦)法家和齐法家都囊括进来。

第二节 以地域标准划分晋、齐法家的 分类方法及其不足

当代学界对法家的分类方法除了按照学术标准把法家划分为法、术、势

---

① 胡家聪:《田齐法家法制理论的主要特点》,《管子学刊》1984 年第 2 期,第 36 页。
② 中国大百科全书总编辑委员会编:《中国大百科全书 法学》,北京、上海,中国大百科全书出版社,1989 年,第 80 页。

三派的主流分类方法以及按照时间标准将法家划分为前期法家和后期法家的分类方法以外,出现了一种新的分类方法:按照地域(国别)标准把法家划分为晋法家和齐法家这两大具有很强地域色彩的法家派别。

一　当代学者对晋法家和齐法家的划分

战国后期,商、管已并称。《韩非子·五蠹》说:"今境内之民皆言治,藏商、管之法者家有之。"①虽然韩非还没有明确他们为两个派系,但已经意识到他们是不同的法家。

虽然早在战国时期韩非就已将商、管之法并称,但明确意识到商、管是不同类型的法家并提出晋法家与齐法家的划分则是在当代。在主流研究范式之外,一些当代学者开始关注晋法家与齐法家的区分,从晋、齐比较的视角研究法家的思想,关注两者各自的独特性及其形成原因。

在哲学史界,冯友兰于二十世纪八十年代在其著作《中国哲学史新编》第八章第一节中将法家明确分为"晋法家和齐法家"。他认为,在春秋战国这个大转变时期,各诸侯国向着封建制的进展是不平衡的,率先实行变法改革的齐、晋两国无疑是走在前列的,因此,"代表新兴地主阶级利益的法家思想在齐国和晋国特别发展"②,所以出现了晋法家和齐法家两个集团。他认为,晋法家包括商鞅、申不害、韩非等,他们都是三晋人士;齐法家可以说是管仲思想的发展。在该书中,冯友兰还以《管子》一书为代表对齐法家做了初步研究。张岱年在《管子新探》一书的序中也认为,以商鞅、申不害、韩非为法家代表人物的观点是片面的。"商、申、韩非,可称为秦晋法家。在三晋法家之外,还有推崇管仲的齐国法家。"③张岱年进而总结了齐法家与晋法家的主要不同之点,认为齐法家立论比较全面,既强调法治,也肯定道德教育的必要性,避免了商鞅、韩非忽视文教的不足。

在法律史界,武树臣在《法家思想与法家精神》中较早从地域上将法家划分为晋法家和齐法家,并比较了二者的特征。"晋法家或称晋秦法家是以三晋文化和秦文化为基础而产生的法家派系,其代表人物主要有:李悝,魏国人;吴起,卫国人;商鞅,卫国人;慎到,赵国人;申不害,郑国人;韩非,韩国人;李斯,楚国人。他们都不同程度地参与了三晋(韩、赵、魏)和秦国的变法与法制建设。其中,影响最大的商鞅、韩非分别是晋法家'法治'理论的初创

---

① 高华平等译注:《韩非子·五蠹》,第714页。
② 冯友兰:《中国哲学史新编》第一册,北京,人民出版社,1982年,第226页。
③ 胡家聪:《管子新探》,北京,中国社会科学出版社,2003年,第2页。

者和集大成者。……齐法家是以齐国文化为基础产生的法家派系,其法律思想主要反映在假托管仲之名的《管子》一书中。《管子》一书中的法家思想是在管仲的旗帜下发展起来的,即是从管仲在政治、经济上的改革措施中推演出来的,是这些措施在理论上的发展。因此,可以说是管仲思想的发挥。"①该书总结晋法家思想的特征是:重农抑商,严刑峻法,否认道德教育作用,极端夸大刑罚的作用。而齐法家思想的特征是:重农而不抑商,重法而不全盘否认道德教育的作用。杨鹤皋的《先秦法律思想史》中有专章论述齐法家的法律思想,但没有明确界定齐法家的概念,而且是以对《管子》的研究代替了齐法家的研究。武树臣在其《中国法律思想史》中进一步提出晋法家与齐法家的区分:"法家分两种类型:齐国式的法家和晋秦式的法家。他们虽然都坚持'法治',但由于各自的历史文化传统所致,其'法治'的内容、特征是不尽相同的。"②提法有所改变,但仍然是以地域为标准来划分法家的。

晋法家与齐法家的区分是法家分类研究的一个突破。以地域(国别)作为划分晋法家和齐法家的标准已成为学界的通例。例如曾宪义的《中国法制史》就代表性地描述了这种分类方法。

> 从地域上,可以划分为:晋法家和齐法家。在大致相同的历史时期,法家内部的主张常常表现出差异性,这在很大程度上取决于不同的地域文化传统。晋法家或称晋秦法家是以三晋文化和秦文化为基础而产生的法家派系,其代表人物主要有:李悝,魏国人;吴起,卫国人;商鞅,卫国人;慎到,赵国人;申不害,郑国人;韩非,韩国人;李斯,楚国人。他们都不同程度地参与了三晋(韩、赵、魏)和秦国的变法与法制建设。其中,影响最大的商鞅、韩非分别是晋法家"法治"理论的初创者和集大成者。晋法家思想的特征是:重农抑商,严刑峻法,否认道德教育作用,极端夸大刑罚的作用。这可以从晋国的"戎索"精神中找到其原型。齐法家是以齐国文化为基础产生的法家派系,其法律思想主要反映在假托管仲之名的《管子》一书中。……齐法家思想的特征是:重农而不抑商,重法而不全盘否认道德教育的作用。这可以追溯到齐国的地理环境和历史文化传统之中。③

---

① 武树臣、李力:《法家思想与法家精神》,北京,中国广播电视出版社,1998年,第26页。
② 武树臣:《中国法律思想史》,北京,法律出版社,2004年,第146页。
③ 曾宪义:《中国法制史》,北京,中国人民大学出版社,2000年,第50页。

以地域标准将法家进行分类,法家分为晋法家(或称晋秦法家)和齐法家。晋法家是指三晋和秦国的法家,他们一般是晋国及其附属国人,或在晋、秦主持变法,包括李悝、吴起、商鞅、申不害、慎到、韩非、李斯等;齐法家则专指齐国的法家,以《管子》思想为代表。

晋法家与齐法家的区分使得人们对于整个法家思想的认识产生了新的突破,对于法家思想的研究从主要集中于晋法家思想转向晋、齐法家比较的视角上,并注意到不同地域文化对法家思想的影响。

二　以地域标准界定晋、齐法家的不足

尽管当代学界已注意到晋法家与齐法家的区分,但更多是将晋、齐法家当作一个地域概念(三晋或齐国的法家)而不是流派概念(晋国化或齐国化的法家),有对《管子》的研究但缺少对齐法家流派的研究。这种划分方法的学理意义并不大,甚至造成理论上的混乱,这可能也是这种分类自提出以来并未引起足够重视的一个原因。

第一,按照这种分类方法,晋法家理所当然的是法家的主流,从而贬低了齐法家的地位,不利于揭示法家的全貌。例如,武树臣认为:"如果说法家内部也分派系的话,那么,首先是晋法家同齐法家之别,其次是晋法家内部的重法、重势、重术三派之别。当然,在晋法家内部还可以有前期和后期之别。但是,晋法家是法家的主体,他们的思想是战国法家思想的主流和代表。"①武先生虽然肯定了晋法家和齐法家的划分,但同时又将齐法家置于非常次要的地位,这实际上又否定了这种划分的积极意义。由于这种划分把法、术、势三派都纳入晋法家,齐法家仅以《管子》一书为代表,势单力薄,所以晋法家成了法家的当然代表,而齐法家成了法家的旁支,从而不能从总体上反映法家的历史全貌和晋、齐法家的差别所在。

第二,这种划分方法对深入研究晋法家的学理是不利的。因为这些所谓的晋法家的代表们的思想观点参差不齐,立论基础各有不同,有的甚至大相径庭。例如商鞅的重刑思想与申不害的重术思想、慎到的重势思想就大不相同,慎到的势思想与韩非的势思想也有很大的不同,放在一起研究不利于揭示这种差异性。将法、术、势三家都纳入晋法家,晋法家就成了大杂烩,不便于总结晋法家的理论渊源、法治理念和法治方式,从而也很难将晋法家与齐法家的思想区分开来。

第三,以地域标准来划分,造成了以《管子》一书代替齐法家思想的片面

---

① 武树臣:《中国法律思想史》,第129页。

结论。冯友兰、武树臣等虽然较早提出了齐法家的概念,但他们都片面地认为齐法家思想体现在《管子》一书中。冯友兰认为,"齐国的法家思想,不能说就是管仲的思想,但可以说是管仲思想的发展"①,并体现在《管子》书中。武树臣认为,"齐法家是以齐国文化为基础产生的法家派系,其法律思想主要反映在假托管仲之名的《管子》一书中"②。这种带有片面性的结论被学界普遍接受后,对齐法家的研究往往就局限于《管子》一书的研究,不能深入系统地研究齐法家的思想,未能把齐法家的代表人物明确界定出来。由于《管子》一书思想的庞杂性,以往的研究者偏好抓住某些论述,认为齐法家是主张"德法结合"的,这种观点是有失偏颇的。齐法家准确地说应是"道法结合",其学术源自黄老道家。虽然今天"道德"一词合用,但在先秦时代,道、德是分家的,道是道家核心术语,德是儒家核心概念,我们不应该忽略二者的区别。晋法家和齐法家一起作为主张法治的法家学派,他们对儒家的德治都是持批判态度的,只是晋法家更为激烈而已。

第四,如果按地域划分,就不应该只有晋法家和齐法家,应该还有秦法家、楚法家等。为什么把秦法家、楚法家都称为晋法家呢?实际上,还是因为他们的观点是晋法家的,而不在于他们的国别。众所周知,战国时期,百家争鸣,人才在诸侯国之间频繁流动,受诸侯重用则留,不受重用则去,因此以地域为标准把他们界定为晋法家有些牵强。所以这个分类方法不仅没有学理意义,而且很杂乱,不利于深入研究法家内部的划分。

究其原因,这种分类错在把法家的国别和其学术思想生硬地捆绑在一起。误以为晋国人的思想就是晋国的,齐国人的思想就是齐国的。殊不知齐国稷下是战国时期有名的东方学术中心、百家争鸣之所,稷下学者来自各诸侯国。稷下学术以黄老道学为主流,来自赵国的慎到就是稷下学者之一,长期在齐国活动,慎到的思想本于黄老而主张法治,可以说是齐国培养的法家,与商鞅等强调重刑的晋法家思想有着显著不同,所以怎么能将慎到归于晋法家呢?相反,吴起、商鞅是卫国人,严格来说不是三晋人,且都先后效力于几个诸侯国,但他们的思想是晋国的,因为他们都受到晋国西河之学的很大影响。

第三节　以学术渊源标准重新界定晋、
齐法家,重构法家研究

要发挥晋法家与齐法家的这一分类框架的研究价值,先要对两大法家

---

① 冯友兰:《中国哲学史新编》第一册,第227页。
② 武树臣:《中国法律思想史》,第146页。

阵营的代表人物进行重新界定,否则对法家的分类研究仍然只会停留在法、术、势三派划分的基础上,看不到晋法家与齐法家这一分类研究方法对重构法家研究的重要意义。

一　以学术渊源为主要标准重新定义晋、齐法家

由于以地域标准划分晋、齐法家存在上述不足,所以本书提出从学术渊源来重新划分晋法家与齐法家,以揭示法家内部还存在着非常不同而且并驾齐驱的两种流派,对于深入研究法家思想具有很深的学理意义。

以学术渊源标准来重新界定晋法家与齐法家。晋法家即晋国化的法家,是指从晋国西河儒家现实派转化而来的法家,注重功利,主张严刑峻法,或称纯法家;齐法家即齐国化的法家,是指从齐国稷下黄老道家演化而来的法家,注重无为,主张因道循法,或称道法家。至于法家人物的国别则置于次要地位,甚至不问国别。按照这一重新界定,齐法家不再指齐国的法家,而是指齐国化的法家;晋法家不再指三晋的法家,而是指晋国化的法家,包括秦法家在内。

晋法家与齐法家虽然都主张法治,但二者在理论渊源、法治理念、法治方式和历史影响等方面都有很大的不同,因而可以认为他们已经构成法家内部两个并行的亚流派,并且彼此影响和争鸣。晋法家与齐法家的相同点是都主张法治,这也是它们作为法家与儒家、道家的根本区别。晋法家与齐法家的主要不同点是:晋法家强调专任刑罚,强烈反对人治、礼治、德治,完全走到了儒家的对立面;而齐法家以道率法,与道家结盟,同时并不强烈排斥儒家,因而其思想具有高度的融合性。因此,可以说齐法家的理论深度超越了晋法家,论及法律背后的法。

二　晋、齐法家代表人物的重新界定

按照传统地域分类方法,除了管仲是齐法家以外,子产、李悝、吴起、商鞅、申不害、慎到、韩非等都是晋法家,几乎将主要法家人物全部纳入晋法家。这种划分具有明显瑕疵,学术意义不大,所以我们提出按照学术渊源的标准重新加以界定。

(一)齐法家代表人物的界定

按照学术渊源标准重新分类,管仲是公认的齐法家先驱,归入齐法家应不成问题,因此不赘述。

关键是慎到的归属可能争议较大。慎到是赵国人,传统的分类将他归入晋法家,然而慎到是齐国稷下学者,长期在齐国讲学,享受齐国大夫的待

遇,其学归本黄老,尚道明法,是从道家分化而来的法家,理应归入齐法家。另外,田骈是齐国人,学本黄老而尚法,也应归入齐法家。

慎到和田骈齐名,在学术史上常常并称,应视为齐法家的主要代表人物。从古代学术史文献来看,古代学者常常将慎到、田骈并列而归于一派。《庄子·天下》将彭蒙、慎到、田骈划为道家三派之一:"公而不党,易而无私,决然无主,趣物而不两,不顾于虑,不谋于知,于物无择,与之俱往。古之道术有在于是者,彭蒙、田骈、慎到闻其风而悦之。"①其时尚无法家的概念,故将慎到、田骈划入道家的一派。《荀子·非十二子》虽然没有提出"法家"之说,但已明确将慎到、田骈划入尚法的一派:"尚法而无法……是慎到、田骈也。"②《史记·孟子荀卿列传》将慎到、田骈列入稷下黄老道家的代表人物。"慎到,赵人。田骈、接子,齐人。环渊,楚人。皆学黄老道德之术,因发明序其指意。"③总之,慎到、田骈的思想本于黄老而尚法,他们是道家中的法家、法家中的道家,这正是齐法家的特征,可以说他们是齐法家的代表人物。此外,齐法家还应该增列尹文和邹忌等。

(二) 晋法家代表人物的重新界定

按照学术渊源的标准来划分,子产、李悝、吴起、商鞅、申不害归入晋法家应该不成问题,这里不赘述。

韩非虽然受齐法家影响较大,被视为法家的集大成者,但其对齐法家思想的吸收是选择性的,其思想实质(重刑反儒)仍然是晋法家的,可谓商鞅的升级版,故应归入晋法家。

另外,晋法家的先驱人物应添加赵鞅。赵鞅对晋法家的影响不亚于子产。赵鞅又名赵简子,亦称赵孟,春秋时期晋国六卿之一,与子产同为成文法运动的先驱,是杰出的政治家、军事家,军功制的奠基者,郡县制变革的积极推动者,对春秋战国的历史转换起了推波助澜的作用。赵鞅重视奖赏军功,以功释奴,见于著名的铁之战军功令:"克敌者,上大夫受县,下大夫受郡,士田十万,庶人、工、商遂,人臣、隶、圉免。"④这个命令的颁布,大大鼓舞了晋军的士气,对取得战争的胜利发挥了巨大的作用。这个命令也反映了分封制遭到破坏,郡县制开始建立,军功制开始逐步取代世卿世禄制走上时代前沿的背景。赵鞅在铁之战的军功令成为后世兵家和法家的楷模,商鞅将其发展成为系统的军功爵制度。赵鞅对法家形成的重大贡献还有"铸刑

---

① 方勇译注:《庄子·天下》,北京,中华书局,2015 年,第 577 页。
② 方勇、李波译注:《荀子·非十二子》,北京,中华书局,2015 年,第 70 页。
③ (汉) 司马迁:《史记·孟子荀卿列传》,北京,中华书局,2009 年,第 456 页。
④ (春秋) 左丘明:《左传·哀公二年》,长沙,岳麓书社,2015 年,第 327 页。

鼎"事件。继子产《铸刑书》公布法律二十三年之后,即前513年,晋国大臣赵鞅将晋国范宣子反映新兴地主阶级要求的刑书铸在铁鼎上,公布于众,史称"铸刑鼎"。这是晋国新兴地主阶级反对旧礼制的一项重大举措,也是晋国历史上第一次将国家法律明文昭告于天下。因为晋国是春秋霸主国,而且刑书的内容更具法家的严厉色彩,因而"铸刑鼎"的影响大大超过此前的郑国子产的"铸刑书"事件,遭到了以孔子为代表的春秋士大夫的强烈声讨。因此,赵鞅理应与子产并列为晋法家先驱。

综上所述,齐法家的代表人物可以重新界定为:管仲、慎到、田骈、尹文、邹忌等;相应地,晋法家的代表人物重新界定为子产、赵鞅、李悝、吴起、商鞅、申不害、韩非、李斯等。经此界定后,齐法家的代表阵营明朗而强大,足以与晋法家并驾齐驱,构成先秦法家的两大主要阵营,雄踞东西,相互影响和争鸣,共同促进法家思想的发展和时代变革。与法、术、势三家划分的简单分类方法相比,这种新分类方法将重构法家研究,具有重要意义,有助于厘清先秦法家思想的全貌和发展脉络,有利于揭示晋法家和齐法家分别代表的中国古代两种不同的法治模式,而这对于当下法治中国建设的路径选择具有重要参考价值。(下附法家学派源流图)

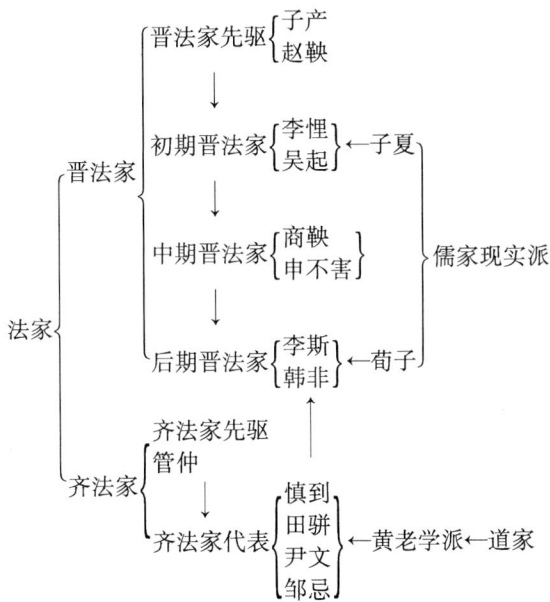

法家学派源流图

第一章　先秦法家概论

两千多年前的先秦时代是中华文化的精神家园,诸子林立,百家争鸣,产生了老子、孔子、韩非等古代东方思想大师,对中华文化的形成和发展,对塑造中国人的民族品性起了至关重要的作用,并具有世界影响。以商鞅、尹文、韩非等为代表的法家,与西方的亚里士多德可以相提并论,他们鲜明地主张法治,反对人治,在古代世界率先推行法治实践,为后人提供了有益的法治经验。

第一节　法家的概念

一般认为,法家是先秦诸子百家中主张"以法治国"的一个学派。其所谓法治,是针对礼治、德治与人治而言,即依据君主制定的强制性的法律,通过赏功罚过来治理国家的方式。

法家虽然是先秦学派,但其时并无法家之称。"法家"的称谓形成于汉代。汉代史家将先秦主张变法,倡导"以法治国"的人士统称为法家。

先秦文献中最早出现"法家"一词的是《孟子·告子下》,其中说"入则无法家拂士"①。但这里孟子所说的法家,显然不是指法家学派,而是指执法的官吏。孟子是主张仁政的,提倡德治和贤人治国,但也并不完全排斥法度的作用,所以他说过,"徒善不足以为政,徒法不能以自行"②。在孟子看来,德、法各有其作用,但这并不意味着孟子将德、法等量齐观,而是主张德主刑辅的。因此,孟子所说的法家不是指法家学派,而是指执法官。

《庄子·天下》是中国最早的一篇学术史论文,对大多数先秦"方术"(即学派)都做了简明扼要的述评。该篇涉及儒、墨、道、名诸家,但主要谈道

---

① 方勇译注:《孟子·告子下》,北京,中华书局,2015年,第128页。
② 方勇译注:《孟子·离娄上》,第128页。

家,未说法家,将慎到、田骈一起划为道家三派之一。篇中概括彭蒙、田骈、慎到这一派的学术特征是"公而不党,易而无私"①。这一方面说明庄子之时还没有法家学派的概念;另一方面也说明慎到、田骈的思想不同于其他道家人物。他们"公而不党,易而无私"的学术思想正具有法家的品质。庄子的分类对于后来的学者将慎到、田骈归于法家产生了影响。

荀子是紧接庄子之后尝试划分战国诸子学派的当世学者。在《荀子·非十二子》中,荀子对当时战国的学术流派做了初步划分,提出"六说"。各种学说代表人物列二人,计十二子,并对各说的学术观点一一加以评价。荀子的六说大致涉及五家:道、墨、法、名、儒,比庄子的划分增加了一家,即法家。可惜荀子的划分还是以人物为代表来划分的,并没有明确提出各家的概念。谈法家时,荀子提到慎到和田骈二人。荀子评价他们的思想特征是:"尚法而无法。"②所谓"尚法"是指推崇法治,所谓"无法"是指不符合儒家的礼制,这样就把法家与儒家区别开来了。可见,荀子虽然还没有明确提出法家的称谓,但其时法家的概念已初步形成,荀子抓住了法家的根本特征——尚法不尚礼。荀子划分各家的尝试对后来的汉代学者产生了明显的影响。

汉代学者最早明确提出作为学派意义的"法家"概念。司马迁的父亲、历史学家司马谈在其《论六家之要指》一文中最早提出具有学派意义上的"法家"一词。司马谈首次将先秦学派分为六家,即阴阳家、儒家、墨家、名家、法家、道家,并总结和评价了各家的要指来加以区分。司马谈对"六家"的划分仅比荀子的"六说"多了阴阳一家,可见他明显受到了荀子"六说"的影响。司马谈认为"法家不别亲疏,不殊贵贱,一断于法"③,这正是形式法治的特征,即法家主张司法平等,不论亲疏贵贱,犯了法都要严格而又平等地适用法律;然而法家在立法内容上又坚持不平等,坚定维护封建等级制度,"其正君臣上下之分不可改矣"④。司马谈总结了法家"严而少恩"的基本特征,使之与儒家等其他学派鲜明地区别开来。

班固在《汉书·艺文志》中进一步指出法家的特征是"信赏必罚""专任刑法而欲以致治"⑤,并列出了一份法家代表人物及其著作的清单,法家学派的轮廓已跃然纸上,为后来学者研究法家提供了基本线索。应该指出,班

---

① 方勇译注:《庄子·天下》,第577页。
② 方勇、李波译注:《荀子·非十二子》,第70页。
③ (汉)司马迁:《史记·太史公自序》,第759页。
④ (汉)司马迁:《史记·太史公自序》,第758页。
⑤ (汉)班固:《汉书·艺文志》,北京,中华书局,2007年,第335页。

固的材料来源于刘歆的《七略》,因此,刘歆对诸子百家的整理和研究功不可没。

三国时刘邵给法家下了一个定义:"建法立制,强国富人,是谓法家,管仲、商鞅是也。"①这一定义总结出法家的治国方式和价值追求,并提出管仲、商鞅是法家的代表人物,用词简明凝练,抓住了法家的特征,具有高度的概括性。

近现代学者掀起了法家研究的新高潮,因而也纷纷对法家概念做了重新界定。梁启超说法家:"吾名之曰'物治主义',或'法治主义'。"②梁启超的法家概念抓住了法家的实质,即主张法治,反对人治,任法而不任心;同时也认识到法家以权力为本位,不重视个性人权。

胡适说:"中国古代只有法理学,只有法治的学说,并无所谓的'法家'。"③胡适认为,儒、墨、道、法都有法理学的基本观念,如孔子的正名论,老子的天道论,墨家的天志论等,因此没有独立成派的法家。胡适的观点从哲学的高度提示我们研究法家的思想不能局限于法家,诸子为法家提供了法理基础,但完全否认法家学派的独立存在则是不可取的。

冯友兰说:"其专从君主或国家之观点,以论政治者,当时称为法术之士,汉人谓之法家。"④此说从儒、墨、道、法对比的角度指出法家的价值导向是国家本位主义,与儒家的民本位思想截然相反,冯友兰这一观点很有卓见,不过仅适用于晋法家。

学界对法家的一般定义是:"中国古代先秦诸子百家中主张'以法治国'的一个学派。"⑤并举出了法家的一些特征,如"以刑去刑"等。这一定义基本代表了当代学界的看法。

我认为,法家人物中观点相左者并不少见,晋法家和齐法家的观点就有很多不同,如"以刑去刑"是晋法家的特征而非齐法家,因此对法家概念的界定不宜太过具体,只要能概括出先秦法家的共同点,并能区别于儒、墨、道等其他学派就可以了。这个共同点就是法家人物都主张在君主制条件下实行"以法治国",至于为何要以法治国,以及怎样以法治国,那是法家内部各派都有不同认识的问题。所以,本书给法家下这样一个简明的定义:"法家是先秦诸子百家中主张在君主制下实行法治的一个学派。"这一定义把法家法

① (三国魏)刘邵撰,梁满仓译注:《人物志·流业》,北京,中华书局,2014年,第48页。
② 梁启超:《先秦政治思想史》,第79页。
③ 胡适:《中国古代哲学史》,上海,上海古籍出版社,2013年,第246页。
④ 冯友兰:《三松堂全集 第二卷》,郑州,河南人民出版社,2000年,第529页。
⑤ 中国大百科全书总编辑委员会编:《中国大百科全书 法学》,第80页。

治与儒家礼治区分开来,同时也把先秦法家的君主制法治与现代民主制法治区别开来。

第二节　法家产生的社会背景

法家产生于春秋战国之际,在春秋战国礼崩乐坏、社会巨变的背景下产生和发展的,有其时代的必然性。

一　西周礼制的建立

西周以礼治国,维护奴隶主贵族的统治。

（一）周初分封建国

武王灭商以后,分封建国,史称西周。灭商后的第二年,武王病死,继位的成王年幼,武王之弟周公摄政,平定管、蔡、武庚之乱,稳定了周初局势。为了巩固新生的姬姓政权,周公进一步在全国实行大规模的分封,将姬姓子弟和异姓功臣以及部分古帝王之后分封到各地为诸侯,以管理封地境内的土地和人民,形成了以农奴主贵族宗法等级制为核心的分封制政体。这种分封政体就是以宗法家族等级为基础,将爵位、土地、人民合为一体,实现家族对国家统治的政权运行体制。

经过武王和周公的前后分封,"周初立七十一国,姬姓独居五十三人"①,以鲁、卫、宋、晋、齐、燕等国最为重要,形成拱卫之势,达到了"封建亲戚,以蕃屏周"②的目的。

（二）周公制礼

周公旦,姬姓,名旦,是西周初杰出的政治家、思想家、军事家。周公旦是周文王之子、周武王之弟,因采邑在周,称为周公,因谥号为文,又称为周文公。周公是周礼的主要制定者,被儒家尊为圣人。

在周初分封建国的同时,相传周公制礼作乐,"先君周公制周礼"③,建立起一整套典章制度和礼仪以维护分封制政体的运行和奴隶主贵族等级体系。

周礼内容庞杂,形成了从政治、经济、宗族到社会生活方方面面无所不包的礼仪规范体系。周礼的主要内容为宗法制为基础的分封制、爵禄制和

---

① 方勇、李波译注:《荀子·儒效》,第90页。
② （春秋）左丘明:《左传·僖公二十四年》,第65页。
③ （春秋）左丘明:《左传·文公十八年》,第98页。

井田制等。

为了维护贵族等级制的运行,周礼还规定了人们生活交往的各种礼仪规范,以教化人民。据《礼记》的记载,这些礼仪规范主要有:六礼、七教、八政等。

礼仪规范的核心是调整君臣、父子、夫妇之间的关系,其基本原则是亲亲和尊尊。亲亲是家族关系的基本原则,即孝道,维护父权的统治;尊尊是社会关系的基本原则,即尊君,维护君权的统治。所以周礼的本质就是家国一体的贵族等级制。

（三）礼治的概念

西周的礼治,是指以身份为基础,以礼仪德教为主、刑罚为辅的方法来施行贵族等级制,维护奴隶主贵族统治的治国方式。

据古书记载,周公推行礼治还是很有成效的。武王死,成王年幼,周公辅政,制礼作乐,治理天下。没过几年就把国家治理得井井有条,诸侯都来朝拜,"而天下大服"①。

西周统治者在推行德教的同时,也深知仅仅依靠德教是不够的,故制定严酷的刑罚作为德教的后盾,以镇压被统治者的反抗。西周初期,刑法就有轻、中、重"三典"之称。"一曰,刑新国用轻典;二曰,刑平国用中典;三曰,刑乱国用重典。"②西周中期,社会矛盾尖锐,周穆王命吕侯制定《吕刑》,规定了残酷的五种肉刑,即古代奴隶制五刑:墨、劓、剕、宫、大辟。

在礼刑关系上,一是主张礼为主,刑为辅,重视德教的作用,即"明德慎罚"③。明德慎罚体现了西周统治者对天命思想的发展。夏、商、周的朝代更替,迫使西周统治者不得不思考权力的来源与目的。一方面,继续认定权力"受命于天";另一方面,又认为天命是可以改变的,上天选择有德的统治者来统治人民。所以,统治者必须以德配天。那么,如何判定天命呢？西周统治者认为天命存在于民心之中,"天视自我民视,天听自我民听"④,"民之所欲,天必从之。"⑤以德配天就是要保民、安民,"若保赤子"⑥,得到百姓的拥护,从而保持天命。"明德"的同时必然要求"慎罚",反对滥用刑罚,因为统治权力的维护主要靠德教而不是暴力。例如,西周统治者主张"罪人不

---

① 胡平生、张萌译注:《礼记·明堂位》,北京,中华书局,2017 年,第 604 页。
② 吕友仁等注译:《周礼·秋官·司寇》,郑州,中州古籍出版社,2018 年,第 310 页。
③ 王世舜、王翠叶译注:《尚书·康诰》,北京,中华书局,2012 年,第 181 页。
④ 王世舜、王翠叶译注:《尚书·泰誓中》,第 436 页。
⑤ 王世舜、王翠叶译注:《尚书·泰誓上》,第 431 页。
⑥ 王世舜、王翠叶译注:《尚书·康诰》,第 186 页。

孥"①，"父子兄弟，罪不相及"②，反对商人"罪人以族"的严酷刑罚；疑罪从无，"五刑之疑有赦，五罚之疑有赦，其审克之"③；慎杀，"乃有大罪，非终，乃惟眚灾，适尔，既道极厥辜，时乃不可杀"④；严惩徇私枉法的法官，"其罪惟均"⑤，即其罪与错判同罚。

二是礼、刑在适用范围上有所区别，以保护贵族特权。西周统治者主张"礼不下庶人，刑不上大夫。刑人不在君侧"⑥。也就是说，对于贵族士大夫阶层，以礼乐教化为主，除了谋逆等重罪以外，一般不适用刑罚；而对于庶人就以刑罚来统治；大夫若受了肉刑，将失去大夫地位，不得待在国君左右。

二　礼崩乐坏、诸侯争霸

周公建立起来的西周礼治在西周初期和中期还是有效的，社会比较稳定，人民安居乐业。但当历史的车轮前进到春秋末期，随着土地私有制的产生和井田制的瓦解，新兴地主阶级和奴隶主贵族的矛盾日益尖锐，原来的礼治秩序变得越来越不稳定。诸侯征伐、宫廷内乱和卿大夫争权时有发生，接连不断，呈现出"礼崩乐坏、瓦釜雷鸣"的局面。《史记》说，"《春秋》之中，弑君三十六"⑦。《韩非子》也说："《春秋》之记臣杀君、子杀父者，以十数矣。"⑧例如，春秋首霸齐桓公（公子小白）就是与其兄公子纠夺位而登上诸侯大位的，并在上位以后发兵伐鲁，迫使鲁国杀了其兄公子纠方才退兵。晋国骊姬乱政，太子申生自杀，公子重耳流亡十九年而登王位。

礼崩乐坏必然导致诸侯争霸，诸侯争霸反过来又促进礼治秩序崩溃。随着礼崩乐坏，周天子逐渐失去其至高无上的权威，诸侯互不服从，代之以靠实力解决纠纷，于是诸侯相争，五霸迭起。从周郑交质到楚庄王问鼎中原，从齐桓公九盟诸侯到吴越争霸，无不是弱肉强食，以大欺小。诸侯争霸向国内蔓延就是卿大夫争权。晋国韩、赵、魏三家分晋，"灭晋后而三分其地"⑨。齐国的田氏代齐，大夫田常杀齐简公，姜齐政权最终落入田氏手中。

① 方勇译注：《孟子·梁惠王下》，第29页。
② （春秋）左丘明：《左传·昭公二十年》，第276页。
③ 王世舜、王翠叶译注：《尚书·吕刑》，第327页。
④ 王世舜、王翠叶译注：《尚书·康诰》，第185页。
⑤ 王世舜、王翠叶译注：《尚书·吕刑》，第325页。
⑥ 胡平生、张萌译注：《礼记·曲礼上》，第47页。
⑦ （汉）司马迁：《史记·太史公自序》，第760页。
⑧ 高华平等译注：《韩非子·外储说右上》，第466页。
⑨ （汉）司马迁：《史记·晋世家》，第256页。

历史进入战国时代。在这样恶劣的生存环境下,富国强兵成为各诸侯国生存的第一需要,法家应运而生。

春秋以来的"礼崩乐坏"意味着以周礼为代表的旧的礼治秩序不可避免地走向衰败;同时,以新兴地主阶级的法治代替腐朽的农奴主贵族的礼治成为时代主题,法家得以产生。这一转变过程,在经济上表现为井田制打破的过程,以地主土地私有制代替固定不变的井田;在政治上表现为分封制被打破的过程,以郡县制代替分封制,世卿世禄的贵族特权被瓦解,代之以军功制。这一进程注定是动荡的,历史进入战国时期。

可见,推动治国方式由礼治走向法治的,有其深刻的社会历史原因。① 新兴地主阶级与奴隶主贵族的利益之争是法家思想产生的内部原因。春秋战国时期以铁质农具为标志的生产力的大发展促进了新兴地主阶级的发展。新兴地主阶级在经济上要求打破井田制,确认和保护土地私有权,政治上要求给予相应的政治权力,废除世卿世禄制。传统礼制代表了腐朽的奴隶主贵族的特权,不适应时代发展的要求。代表新兴地主阶级利益的法家因而主张变法,废除贵族世袭特权,实行法治。② 诸侯争霸是法家产生的外部原因。春秋以降,王室衰微,而诸侯渐强。诸侯相争,五霸迭起。在这样的竞争环境中,各国要想生存下来,靠的是实力而不是文教。奉行法治,富国强兵的齐国率先称霸,而奉行礼治的鲁国却很弱小,成了鲜明的对比。因此,诸侯纷纷效仿齐桓公重用法术人士,变法图强;而儒家的游说则到处碰壁,诸侯对孔、孟虚与委蛇,虽以礼相待而不用之。所以说,内部新兴地主阶级的推动和外部诸侯争霸的倒逼,两种因素叠加,迫使农奴主旧贵族让步,法家在春秋末年、战国初年应运而生,走上时代舞台。

第三节　法家的起源与代表人物

法家是诸子百家中较晚形成的学派,但其起源可以追溯到更早以前。关于法家的起源历来有不同的看法。有的认为法家出自理官,有的认为法家出自变法革新的政治家,有的认为法家出自著书定律的思想家。这三种观点都有合理成分,实际上分别代表了法家产生的不同阶段:从萌芽、起源到形成。

一　法家的起源

（一）法家萌芽于辅助礼制的理官

东汉史学家班固最早论述了诸子百家的起源,认为法家出自理官。他在《汉书·艺文志》中采纳刘歆的说法,认为:

"法家者流,盖出于理官,信赏必罚,以辅礼制。"①

"理官"多见于先秦文献,是指专职司法官,主掌理讼断案,设于先秦。例如,《吕氏春秋·孟秋》载:"命理瞻伤察创,视折审断。"②《礼记·月令》中有"命理瞻伤、察创、视折、审断"③,郑玄注,理是治狱官。可见,理官是古代断狱的司法官。

"国之大事,在祀与戎。"④先秦的国家大事主要是祭祀和战争,从祭祀中产生了礼制,从战争中产生了刑法,固有"刑起于兵,礼源于祀"之说。刑法最早的雏形源于"军法",处理违背军令的将士和战俘,在奴隶制社会就已经形成;而调整民事活动的主要规范为"礼",源自生活习惯和祭祀,体现了父权制的要求。礼制和刑法成了古代社会两种基本的治国方法,如《尚书·皋陶谟》记述皋陶天礼、天罚并用的治国思想:"天秩有礼,自我五礼有庸哉……天讨有罪,五刑五用哉;政事懋哉懋哉!"⑤只不过在不同时代,二者的地位、作用不同,倡导礼制的成为儒家,专任刑法的成为法家。由此可见,理官应是法家的最早来源,换句话说,没有理官也就不可能产生法家。当然历代都有理官或司法官,但法家独产生于战国时代,因此,理官不等于法家。理官是司法官吏,职业要求是忠实于法律,所以理官对于法家的产生有影响,法家的思想应该是萌芽于理官的,但法家著名人物一般都不是理官。

(二)法家起源于变法改革的政治家

第二种观点,认为法家出自主张变法立制的政治改革家。曹魏时期的刘邵在《人物志·流业》中认为,建法立制,强国富人,是谓法家。这种说法把法家和历史上实行变法的一些著名政治人物管仲、商鞅等联系在一起,得到了多数人的认可。如冯友兰先生认为:"法家者流,出于法术之士。"⑥这些法术人士是辅助君主治国的新政治专家。法家代表人物管仲、子产、李悝、吴起、商鞅、申不害等大多是在各国主持变法改革的政治家。

因为法家多出自政治家,所以中国的法家往往意指主张以法治国的政治家,而不是指律学家。律学家多是法律注释学家,专门解释法律,指导法律的应用。律学家往往是精通法律的儒学大师,他们用儒家思想解释法律,

① (汉)班固:《汉书·艺文志》,第335页。
② (战国)吕不韦等:《吕氏春秋·孟秋》,长沙,岳麓书社,2015年,第37页。
③ 胡平生、张萌译注:《礼记·月令》,第331页。
④ (春秋)左丘明:《左传·成公十三年》,第137页。
⑤ 王世舜、王翠叶译注:《尚书·皋陶谟》,第222页。
⑥ 冯友兰:《三松堂全集 第十一卷》,郑州,河南人民出版社,2000年,第353页。

著书立说或解释判例。如汉儒董仲舒,他不是法家,却是一个律学家,开汉律儒家化的先河,其法律思想与法家是大相径庭的,甚至可以说是对立的。

（三）法家形成于著书定律的法术之士

第三种观点,认为著书定律为法家。章太炎在其《检论·原法》中说,著书定律为法家,由此确定首著《法经》的李悝就是法家第一人。早在汉代,班固在《汉书·艺文志》中介绍法家类作品时,首列《李子》三十二篇,并注:"名悝,相魏文侯,富国强兵。"①可见,班固也视李悝为法家始祖。而韩非综合法、术、势,提出系统的法家学说,为法家的集大成者。

以上三种观点各有偏颇,而将三种观点综合起来看,似乎更为合理。法家萌芽于理官,起源于变法立制的政治改革家,形成于著书立说的法术之士。春秋时期的理官和政治改革家是法家思想的两个实践源头,而以著书立说的形式整理这两个源头形成一套法治思想则标志着法家学派的形成。法家实践先于法家学说。

通说在谈到法家的起源时,一般追溯到春秋时期的管仲、子产,很少提到春秋时期的理官。理官的确不等同于法家,但法家与理官有割不断的联系。既然通说把法家界定为主张"以法治国"的学派,而春秋理官显然没有把法律的作用上升到这一高度,只不过恪守"以辅礼制"的功能定位,因而通说将理官排除在法家起源之外,忽略了理官与法家的渊源关系。

春秋战国之际,面对礼崩乐坏的旧秩序,立于时代潮头变法立制的新政治家的变法实践催生了新的治国学说,作为新政治意识形态的法家应运而生。然而这些新政治家和新政治思想不可能是突然产生的,理官的司法实践和重视刑罚的思想,必然为新政治家所吸收,并加以放大,极大地提升刑罚在治国中的地位。此即班固所说的:及刻者为之,则无教化,去仁爱,专任刑法而欲以致治。

二 法家代表人物名单

法家思想通过法家代表人物表现出来。一般认为,法家的实践先于法家的理论。在法家代表人物中,有的偏重实践,有的偏重理论,他们共同构成先秦法家这一群体,并前后相继完成了法家理论体系。

司马谈首次提出法家的概念,但并未列出法家人物的名单。或许,司马谈曾有论及,但司马迁未录入《史记》中,若如此,乃一憾事。

---

① （汉）班固:《汉书·艺文志》,第335页。

班固在《汉书·艺文志》中列出的先秦法家著作名单如下：

《李子》三十二篇。

《商君》二十九篇。

《申子》六篇。

《处子》九篇。

《慎子》四十二篇。

《韩子》五十五篇。

《游棣子》一篇。①

从这个名单可见，法家代表人物包括李子、商君、申子、处子、慎子、韩子、游棣子。这些人都是战国人物。其中处子或作"剧子"，书已亡佚，据钱穆考证，剧子是指燕国的剧辛②；游棣子是秦国的律学家，其书已亡佚。其他人物都是著名的法家，李子即李悝，排第一，为法家始祖。因为法家形成较晚，春秋时期的管子和子产等都不在这个名单中。相反，《汉书·艺文志》将《管子》列入道家著作篇目中："《管子》八十六篇。名夷吾，相齐桓公，九合诸侯，不以兵车也，有列传。"③言下之意，管仲辅佐齐桓公不以力胜而称霸诸侯，明显不同于以商鞅、韩非为代表的法家。

《隋书·经籍志》所列先秦法家名单如下：

《管子》十九卷，齐相管夷吾撰。

《商君书》五卷，秦相卫鞅撰。

梁有《申子》三卷，韩相申不害撰，亡。

《慎子》十卷，战国时处士慎到撰。

《韩子》二十卷、目一卷，韩非撰。④

这里首次将《管子》列了进来，并取代《李子》置于法家首位，说明唐人对《管子》一书的看法与汉时相比已有所改变，视之为法家的首成之作。此外，名单中还少了《处子》《游棣子》。

通说认为，法家可以追溯到春秋时期的管仲、子产。例如，《简明法学大

---

① （汉）班固：《汉书·艺文志》，第335页。

② 钱穆：《先秦诸子系年》，北京，商务印书馆，2005年，第557页。

③ （汉）班固：《汉书·艺文志》，第333页。

④ （唐）魏征、长孙无忌等撰：《隋书·经籍志》，北京，国家图书馆出版社，2014年，第452页。

词典》认为法家"起源于春秋时的管仲和子产"①。我赞成把春秋时期的政治改革家和变法人士视为法家的先驱。之所以称他们为先驱,是因为他们还不是严格意义上的法家,这些人的思想还兼有杂家的性质,但他们立于时代变革的潮头,置身于传统儒家的对立面,变法建制,理所当然地成为法家的先驱人物。管仲思想带有许多道家痕迹,所以班固把《管子》列入道家著作中,《隋书》始改列《管子》为法家著作之首,反映了管仲思想的复杂性。子产虽然重视法制,但其主张用宽、猛两手治国,无疑带有儒家的思想色彩。尽管如此,他们的变法实践和治国主张无疑对法家的形成产生了深刻的影响,将他们列入法家先驱人物是恰当的。赵鞅与子产类似,也可视为法家先驱人物。

在通说的基础上,我提出一个先秦法家代表人物的名单:

(1)法家先驱:管仲、子产、赵鞅

(2)初期法家:李悝、吴起

(3)中期法家:商鞅、申不害、慎到、田骈、尹文、邹忌

(4)后期法家:韩非、李斯

田骈与慎到同是稷下学者中的尚法派,思想最为接近,《庄子》《荀子》等先秦典籍常将他们一起论及,故一并列入法家,还有尹文和邹忌也是齐法家的重要代表,故列入。李斯是韩非的同学,也是韩非思想的坚定实践者,所以列入后期法家。初期法家和中期法家可合称前期法家,但从思想史看,分开论述为宜。另外,对法家形成有重要影响的一个人物——子夏,其学派归属,后文专门论述。

三 补充:法家的理官代表和讼师代表

春秋时期有专职的司法官。司法官严格执法、公正司法的思想和审判实践,构成法家思想宝库里的一个重要资源。理官主管刑罚,在古代国家治理中具有重要作用,因而对法家的影响不可低估,但研究者对此多有忽视。通说未将理官和讼师代表人物列入法家是一个遗憾。前文说过,法家不仅起源于作为政治改革家的变法者,还萌芽于理官。先秦理官和讼师也是法家不可或缺的一个组成部分。离开了理官和讼师的法律实践,法律就成了没用的东西。理官和讼师的司法活动是法家思想的实践来源之一,也是实现法家治国理想的重要途径。因此,先秦理官的代表李离、讼师的代表邓析也应视为法家先驱人物。

---

① 张光博主编:《简明法学大词典》,第 1069 页。

（一）李离：法家的理官代表

李离，生卒年不详，为晋文公的理官，春秋中期杰出的治狱官。晋文公的在位时间为前636年至前628年，由此推知李离为公元前7世纪人，晚于管子而早于子产。李离以严格司法、勇于担责著称。

李离不仅明察秋毫，秉公司法，而且严格要求自己，有过必罚。有一次，李离在一桩案件的审理中因听信下属的不实之言而错杀了一个人。李离向晋文公请求治罪，文公惜才不许，李离遂拔剑自刑于朝堂之上。司马迁在《史记》中记录了这一典故：

> 李离者，晋文公之理也。过听杀人，自拘当死。文公曰："官有贵贱，罚有轻重。下吏有过，非子之罪也。"李离曰："臣居官为长，不与吏让位；受禄为多，不与下分利。今过听杀人，傅其罪下吏，非所闻也。"辞不受令。文公曰："子则自以为有罪，寡人亦有罪邪？"李离曰："理有法，失刑则刑，失死则死。公以臣能听微决疑，故使为理。今过听杀人，罪当死。"遂不受令，伏剑而死。①

按当时的法律，错判与所判之刑连带，因此李离依律当死。晋文公认为是下属的过错导致李离错判的，是下属有罪而不是李离。而李离认为，自己失察而杀人，不能推给下属，请求文公准以死刑。文公不允，李离遂拔剑自刎。李离可谓中国历史上问责殉法的法官第一人。司马贞点评：李离伏剑，为法而然。李离与其说是忠于晋文公，不如说是忠于法律。李离以自己的生命彰显了法律的尊严，维护了法治，理应视为法家在法官队伍中的杰出代表。

（二）邓析：法家的讼师代表

邓析（约前545年—前501年），郑国大夫、春秋末期思想家、名家的先驱、讼师之祖、法家的先驱人物之一。《汉书·艺文志》将邓析列为名家第一人："《邓析》二篇。"②邓析因私刻"竹刑"和议论政府法令而被郑国执政者驷歂杀害。

邓析精通刑律，又以善辩出名，故经常聚众讲学，教人诉讼，收取可观的费用。据记载：邓析"与民之有狱者约：大狱一衣，小狱襦裤"。这在古代

---

① （汉）司马迁：《史记·循吏列传》，第695页。
② （汉）班固：《汉书·艺文志》，第335页。

可以说是比较昂贵的,然而,"民之献衣襦裤而学讼者,不可胜数"①。邓析是名家创始人,好刑名之辩,口才了得。《吕氏春秋·离谓》记载了邓析处理一起纠纷的事例。

> 洧水甚大,郑之富人有溺者,人得其死者。富人请赎之,其人求金甚多。以告邓析,邓析曰:"安之。人必莫之卖矣。"得死者患之,以告邓析,邓析又答之曰:"安之。此必无所更买矣。"②

洧水漂尸,舟人捞之,死者乃一富家人,富人请赎尸,舟人因索重金,双方谈不拢。死者的家属向邓析问计,邓析答曰:"不如等待,因为那人没有其他地方可卖那尸体。"舟人见死者家属没有动静因而着急,也找到邓析问计,邓析教他说:"不如等待,因为那尸体没有其他地方可以买到。"邓析给双方出的计策居然是一样的,看似滑稽,其实也有道理。古代的法律非常简约,这为法律的运用带来困难,也为法律解释带来很大空间。不管是刑名还是法律条款,都可以从不同的角度和目的去解释和利用,因而是非具有相对性,法律具有不确定性。只不过邓析和名家夸大了这种相对性,推向极端,利用法律语言的模糊和漏洞曲解法律,是非无度,操两可之间,出罪入罪,皆由其辩。邓析经常批评朝廷的法令,朝廷改变法令,邓析也改变应对方法,令朝廷非常头痛。是非无度,可与不可无辩,则赏罚不当;赏罚不当,则削弱法律权威。邓析的诡辩据说使得"郑国大乱,民口喧哗"③。邓析也因此招来杀身之祸。

邓析作为讼师第一人,善于从当事人的角度灵活利用法律的不确定性来辩护,为当事人谋取最大利益。这样做,从律师职业角度来看,无可厚非;从儒家的观点来看,就显得没有操守。荀子说他"不法先王,不是礼义",同时也承认其辩论"持之有故,言之成理"。④ 因此,可以说邓析是一个善于运用法律的成功的律师,郑国之乱与其说是邓析造成的,不如说是郑国法律不完善和不适应时代要求造成的。"郑驷歂杀邓析,而用其竹刑。"⑤邓析被杀后,其"竹刑"被官方所采用就是明证。因此,可以说邓析是一名精通法律、善于辩护的杰出律师,是法家的律师代表。

---

① (战国)吕不韦等:《吕氏春秋·离谓》,第133页。
② (战国)吕不韦等:《吕氏春秋·离谓》,第133页。
③ (战国)吕不韦等:《吕氏春秋·离谓》,第133页。
④ 方勇、李波译注:《荀子·非十二子》,第71页。
⑤ (春秋)左丘明:《左传·定公九年》,第317页。

　　《邓析子》一书被《汉书·艺文志》列为名家之首。今本《邓析子》或系伪造,但也反映了邓析的刑名思想。《邓析子》首倡刑名之学,提出君主必须运用"循名责实"之术治理国家。《邓析子·转辞》曰:"循名责实,实之极也;按实定名,名之极也。"①《邓析子·无厚》曰:"循名责实,察法立威,是明王也。"②邓析"循名责实"的方法为申不害、韩非所继承,成为法家治国的重要方法。在今天看来,邓析当属于概念法学家之列。作为法学家,他主张名实相符;作为律师,他利用名实偏离来解释法律,为当事人争取最大利益。可见他对刑名之术掌握得炉火纯青。

---

　　①　《邓析子·转辞》,引自杨鸿烈《中国法律思想史》,北京,中国政法大学出版社,2004年,第57页。
　　②　《邓析子·无厚》,引自杨鸿烈《中国法律思想史》,第57页。

第二章 晋法家的历史
文化背景

三晋地区是法家的摇篮之一(说之一是因为还有齐国),走出了商鞅、申不害、韩非等著名法家人物,这与三晋的历史文化环境是分不开的。

第一节 晋国的历史

晋法家产生于三晋地区,三晋地区的前身是春秋之晋国。春秋末年,三家分晋以后,晋国由赵、魏、韩三家取代,统称三晋;另外,卫、郑等小国实际上是晋国的附属国,亦包括在广义的三晋地区之内。晋国历史可以说是春秋历史的缩影。

一 连续不断的公室内乱

晋国是周武王的儿子、周成王的弟弟叔虞的封国唐地。史书记载了成王桐叶封侯的故事。周武王死,周成王继位,唐地乘机发动叛乱,周公平定了叛乱。周成王与弟弟叔虞正在戏玩,听到了这个消息就"削桐叶为珪",递给叔虞说"以此封若"①。谁知随从史官却记录了下来,并择日要求成王举行册封典礼。当时成王因平乱而高兴,乃随口说说而已,现在真的要封,却很不情愿。成王说:"吾与之戏耳。"史官说:"天子无戏言。言则史书之,礼成之,乐歌之。"②成王只好假戏真做,于是封叔虞于唐。唐在黄河、汾水之东,方圆百里,在当时是一大国。从《史记》的这一记载来看,晋国的分封不是政治家周公所为,而是年幼不成熟的成王所为,这一分封可谓一失足成千古恨,极大地削弱了周王朝的势力,为日后的王室衰微和诸侯争霸埋下了祸根。后来,唐叔的儿子燮继位,迁都于晋水旁并改唐为晋,被称为晋侯。晋

---

① (汉)司马迁:《史记·晋世家》,第240页。
② (汉)司马迁:《史记·晋世家》,第240页。

初几代无事。

（一）武公代晋

至晋穆侯时，国力渐盛，不断对外扩张。晋穆侯七年（前805年），征伐条时生太子，因起名仇，以示克敌之心；十年（前802年），再伐千亩，得胜时生少子，起名成师。晋大夫师服对此议论说："异哉，君之命子也！太子曰仇，仇者，雠也。少子曰成师，成师大号，成之者也。名，自命也；物，自定也。今嫡庶名反逆，此后晋其能毋乱乎？"①谁知一语成谶，此后晋国很长的一段历史就在成师与仇两系贵族争权夺位的内乱中展开。

穆侯死，内乱就发生了。其弟殇叔自立为国君，太子仇出逃。殇叔四年（前781年），穆侯太子仇率众袭击殇叔而夺回君位，是为文侯。文侯死后，子昭侯继位。

昭侯元年（前745年），将曲沃封给桓叔成师，这为后来的内乱埋下了祸根。曲沃的面积大于都城翼。桓叔时年五十八岁，好德乐施，颇得民心。成师一系志在君位，经庄伯、武公，历经三代，屡次兴兵夺位，先后杀死晋昭侯、孝侯、哀侯、小子侯和缗侯五位仇系国君，最终实现了几代的夙愿。

前几次的夺位由于仇系贵族的反抗和周王朝的干涉均未得逞。晋缗侯二十八年（前679年），曲沃武公兴兵伐晋侯，灭了晋侯。这次武公将虏获的大量珠宝器物献于周釐王，进行贿赂。软弱的周釐王只好命曲沃武公为晋君，列为诸侯，史称武公代晋，结束了成师与仇两系数十年的杀伐。"自桓叔初封曲沃以至武公灭晋也，凡六十七岁，而卒代晋为诸侯。"②

（二）骊姬乱晋

武公代晋终以庶胜嫡败的形式结束了一段公室之乱，然而好景不长。武公死后，子献公诡诸继位。献公在位期间，宠妃骊姬"潜恶太子，而欲立其子"③，迷惑晋献公欲废太子申生而立自己的儿子奚齐为太子，又一波宫廷内乱登场了。骊姬设计害死太子申生，公子重耳和夷吾被迫出逃在外。献公死后，奚齐被杀，公子夷吾回国登上君位，为晋惠公。晋惠公为巩固君位，继续追杀公子重耳。重耳在外流亡十九年后，终于在秦穆公的帮助下，趁着晋惠公死后晋国人心不稳的时机，杀死继位不久的怀公，返回晋国，登上君位，即晋文公。至此，骊姬乱晋最后以文公胜出而告终。

---

① （汉）司马迁：《史记·晋世家》，第240页。
② （汉）司马迁：《史记·晋世家》，第241页。
③ （汉）司马迁：《史记·晋世家》，第242页。

二　赏罚分明的文公之治

晋文公重视军功,以功封赏。前636年,晋文公即位后,大封功臣。"赏从亡者及功臣,大者封邑,小者尊爵。"①除了介子推因自己不愿言功隐居绵山而漏封以外,赵衰、狐偃、魏武子等贤士均受到重赏,加官晋爵,得到了土地和农奴。这一次论功行赏在晋国历史上意义重大。在晋献公之时,国内公族几乎被他一杀殆尽;而这一次受到文公封赏的人从此跃居为晋国的军功贵族。军功贵族与旧贵族最大的不同点是,旧贵族基于出身,而军功贵族基于军功,他们不再依靠血缘关系,而是依靠军功而获得土地、爵位和官职。军功爵某种程度上无疑是对落后的世卿世禄制的打破,激发了士人为国效力的积极性,促进了晋国的强大。前632年,晋文公退避三舍,后发制人,在城濮之战中一举击败了不可一世的楚军,从而继齐桓公之后,成为春秋第二个霸主。

晋文公重视法典治国,法纪严明。有几个典型案例可以说明。其一,功臣颠颉因违反军纪而被晋文公处决。在征伐曹国的战争中,破城后,晋文公传下军令:不得侵扰曹国大夫僖负羁的家。之所以传下这一军令,是因为晋文公要报恩。由于文公流亡时曾路过曹国,而在曹国受到冷遇,所以破曹之后对曹人进行了报复,放纵将士对曹国洗劫一空。唯独对曹国大夫僖负羁善待有加,命令全军将士不许骚扰僖负羁及其家眷,原因是当年流亡过曹时,曹国上下只有僖负羁对晋文公另眼相看,以礼相待,还送了食盒和一块玉璧给文公。大将颠颉曾伴随文公流亡,自恃有功,没把文公的这个军令当回事,竟一把火把僖负羁的家给烧了。晋文公大怒,下令处死了颠颉。并将颠颉的首级传于三军,三军上下悚然,莫敢违纪。其二,在同一年的城濮之战中,大臣祁瞒因违反军令被军中司马当场杀掉,这正是有了文公杀颠颉判例的结果。其三,也是在城濮之战中,车右官舟之侨临阵脱逃,悄悄回到晋国,晋文公得知后便下令将他杀了。一年内,晋国因违反军纪而连杀三大夫,震惊全国。西周礼制是"刑不上大夫"。贵族士大夫阶层除了谋反之外,一般是不会受到刑罚的,更别说杀头了。现在三大夫被杀说明刑不上大夫的礼治思想已经动摇,而"刑过不辟大臣,赏善不遗匹夫"②的法治思想开始萌芽。这一平等适用刑罚的思想首先体现在军法中,因为军令不严,战争必败。残酷的战争现实剥夺了贵族在军法面前的特权,却也催生了法治思想。

---

① (汉)司马迁:《史记·晋世家》,第248页。
② 高华平等译注:《韩非子·有度》,第50页。

所以,关于中国刑罚的产生,有"刑起于兵"之说。

三　六卿专权与三家分晋

春秋时代,王室衰落,诸侯争霸,兼并战争连绵不断,基本上都是各个诸侯国之间争权夺利,大鱼吃小鱼,小鱼吃虾米,几乎没有一场战争是正义的。在这个过程中,西周初年号称的八百诸侯,到了战国快开始时,只剩下二十几家了,这也使得中国开始由分裂走向局部统一。

战国时代的第一件大事就是三家分晋,这件事也被看作战国时代的起始标志。

除了诸侯之间的争霸,逐渐强大的诸侯国内部也发生了很多变化。一些诸侯国国君的权力被某些有权势的卿大夫慢慢架空——就跟周天子的权力被诸侯们架空一样,这也是分封制带来的必然结果。

卿大夫们为了扩张自己的势力,纷纷通过减轻赋税来笼络人心。他们的力量逐渐强大,以致连国君都控制不了。这种现象在晋国尤其明显。晋文公赏军功带来了一个副产品,那就是异姓贵族势力日渐强大。

早在晋献公时,为了避免诸公子争位引起国家大乱,献公对宗室进行了一次大清洗。后来,晋国的历代国君不再立公子、公孙为贵族,这就是所谓的晋国无公族。

这样一来,晋国公室衰弱而卿大夫势力强大,导致晋国权力下移,政在私门。身为春秋超级大国的晋国,渐渐地被十几家卿大夫把持了。这些异姓卿大夫之间也经常发生争斗和兼并,到了春秋晚期就只剩下赵氏、魏氏、韩氏、范氏、智氏、中行氏这六家了,这就是历史上的"晋国六卿"。这六卿长期轮流把持朝政。

公室贵族与卿大夫的斗争以及卿大夫之间的内战开始取代了原来的公室内乱。晋灵公时,赵氏弑君。晋景公时,诛灭赵氏家族,唯"赵氏孤儿"赵武幸存下来,在晋厉公的利用和扶持下重新崛起。到晋平公时,晋国的大权逐渐落于赵文子、韩宣子、魏献子三家卿大夫手中,当时出使晋国的吴国使者延陵季子预言:"晋国之政,卒归此三家矣。"[①]叔向和齐使晏婴也都预见了晋国的未来:"政在私门,其可久乎!"[②]至晋昭公时,六卿强,公室卑,赵、魏、韩、中行、范、智六卿的势力空前强大,控制了晋国的政权,并展开了相互争夺。至此,公卿之争转变为卿大夫之间的内战。范、中行两家先被智、赵、

---

① （汉）司马迁:《史记·晋世家》,第255页。
② （汉）司马迁:《史记·晋世家》,第255页。

魏、韩四家联手所灭,土地人口被四家瓜分,而公室却无力干涉。前454年
至前453年,智伯率韩、魏二家围攻晋阳,赵襄子成功地坚守城池,并最终策
动韩、魏二家阵前反戈,灭了智伯。"赵襄子、韩康子、魏桓子共杀知(智)
伯,尽并其地。"①至此,六卿剩下三卿。前403年,周威烈王正式册封赵、
韩、魏三家执政者为诸侯,史称三家分晋。"静公二年,魏武侯、韩哀侯、赵敬
侯灭晋后而三分其地。"②至此,晋国最终灭亡。

第二节　晋文化的现实主义精神

在先秦形成了三家独具特色的地域文化:鲁文化、晋文化和齐文化。
鲁文化的特征是儒家理想主义,崇尚道德教化,守护着周礼的传统。晋文化
的特征是儒家现实主义,尚功重法,面向现实世界。齐文化的特征是道家自
然主义,尚无为之道,百姓享有较多的自由,商业较为发达。鲁、晋文化,居
于理想与现实的两个极端,而齐文化介于二者之间。

一　戎索精神:尚武尚能不尚贤

周成王封弟弟叔虞于夏墟,建立唐国(晋国),命以《唐诰》,要求唐叔
的施政措施是:"启以夏政,疆以戎索。"这句话出自卫国大夫子鱼的一段
论述:

> 分鲁公……以法则周公,用即命于周。……分康叔……皆启以商
> 政,疆以周索。分唐叔……启以夏政,疆以戎索。③

这段话论述了周初鲁、卫、晋三国的分封以及各自典章制度的由来。鲁
国是周公之子伯禽的封地(相当于周公自己的封地),所以要求鲁国政治须
"法则周公","以昭周公之明德"。鲁国也没有忘记周公遗训,以礼治国,政
教昌明,成为礼仪之邦的典范,所以韩宣子访鲁时由衷发出感叹:"周礼尽在
鲁矣!"④卫国是周公之弟康叔的封地,位于殷墟,故周公要求康叔"启以商
政,疆以周索",即用商政和周制结合来治理卫国,以更好地管理殷民。说明
周公吸取了管、蔡之乱的教训,采用怀柔政策,以殷治殷。说到这里,"启以

---

① (汉)司马迁:《史记·晋世家》,第256页。
② (汉)司马迁:《史记·晋世家》,第256页。
③ (春秋)左丘明:《左传·定公四年》,第309页。
④ (春秋)左丘明:《左传·昭公二年》,第229页。

夏政,疆以戎索"就不太难理解了。整句话的意思就是,用夏朝的政治和戎狄的法律结合起来管理唐国。

　　为什么要用夏朝的政治和戎狄的法律结合来治理唐国(晋国),而不用周礼呢? 因为唐是夏墟,是夏遗民的集聚地,夏俗沿袭较多,用夏制管理比较有成效;且唐地与戎狄之地接壤,华狄杂居,戎狄的旧俗亦不可废除,以免戎狄不服。再说,唐地在周初文化发展程度相对较低,而周礼适宜在文化发展程度较高的地区推行,在唐地强行推行周礼可能适得其反。可见周公怀柔安抚民众之心,为的是使周初的统治秩序迅速稳定下来。

　　戎狄尚武不尚礼。戎狄长期在马背上生活,居无定所,勇猛而野蛮,形成的游牧文明与中原农业文明迥异。"戎狄无亲而贪"①。因此尚武而不尚贤,没有形成中原的宗法礼仪。晋在与戎狄的长期交往中,少不了受到这种戎狄精神的影响。晋与戎狄通婚、通商,交往频繁。晋献公以戎狄的骊姬为夫人,十分宠爱。晋文公的母亲也是戎狄人。再加上晋国的内忧外患为诸侯国之最,晋国与戎狄的纷争、晋国与其他诸侯的纷争、晋国本身的内乱,这种种纷争相互交错,连绵不断,使得晋国政治和社会环境比较不稳定。所以在这种环境下,晋国要生存就要自强,因此治国必须尚武,尚能,重视军功,而不能依靠血缘宗族关系。《国语》记载晋文公封赏有功之臣:"公属百官,赋职任功。"②礼治对于晋国来说是一种奢侈品,那只能在政治环境比较安定、政教比较发达的国家施行,鲁国是其典型。所以当孔子要将鲁国的周礼推行到晋国时,其碰壁可想而知。用今天的话说,孔子是不了解晋国的国情,而过于理想主义了。

二　重利倾向: 重利轻仁

　　在晋国这种强者生存的竞争环境里,人们的思想比较实际,谁有实力谁就有地位,因此形成了晋国上下自君主、卿大夫到平民普遍重利的倾向。

　　晋国外交功利主义色彩浓厚,也就是现在常说的金钱外交。子产曾写信批判晋国执政范宣子的外交政策:"不闻令德,而闻重币。"③《左传》还记载了晋国大夫魏绛劝晋侯和诸戎的故事。

　　这个故事说明晋国上下皆重利。戎狄重利,戎狄贵货易土,无亲而贪。晋国大夫贪利,魏绛受贿,以请和戎。晋侯更重利,晋本主张伐戎,而在听

---

　　① (春秋)左丘明:《左传·襄公四年》,第155页。
　　② (春秋)左丘明:《国语·晋语四》,第109页。
　　③ (春秋)左丘明:《左传·襄公二十四年》,第190页。

了魏绛和戎的五利后终于改变了主意。魏绛说,可以借和戎以和平购买戎狄的土地;可以安定边界保护农田;可以借戎狄势力威震诸侯;可以不兴甲兵;和戎能带来长久的和平。晋侯听了有此五利很高兴,使魏绛盟诸戎。虽然不能说和戎政策是错的,但晋国采用和戎政策完全是出于功利考虑,不是出自儒家的仁义道德,充分说明了晋国外交的功利主义倾向。这种功利主义外交的弊端就是外交政策往往短视易变,反复无常,随着势力和利益的变化而变化,因而得不到忠实而长久的盟友。也就是子产所说的"不闻令德,而闻重币"。

晋国上下交相利,自然重利轻义,礼教不昌。《国语·晋语一》所载骊姬向献公转述的一段话在晋国很有代表性:

> 凡民利是生,杀君而厚利众,众孰沮之? 杀亲无恶于人,人孰去之?①

传统儒家以"亲亲"为第一原则,讲"百义孝为先",认为孝父才能忠君。晋国重利轻仁,以利国为借口,弑父弑君频繁发生。骊姬年轻,她的担心也不是完全没有道理的:老迈的献公死后,自己和幼子没有了靠山,在晋国这种争权夺利的恶劣环境中恐怕难以保全自己。虽然骊姬与晋国内乱有关,但骊姬又何尝不是晋国重利轻仁文化的牺牲品啊!

三 尚法传统:重法轻礼

晋国纷争的内外环境,使得能者上、庸者下成为治国用人的必然选择,在这个国家地位显赫的人是在战争中取得军功的人,而不是长于空口说教的儒士。这些有军功之人不重礼仪,而善于用法典治国。乱世之所以用重典,是因为崇尚军功制的晋国刑制比较发达。重视赏罚成为晋国的治国传统,晋国国君为此多次制定法典。

(一)启以夏政

夏朝是中国历史上第一个奴隶制国家,作为国家统治工具的奴隶制刑罚体系已经建立。《尚书·尧典》即有"五刑有服"②之说,《汉书·刑法志》说:"禹承尧、舜之后,自以德衰而制肉刑。"③可见,夏朝"五刑"制度

---

① (春秋)左丘明:《国语·晋语一》,第78页。
② 王世舜、王翠叶译注:《尚书·尧典》,第25页。
③ (汉)班固:《汉书·刑法志》,第156页。

已经形成。五刑一般是指由墨、劓、剕、宫、大辟五种肉刑构成的刑罚制度。据《周礼·秋官·司刑》郑玄注,夏刑有大辟、膑辟、宫辟、劓、墨。说明夏朝的刑罚体系已经比较发达。《左传·昭公六年》说:"夏有乱政而作《禹刑》。"①乱世用重典,说明夏朝的刑罚制度比较严酷。晋国开国之初即"启以夏政",那么夏朝比较严酷的刑罚制度自然也在承继之列。

（二）晋国法制的演变

晋国最早的法度是"唐叔之法",承袭夏制奠定了晋国法制的基础;中有晋文公的"被庐之法",对"唐叔之法"有所修正;后有范宣子所著刑书,即"夷蒐之法"。《左传·文公六年》的记载说明晋国法制更加体系化:

> 宣子于是乎始为国政,制事典,正法罪。②

前 513 年,晋国大臣赵鞅将范宣子刑书铸在铁鼎上,公布于众,史称"铸刑鼎"。孔子曾对这一历史事件予以强烈批评:"晋其亡乎! 失其度矣。"③

孔子的这段评论为我们描述了晋国法制的演变过程,从"唐叔之法"到"被庐之法",再到"夷蒐之法"和"铸刑鼎",不仅法制的内容发生了很大的变化,刑罚更加严酷,而且最终法律的形式也发生了很大变化,即公布成文法。晋国的法制建设不断加强,反映了新兴地主阶级要求,是历史进步的表现,而孔子的批判反映了他维护周礼的守旧立场已不符合时代潮流。同时晋国的法制建设加强,也促成了晋法家的兴起。李悝著《法经》是晋国法制演变的必然结果。

第三节　晋国的历史文化环境
催生了晋法家

晋国历史可以说是春秋历史的缩影。春秋时期王室衰微,诸侯争霸;而晋国内部公室衰落,卿大夫争权,最终导致晋国灭亡。强胜弱衰的政治现实,使得礼崩乐坏,养成了晋国重利轻仁的文化传统。晋国较早由古老的奴隶主贵族制向新兴的封建地主制转变,礼治不断让位于法治。在这一转变过程中,法家得以产生。这一转变过程表现在以下几个方面。

---

① （春秋）左丘明:《左传·昭公六年》,第 242 页。
② （春秋）左丘明:《左传·文公六年》,第 83 页。
③ （春秋）左丘明:《左传·昭公二十九年》,第 301 页。

一　公室内乱破坏了旧礼制的权威,导致礼崩乐坏

西周辅佐武王开国的元勋周公不愧是一个伟大的政治家,意识到宫廷内乱是王朝衰微并导致最终灭亡的一个重要因素,王位稳才能国家稳,因此周公制礼,确立了立嫡以长不以贤的嫡长子继承制,将王位的继承人交给自然来确定,冀图以此来固定王位的传承,避免王权的争夺,从而稳定王朝的统治。然而这种由自然决定的嫡长子继承制犹如抽签决定一样,有着一个天然的缺陷:嫡长子的品德才能未必贤于诸公子。这就可能导致像桀、纣这样荒淫无道的昏君上台,祸国殃民;而像重耳这样年长的贤公子却被迫流亡在外多年。另外,嫡长子继承制也约束了帝王选择继承人的权力。由于古代帝王至高无上的权力,他们往往会打破这种约束来选择自己想要的继承人,这势必引起原继承人及其支持者的抗争,因而引发内乱。晋献公选择的继承人奚齐在献公死后即被杀害,公室内乱发生。可见,旧礼制的不健全为公室内乱埋下了隐患,同时公室内乱又进一步破坏了旧礼制的权威,导致礼崩乐坏。

二　卿大夫内战中兴起的军功制打破了世卿世禄制

晋国的军功制肇始于晋文公大封功臣。晋文公流亡十九年,历经艰难而登上君位,那些伴随他流亡的功臣自然功不可没,得到封赏,成为军功新贵族。公室旧贵族或早已被诛杀,或受排挤,造成了文公死后卿大夫专权时代的开始。晋国最有权势的六卿之间展开了争权混战。在内战中,军功制有了进一步的发展。六卿之一的赵鞅非常重视奖赏军功。前493年,赵鞅率军迎战增援范氏、中行氏的郑国军队,即铁之战。赵鞅誓师时发布军功令,就提到奖励军功,极大地鼓舞了士气,对取得战争的胜利发挥了重要作用。这一军功令也说明分封制遭到破坏,郡县制开始建立,军功制开始取代世卿世禄制走上时代前沿。

三　井田制受到破坏,出现了新兴地主阶级的土地私有制

在内战中,晋国的土地关系不断改变。一方面,土地易主,原来的旧贵族的土地被剥夺而封赏给军功贵族;另一方面,依附于旧贵族井田的农奴在战争中或逃亡或解放,获得了自由民的身份。这样一来,新军功贵族获得了大量私有土地,却缺少农奴耕种,同时获得解放的自由民也无土地可耕种。于是,军功贵族就将土地租给自由民耕种,但他们仅是经济关系,而没有人身依附关系。因此,军功贵族成为新兴地主阶级,自由民成为农民阶级,地

主—农民这一新的生产关系出现了,并逐步取代了原来的贵族领主—农奴的生产关系,旧礼制的经济基础井田制受到破坏。这里再说一下井田制。井田制是一种古代公有制,土地所有权属于国君,贵族领主是大承包商,实际占有土地,而农奴是耕种户。所谓"普天之下,莫非王土;率土之滨,莫非王臣"就是这一制度的写照。井田制的破坏也说明公室对土地和人口的控制遭到削弱,地主阶级的私有土地制有力地冲击着旧礼制的基础。

四　郡县制开始建立,打破了分封制

大规模的封赏中,出现了郡县制。由于土地关系的变化和大量农奴的解放,出现了土地与人口的分离现象,统治方式不得不有所改变。原先的贵族兼有土地和人口,成为领主,而军功贵族仅有土地所有权而没有或缺少人口,对自由民的管理由郡县来进行。郡县制是一种新的政治体制,既负责管理辖区的人口,又负责对土地的征税。国君失去了对郡县土地的所有权而获得了征税权,成为国家行政首脑;土地的占有者失去了对人口的控制权而保留土地的收益权,成为地主;郡县大夫成为官僚;农奴成为自由民。可见,郡县制的出现,使得原始公社开始向官僚国家转变。当然,这一转变才刚刚拉开序幕。

五　晋文化的现实主义促进了由儒向法的转变

晋文化的现实主义是在长期战乱环境中形成的。在战争环境中,弱肉强食,仁义道德显得软弱无力。在公室内乱和贵族内战的不断洗礼下,从正统儒家中分化出来的一部分儒家对改造人性失去了信心,反而主张利用人性的功利性来治理国家,因而转变成儒家的现实主义者。子夏是在这种转变中有重要影响的人物,子夏坐镇西河讲学,弟子众多,形成了注重实际的儒家西河学派。子夏的部分做官的学生则更进一步,完成了由儒家向法家的转变。可以说,晋法家是在儒家母体中变异脱胎的新生婴儿,其思想已变成反儒家的了。

上述这一系列转变深刻影响着人们的思想,传统的依据身份地位的礼治思想日益淡化,而依据功过进行赏罚的法治思想开始萌芽。在晋国这样一个内外兵争不断的诸侯大国,法家得以率先产生,也就理所当然了。

第三章　晋法家的思想源头

晋文化是重法轻礼的文化,晋儒是现实主义的,晋法家由晋儒转化而来,受儒家现实派的影响最大。儒家现实派承认人性好利的一面,因而主张礼、法并用。晋法家对人性的看法更为悲观,坚持功利主义人性论并以之为法治理论基础,从而主张放弃德教而专任刑罚。儒家现实派则由孔门后学分化而来。

第一节　儒家学派和孔子门徒的分化

面对礼崩乐坏的春秋乱世,孔子(前 551 年—前 479 年)终其一生致力于恢复周礼,周游列国,历尽坎坷,而郁郁不得志。晚年转而注重培养弟子,其弟子三千,贤者七十二人,由此形成了儒家学派。不过,儒家学派在孔子去世后逐渐分化为各个门派。

一　孔子的礼治思想

孔子从人性可善的观点出发,提出以礼治国,主张以礼教化人性,认为德治优于法治。

(一)孔子礼治思想的人性论基础:可善论

孔子秉持性相近说。孔子的礼治思想建立在其人性论之上。孔子对人性的看法比较中庸,未明确提出性善论,而是提出"性相近"说。从其有关论述看,他是倾向性善论的。

孔子对人性的直接论断是:"性相近也,习相远也。"①可见,孔子认为每个人的人性本质上是相近的,无所谓善恶;之所以呈现出后天的差异性,是因为受到环境和经历影响。近朱者赤,近墨者黑。有人后来变成善人,有人后来变成恶人。

_____

① 张燕婴译注:《论语·阳货》,北京,中华书局,2006 年,第 263 页。

孔子认为人性可善:"我未见好仁者,恶不仁者。……有能一日用其力于仁矣乎? 我未见力不足者。盖有之矣,我未之见也。"①君子与小人的分野不是天生的,而是后天的影响所致。因此孔子强调修为和教化的重要性。"苟志于仁矣,无恶也。"②

孔子主张重义轻利。因为人性相近,可善可恶,言利则恶,趋仁则善。孔子希望将人性向善的一面发展,故孔子重义轻利,反对功利主义。"子罕言利,与命,与仁。"③孔子以重义还是重利来区分君子与小人:"君子喻于义,小人喻于利。"④

孔子虽然没有明确提出性善论,但其性相近说强调人性可以向善,通过道德教化可以使人成为善人,因而主张礼治。

(二) 孔子礼治思想的核心是"仁"

孔子学说的核心概念是"仁"。"仁"是道德范畴,其基本含义是"爱人"。樊迟问仁,孔子回答说:"爱人。"⑤爱人,是指爱别人,也就是"博爱",具有重义轻利的利他指向。

首先,孔子认为仁或爱人是做人的基本要求:"君子学道则爱人。"⑥爱人的要求则是孝、悌、谨、信:"弟子入则孝,出则悌,谨而信,泛爱众,而亲仁,行有余力,则以学文。"⑦

其次,恕是仁的最低要求。子贡问孔子:"有一言而可以终身行之者乎?"孔子回答说:"其恕乎! 己所不欲,勿施于人。"⑧所谓恕,就是"己所不欲,勿施于人",即不将自己不能接受的东西或价值强加于人。但孔子常常将自己所偏好的东西,推行于人。他周游列国推销自己的礼学,却不管诸侯们愿不愿意接受。这也是后世儒学者们惯用的思维习惯,他们认为好的东西或价值,别人也应该接受。所以,孔子的"己所不欲,勿施于人"在儒家实践中变成了"己所欲,强施于人",这就是儒家的所谓教化。

再次,忠孝为仁之本。孔子虽然要求父慈君仁,但父子君臣之爱绝不是平等的,即爱有差等,孝父忠君是爱人的两条基本原则,所以仁学的最终目的是维护宗法等级统治。《论语》中有很多这样的论述。孔子说:"出则事

---

① 张燕婴译注:《论语·里仁》,第 43 页。
② 张燕婴译注:《论语·里仁》,第 42 页。
③ 张燕婴译注:《论语·子罕》,第 117 页。
④ 张燕婴译注:《论语·里仁》,第 47 页。
⑤ 张燕婴译注:《论语·颜渊》,第 182 页。
⑥ 张燕婴译注:《论语·阳货》,第 264 页。
⑦ 张燕婴译注:《论语·学而》,第 4 页。
⑧ 张燕婴译注:《论语·卫灵公》,第 241 页。

公卿,入则事父兄,丧事不敢不勉,不为酒困,何有于我哉?"①孔子认识到事父兄是忠君报国的基础,孝子是忠臣的不二前提。有子更是明白阐述了其中的道理:

> 其为人也孝悌,而好犯上者,鲜矣……孝悌也者,其为仁之本与!②

在仁与法的关系上,孔子认为仁高于法。孔子认为父子相隐是仁的要求:

> 父为子隐,子为父隐,直在其中矣。③

因为孝慈是仁的核心价值,子证父罪有违孝道,所以孔子主张父子相隐。宁可父亲偷盗之罪得不到追究,也不能容忍儿子揭发父亲而使孝道遭到破坏。

最后,孔子将仁上升为治国的基本要求,君主也要爱人。孔子说:"道千乘之国,敬事而信,节用而爱人,使民以时。"④

(三)孔子主张礼治、德治和人治相结合:三位一体

孔子主张礼治、德治,提出"为国以礼","为政以德"。面对礼崩乐坏的春秋时代,孔子主张恢复礼治,其礼治与德治、人治是一致的,核心是仁,原则是坚持忠孝之道,方法是礼仪教化。所谓礼治,即遵守严格的等级制度,君臣、父子、贵贱、尊卑都有严格的区别。德治就是主张以道德去教育感化人。礼治为表,德治为里。只不过德是对人的内在要求,而礼是对人的外在约束,共同维护贵族统治。而不论礼治还是德治,都需要圣人去垂范和施行,因此德治、礼治和人治是完整的三位一体,共同构成统一的治国方式。

礼治的实施形式表现为"人治",即贤人治国。孔子说:"其身正,不令而行;其身不正,虽令不从。"⑤鲁哀公问孔子:"何为则民服?"孔子答道:"举直错诸枉,则民服;举枉错诸直,则民不服。"⑥孔子认为,贤人治国,要起到

---

① 张燕婴译注:《论语·子罕》,第125页。
② 张燕婴译注:《论语·学而》,第2页。
③ 张燕婴译注:《论语·子路》,第195页。
④ 张燕婴译注:《论语·学而》,第4页。
⑤ 张燕婴译注:《论语·子路》,第189页。
⑥ 张燕婴译注:《论语·为政》,第20页。

榜样的作用,能以自己的言行教化民众:"临之以庄,则敬;孝慈,则忠;举善而教不能,则劝。"①

（四）德治优于法治

孔子反对法治。礼治以仁义为本,必然要求治国者率先垂范,即贤人治国。因此礼治和人治是一致的,它们都反对法治,主张德治。孔子认为德治优于法治:

> 道之以政,齐之以刑,民免而无耻。道之以德,齐之以礼,有耻且格。②

孔子要求以善德代替刑杀。季康子问政于孔子:"如杀无道以就有道,何如?"孔子回答说:"子为政,焉用杀? 子欲善而民善矣。"③孔子和子路的一段对话,讨论了礼乐和刑罚之间的关系。孔子认为,为政必须从正名开始,正名就是制定礼乐,没有礼乐,刑罚是不起作用的。他说:

> 礼乐不兴,则刑罚不中。④

这里,孔子强调礼治优于法治,礼乐不兴则刑罚不中,鲜明地主张礼治,反对法治。

二　孔子死后,门徒分化

儒家学派由于是春秋时的显学,贵族弟子多习之,人数众多,因而并非铁板一块。孔子死后,贵族内乱和诸侯争霸愈演愈烈,因而各国变法图强的政治需要促进了儒家学派的分化。孔子的弟子和再传弟子逐渐分化成很多不同的门派。

孔子不愧为中国第一个专职教师,培养了众多儒家弟子。弟子对老师的评价甚高,感情甚深。颜渊赞叹说:"仰之弥高,钻之弥坚。瞻之在前,忽焉在后。夫子循循然善诱人,博我以文,约我以礼,欲罢不能。既竭吾才,如有所立卓尔。虽欲从之,末由也已。"⑤孔子死后,众弟子并为之服丧三年,

① 张燕婴译注:《论语·为政》,第21页。
② 张燕婴译注:《论语·为政》,第13页。
③ 张燕婴译注:《论语·颜渊》,第180页。
④ 张燕婴译注:《论语·子路》,第187页。
⑤ 张燕婴译注:《论语·子罕》,第122页。

其中子贡为老师服丧六年,可见弟子对老师的感情深厚。然而,感情归感情,真理归真理,正如子贡之疑所预示的,孔子学说在孔子去世后也出现了分化。

孔门三千弟子之中,身通六艺登堂入室者七十二人(配享孔庙),其中十人位列四科十哲。司马迁在《史记》中说:

"受业身通者七十有七人",皆异能之士也。①

司马迁在这段话中提到孔子的弟子十三人,可谓"异能之士"。其中十位是孔子门下最杰出的弟子,依次是颜回、闵损、冉耕、冉雍、冉求、仲由、宰予、端木赐、言偃、卜商,合称孔门"四科十哲"。其中德行方面的杰出弟子有:颜渊、闵子骞、冉伯牛、仲弓;政事方面的杰出弟子有:冉有、季路。言语方面的杰出弟子有:宰我、子贡。文学方面的杰出弟子有:子游、子夏。再加上颛孙师、曾参、高柴三人。这十三名弟子中,或做官或经商,也有的早死,而对于传承孔子学说最有贡献的当推冉雍、言偃、卜商、颛孙师、曾参五人,此外还有商瞿。

孔子去世后,其后学在相互切磋、相互争鸣中发展了孔子的学说,形成了不同的流派。虽然孔门派系很多,但从后世影响来说,当推曾子洙泗之学和子夏西河之学以及后来的思孟学派和荀学。曾参则居于鲁国洙、泗之间传教,谨守孔子之道,"吾日三省吾身",将孔子的"克己复礼"发展成为"修身、齐家、治国、平天下"的儒家理想愿景,形成极度重视个人修养的曾子学派;子夏在孔子殁后,回到魏国,在西河设教,做了魏文侯的老师,将孔子思想按时代需要加以发挥,成为一个与现实政治结合的子夏学派。

子夏学派孕育出了法家,因此被视为离经偏道;荀子则提倡儒、法合流,试图以儒为本,以法为用,培养出两个著名的法家弟子,因此也常遭儒家后学贬斥,被视为法家。其实,子夏和荀子一脉相承,同属儒家的现实主义流派,将孔子的思想与现实主义相结合,因此弟子常出法家也就不足为怪了。

第二节　儒家现实派子夏:
由儒转法的桥梁

子夏(前 507 年—前 400 年?)即卜商,字子夏。春秋末期晋国温(今河

---

① (汉)司马迁:《史记·仲尼弟子列传》,第 409 页。

南温县)人(一说卫国人),是孔子的以文学著称的弟子之一,位列四科十哲之中,小孔子四十四岁,"西河学派"的创始人。曾担任过鲁国莒父(今山东莒县)宰。孔子死后,侍奉过卫灵公。后去西河收徒讲学,有弟子三百多人,形成在三晋地区影响很大的"西河学派"。以子夏为代表的晋国儒者,不再致力于恢复周礼,而是更加关注纷争不断的现实,主张礼、法并用,开创了儒家现实主义流派的先河。

一 子夏对儒家学术的传承和发展

子夏一生的学术贡献主要有两点,一是研习和传播了儒家经典;二是对晋法家学派的形成起了促进作用。

(一)子夏对儒家学术的传承

子夏善于创造性地阐述孔子思想。在孔门弟子中,子夏既博闻强记,又善于独立思考,往往对儒家经典形成自己独到的见解。子夏说:"博学而笃志,切问而近思,仁在其中矣。"他并不像颜回、曾参那样死守孔子之道,反而具有极高的悟性并善于加以发挥。我们来看《论语》中的一段记述:

> 子夏问曰:"'巧笑倩兮,美目盼兮,素以为绚兮',何谓也?"子曰:"绘事后素。"曰:"礼后乎?"子曰:"起予者商也,始可与言《诗》已矣。"①

子夏在孔子的启发下,由此及彼,认识到礼是一种文饰,是第二位的,而仁义才是第一位的,孔子对此表示赞赏。这一认识也造成后来子夏对"礼"一向不看重。他说,"小人之过也必文","大德不逾闲,小德出入可也。"②他更看重人的实质,而不是小节和仪表。

《论语》中还有一个切磋的故事。孔子谈儒家用人之道时说:"举直错诸枉,能使枉者直。"樊迟不能理解,退而请教子夏。子夏通过举例来加以阐发:

> 富哉言乎!舜有天下,选于众,举皋陶,不仁者远矣。汤有天下,选于众,举伊尹,不仁者远矣。③

---

① 张燕婴译注:《论语·八佾》,第28页。
② 张燕婴译注:《论语·子张》,第294页。
③ 张燕婴译注:《论语·颜渊》,第182页。

这里也可以看出子夏的悟性很高,善于发挥,以至于同门在不理解孔子的话的时候都来向他请教。

子夏一生大部分时间主要是研习和传播儒家经典和孔子学说。相传曾作《诗大序》和《子夏易传》,参与《论语》的编写,传《春秋》于公羊高、谷梁赤而形成了《春秋公羊传》和《春秋谷梁传》。子夏所传经学,对弘扬孔子学说起了关键作用。后世治五经的学者,大都将他们的学说托之于子夏及其再传弟子的传授。汉儒徐防说:"臣闻《诗》《书》《礼》《乐》,定自孔子;发明章句,始于子夏。"①足见子夏对儒学的传承功不可没。

(二)《春秋左氏传》可能由子夏、吴起合著

在《春秋》三传中,最著名的是"左氏传本"。司马迁认为《左氏春秋》为左丘明所作。"鲁君子左丘明惧弟子人人异端,各安其意,失其真,故因孔子史记具论其语,成《左氏春秋》。"②汉儒刘向、班固等也均以为"左氏"为《论语》中所提到的左丘明。魏晋以来儒者无异议,但自唐宋以后学者多疑之。唐人啖助说:"邱(丘)明,夫子以前贤人,如史轶迟任之流。焚书之后,学者见《传》及《国语》,俱题左氏,遂以为邱明。自古岂止一邱明姓左乎?"③因《左传》书中记有战国时事,而左丘明乃春秋时人也,先于或同时于孔子;且《左传》作为《春秋》传本,其成书年代应晚于孔子所编《春秋》。

章太炎、钱穆等学者持地名说,"左氏"是地名借为人名,由此认为是吴起所传。《韩非子·外储说右上》载,"吴起,卫左氏中人也"④。"左氏",乃是卫地都邑名。因此钱穆认为左氏即吴起。

左氏本是卫国都邑,后易于魏国。《韩非子·内储说》记载,卫嗣君的时候,卫国一个医术很高的服劳役的恶囚犯逃到魏国去了,魏襄王便把他留在宫里给王后治病。卫嗣君听说后,提出用五十金把他买回来继续服刑,派人去交涉了五次,魏王也不同意,"乃以左氏易之。""左氏"即左邑,又称左丘,故地在卫,后入魏,可能是子夏故里,或子夏在此地传教过。子夏弟子李悝、吴起、再传弟子商鞅等都是卫人,一说魏人,可以佐证。上古有以地为氏号者,因此左氏、左丘很可能就是子夏的别号。

近代学者卫聚贤认为《左传》的作者是子夏。他说:"子夏为魏斯师时,魏尚未脱晋而独立,是子夏居魏犹是晋地。时晋都在魏所辖,子夏得晋国详

---

① (南朝宋)范晔撰:《后汉书·徐防传》,北京,中华书局,2007年,第439页。
② (汉)司马迁:《史记·十二诸侯年表第二》,第112页。
③ 钱穆:《先秦诸子系年》,第223页。
④ 高华平等译注:《韩非子·外储说右上》,第494页。

细史稿而著《左传》，故《左传》记晋事特多而且祖晋。"①这一推测是很有见地的。

　　《国语》的作者也很可能是子夏。司马迁说："左丘失明，厥有《国语》。"②所说"左丘"，很可能就是子夏。钱穆说："子夏居西河，晚年失明，疑左丘失明，或自子夏误传。"③子夏为孔门儒术包括《春秋》传三晋之祖，在三晋地区弟子众多。子夏以讲授《春秋》见长，对晋史又特别熟悉，曾指出史书抄本中的"三豕渡河"应为"己亥渡河"所误抄。④

　　综上所述，笔者以为《左氏春秋》为子夏、吴起合著。子夏晚年丧子失明，述而不作，口授《春秋》，弟子吴起记之并加以发挥而为传，相当于二人合著。古人合著多托名，如《淮南子》托地名，《管子》托人名，吴起不敢独自贪功（著作权），不题子夏也不题吴起，而托名二人的共同故乡"左氏"，故名《左氏春秋》，先在三晋地区传播。若此说成立，则子夏对儒家经典的传承可谓功莫大焉。

二　子夏的思想斗争：心战不已

　　可以说韩非最早对儒家学派的分化进行过研究。韩非说"儒分为八"⑤，唯独没有提到子夏之儒，这是不合常理的，因为子夏是孔子最为出色的弟子之一，在弟子中年龄几乎最小且活的时间几乎最长，在孔子死后，收徒讲学，不仅为传承儒学做出了巨大贡献，而且有很大的影响，特别是在三晋地区。同为三晋地区的学者韩非不可能不知道子夏这样的大儒，为什么韩非不提子夏之儒呢？唯一的推测只能是韩非已不承认子夏为儒家，而把他视为开法家之先河的人。郭沫若也说过："这是韩非承认法家出于子夏，也就是自己的宗师，故把他从儒家中剔除了。"⑥可以说，子夏是适应时代需要而由儒到法转变的关键人物，其思想偏离了正统儒家，具有现实主义倾向。

　　然而子夏的现实主义思想并不彻底，终其一生既叛逆又不愿离宗，游走在儒法义利之间，内心非常纠结。子夏处于春秋战国交替之际，礼乐坏而未完全崩溃，因此新旧两种思想常常在他的头脑中展开激烈的交战，难分胜败。司马迁在《史记·礼书》中记录了子夏的心战：

　　①　卫聚贤：《古史研究　第一集》，上海，商务印书馆，1931年，第100页。
　　②　（汉）司马迁：《史记·太史公自序》，第761页。
　　③　钱穆：《先秦诸子系年》，第225页。
　　④　参见王国轩、王秀梅译注：《孔子家语·七十二弟子解》，北京，中华书局，2016年，第305页。
　　⑤　高华平等译注：《韩非子·显学》，第725页。
　　⑥　郭沫若：《十批判书》，北京，东方出版社，1996年，第114页。

自子夏,门人之高弟也,犹云"出见纷华盛丽而说,入闻夫子之道而乐,二者心战,未能自决",而况中庸以下,渐渍于失教,被服于成俗乎?①

对子夏心战,《韩非子·喻老》也有类似的记载:

> 子夏见曾子。曾子曰:"何肥也?"对曰:"战胜,故肥也。"曾子曰:"何谓也?"子夏曰:"吾入见先王之义则荣之,出见富贵之乐又荣之,两者战于胸中,未知胜负,故癯。今先王之义胜,故肥。"②

价值观是人之为人的定在,是人的思想和行动的源泉。价值观的不安定使得人的身心难以安定,行动没有章法。由于子夏在物质功利和道德理想两者之间心战不已,心情焦虑,寝食不安,所以长期比较瘦削。曾子见子夏,发现他突然发胖了,感到意外。子夏向曾子表明了自己的心路历程,说明自己时肥时癯的原因。虽然韩非表示子夏心战的结果是先王之义胜,但并不能代表他的思想回归了正统儒家,只是没有进一步滑向法家罢了。尽管子夏的治国思想注重实际甚于礼仪,但他个人并不贪图名利,仍然保持着儒家清高不折的节操。

> 子夏家贫,衣若县鹑。人曰:"子何不仕?"曰:"诸侯之骄我者,吾不为臣;大夫之骄我者,吾不复见。柳下惠与后门者同衣,而不见疑,非一日之闻也。争利如蚤甲,而丧其掌。"③

可见,子夏对人性的看法是复杂的。作为个人,子夏是淡泊名利的,他一面安于清贫的生活,一面坚守儒家的道德情操,决不为五斗米折腰。而对于经世治国,子夏是务实的,承认人性对物质利益追求的正当性,主张义、利兼顾。

三　子夏的儒家现实主义思想

子夏承认功利的合理性,重权重法,为儒家现实派,具有法家倾向。

---

① (汉)司马迁:《史记·礼书》,第121页。
② 高华平等译注:《韩非子·喻老》,第239页。
③ 方勇、李波译注:《荀子·大略》,第464页。

（一）子夏的功利思想

孔子在赞赏子夏聪慧的同时，早就注意到子夏的功利倾向。子夏任鲁国莒父宰的时候，向孔子问政，孔子对他说："无欲速，无见小利。欲速则不达，见小利则大事不成。"①从这里看出，子夏有注重功利的倾向。孔子视追求君子仁义为儒家之大道，要求弟子研习和践行大道；而视百工俗利为小道，要求弟子远离小道。子夏并未全盘照收老师的观点，他在接受大道的同时，也肯定百工小道。子夏认为："虽小道，必有可观者焉，致远恐泥，是以君子不为也。"②子夏曰："百工居肆以成其事，君子学以致其道。"③子夏主张学以致用，他说："仕而优则学，学而优则仕。"④子贡问："师与商也孰贤？"子曰："师也过，商也不及。"曰："然则师愈与？"子曰："过犹不及。"⑤可见在孔子的眼里子夏不够贤。

子夏对"君子"的理解与孔子所说的"温文尔雅"颇有不同，他说："君子有三变：望之俨然，即之也温，听其言也厉。"⑥这不似仁爱的儒者，倒似严酷的法家了。

对于子夏这一功利倾向，孔子曾试图纠正："女为君子儒，无为小人儒。"⑦孔门弟子子张、子游等也多有批评。对于子夏主张与人交往"可者与之，其不可者拒之"。子张表示不同意，"异乎吾所闻"，子张主张"君子尊贤而容众"，不可拒人。⑧ 子游更是批判子夏本末倒置，"抑末也，本之则无"，讥讽他"当洒扫应对进退，则可矣"⑨。子张、子游都以孔子正传弟子自居，看不起子夏及其弟子，轻蔑之态溢于言表。

子夏晚年这一离经叛道的倾向更为明显。作为一位精研《春秋》而有独到见解的儒者，又经历田氏代齐（始于前481年）和三家分晋（始于前453年）这样的历史事件，他顺应时势，关注的问题已不再是孔子倡导的复兴周礼，而是大变革时代的当世之政和儒学对此的因应。

（二）子夏的平等倾向

子夏还提出"四海之内皆兄弟"⑩的主张，是对孔子的奴隶制尊卑等级

① 张燕婴译注：《论语·子路》，第195页。
② 张燕婴译注：《论语·子张》，第291页。
③ 张燕婴译注：《论语·子张》，第293页。
④ 张燕婴译注：《论语·子张》，第295页。
⑤ 张燕婴译注：《论语·先进》，第159页。
⑥ 张燕婴译注：《论语·子张》，第293页。
⑦ 张燕婴译注：《论语·雍也》，第76页。
⑧ 张燕婴译注：《论语·子张》，第291页。
⑨ 张燕婴译注：《论语·子张》，第294页。
⑩ 张燕婴译注：《论语·颜渊》，第173页。

思想的一种突破,在儒家思想中表现了难得的平等倾向。

等级尊卑思想是儒家礼治思想的重要理论基础。"礼不下庶人,刑不上大夫。"①也就是说,对于贵族士大夫阶层,以礼乐教化为主;而对于庶人就以赤裸裸的刑罚来统治。子夏提出"四海之内皆兄弟"的主张,就意味着打破身份等级桎梏的限制,人人都可修身求仁而无须理会烦琐的礼制,这也是子夏"礼后乎"思想的深刻含义。在子夏看来,人人都可以求仁,人人都可以成为君子,人人皆是兄弟。这种博爱思想,不可不谓"大仁",是对孔子仁爱思想的重大突破。

法律是天生的平等派,它要求法律面前人人平等,即相似情况,相似处理。如果法律因人而异,那么法律也就失去了威信,而走向人治了。所以,法家率先提出刑无等级,尽管这条原则在执行时总要打折扣。子夏的平等思想无疑对其后法家的形成具有重要影响。

(三)子夏的重权、重信思想

子夏在西河以经世致用的观点传授《春秋》,已具有法家倾向。他重视从《春秋》中吸取治国的经验教训:"有国有家者,不可以不学《春秋》。"②

子夏强调君主集中权势。子夏认为:"《春秋》之记臣弑君、子弑父者,以十数矣,皆非一日之积也,有渐而以至矣。"③因而提出君主应以强力手段防患于未然。子夏说:"善持势者,蚤绝奸之萌。"④

由此可见,子夏主张运用刑罚等强力手段加强君主权势,先发制人,打击奸逆于萌芽状态,否定"刑不上大夫"的礼治方法,这无疑对法家"严刑峻法"的思想产生了影响。

子夏非常重信,主张立信治国。并不像他的老师孔子那样重视礼治,子夏认为统治者先要取信于民。

> 子夏曰:"君子信而后劳其民;未信,则以为厉己也。信而后谏;未信,则以为谤己也。"⑤

> 子夏曰:"贤贤易色。事父母,能竭其力;事君,能致其身;与朋友

---

①　胡平生、张萌译注:《礼记·曲礼上》,第47页。
②　张世亮等译注:《春秋繁露·俞序》,北京,中华书局,2012年,第183页。
③　高华平等译注:《韩非子·外储说右上》,第464页。
④　高华平等译注:《韩非子·外储说右上》,第464页。
⑤　张燕婴译注:《论语·子张》,第294页。

交,言而有信。虽曰未学,吾必谓之学矣。"①

在子夏看来,守信是做人的基础。与朋友交往,要言而有信;孝敬父母也要身体力行,不能光说漂亮话;为君主做事,也要言行一致,不能说一套做一套;君主治国,更要示民以信。可见就治国而言,子夏把统治者守信看得比所谓仁义礼仪那一套更重要,体现了其务实的思想,这对于主张"信赏必罚"的法家的影响是很大的。

吴起、商鞅变法,都先采取示民以信的政治策略,显然出于子夏之术。可见子夏为由儒转法的桥梁人物,所以战国儒家中一些人甚至视子夏为叛逆,而且法家也不把子夏当正统儒家看待。战国末期的大儒荀子痛骂子夏为伪君子:"正其衣冠,齐其颜色,嗛然而终日不言,是子夏氏之贱儒也。"②在荀子这个儒家现实主义者的眼中,子夏儒都是如此的"离经叛道",可见,子夏儒应是离法家只有一步之遥了,他是由儒到法过渡的关键人物。

汉儒徐防说:"臣闻《诗》《书》《礼》《乐》,定自孔子;发明章句,始于子夏。"③观点虽然不一定正确,但可见子夏对诸子百家形成的贡献。然而长期以来,子夏的学术贡献和学派地位并没有引起学术界的足够重识。子夏是晋儒转法的关键人物。子夏在西河以经世致用的观点传播《春秋》等儒家经典,对晋法家的形成起了很大的促进作用。子夏终生徘徊在义、利之间,心战不已,似儒似法,非儒非法,具有双重学术地位,既是儒家现实派的鼻祖,又是由儒转法的桥梁人物。

第三节　西河之学:晋法家的摇篮

孔子死后,子夏返回故乡,应魏文侯之邀,转赴西河设教,弟子三百,将孔子的儒学传播到三晋大地。魏国官方学术机构"西河之学"则是儒家现实主义流派的大本营,并成为法家学派产生的摇篮。子夏在传播经学中注重经世致用,培养出晋法家。

一　以子夏为宗的西河之学

据记载,孔子没后,子夏去鲁至卫,见读史志者云:"晋师伐秦,三豕渡

①　张燕婴译注:《论语·学而》,第5页。
②　方勇、李波译注:《荀子·非十二子》,第79页。
③　(南朝宋)范晔撰:《后汉书·徐防传》,第439页。

河。"子夏曰:"非也,己亥耳。"读史志曰:"问诸晋史,果曰己亥。"①于是卫以子夏为圣。孔子卒后,子夏教于西河之上,魏文侯师事之,而咨国政焉。

西河之学是魏国的官学,是战国初期魏国开国明君魏文侯(前445年—前396年在位)为加强文化统治而扶持和发展起来的新的中原文化传播中心,并为魏国培养治世人才。西河之学又称子夏学派,是魏文侯聘请当时的儒学大师、孔子弟子——子夏坐镇西河(魏国故卫地之西河,一说龙门西河)授徒讲学,传播儒家经典和学术思想而形成的儒家学派之一。《史记》记载:"孔子既没,子夏居西河教授,为魏文侯师。"②由于子夏的名气,也由于魏文侯的大力支持,从学者众,弟子三百人,门下人才辈出,有不少人成为魏国的治世良臣。如田子方、段干木、吴起、禽滑釐等都是子夏的弟子。而商鞅、荀子、李斯、韩非等也俱是隔代再传弟子。西河学派既传授儒家经典"六艺",又是法家法术思想的先驱。

除了子夏外,子夏的弟子田子方、段干木等也是西河学派的重要人物,为魏文侯师,也就相当于今天的智库。《史记》说,"卜子夏、田子方、段干木,此三人者,君皆师之"③。三人皆成帝王师,这对于一个儒者是何等的荣耀,与孔子在世时的郁郁不得志形成鲜明对比。为什么形成如此强烈的反差呢?是魏文侯尊儒吗?是他重视礼治吗?显然不是。作为魏国开国君主,魏文侯想要做的是霸业,因而他重视经世致用的学问,而不是只知周礼的腐儒。子夏之儒,不再谨守孔子的"克己复礼",而在春秋大变局的时代洗礼下,与时俱进,强调"示民以信",重视以法典治国,适应了时代的需要,故为魏文侯所尊崇。

二 晋法家出自儒家现实派

晋法家由儒家现实派转化而来,初期晋法家出自儒家现实派的子夏,后期晋法家出自儒家现实派的荀子。

(一)初期晋法家出自子夏

郭沫若说过,"李悝、吴起、商鞅都出自儒家的子夏,是所谓'子夏氏之儒'"④。这是非常有道理的见解。子夏在西河讲学,传授《春秋》,西河之学成为官方扶持的最高学术权威,魏文侯和重臣李悝、吴起等都曾师从子夏,足见西河之学为魏国变法提供了理论支撑,成为晋法家产生的摇篮。

---

① 王国轩、王秀梅译注:《孔子家语·七十二弟子解》,第305页。
② (汉)司马迁:《史记·仲尼弟子列传》,第413页。
③ (汉)司马迁:《史记·魏世家》,第302页。
④ 郭沫若:《十批判书》,第114页。

可惜子夏常战于义、利之间,一只脚迈出儒家仁义之门,另一只脚未敢迈出,没有完成由儒向法的转变。子夏的西河弟子李悝、吴起等人比子夏的思想更进一步,信赏必罚,成为魏国变法改革的中坚力量,完成了由儒家向法家的转变。

李悝在严格意义上是晋法家的创立者。班固在《汉书·艺文志》中将李悝列为法家始祖:

《李子》三十二篇。名悝,相魏文侯,富国强兵。①

同时,班固又将李克与魏文侯一起列入儒家:

《魏文侯》六篇。
《李克》七篇。子夏弟子,为魏文侯相。②

这个李克和李悝,学界一般认为是同一人。他们的名字读音相近,二人时代相同,都是魏文侯的丞相,且史书记载的思想也相同,足见是同一人。《汉书·食货志》记载,"李悝为魏文侯作尽地力之教"③;《史记·货殖列传》则说,"当魏文侯时,李克务尽地力"④。可见,李克就是李悝,至于为何出现两个名字,当是史家或手民误植罢了。

李悝是子夏的西河弟子,是由儒家转化而来的法家,与其后的商鞅、韩非相比尚有儒家的痕迹,故《汉书·艺文志》将其著作三十二篇列入法家,又将其另外七篇列入儒家,也就不足为怪了。只可惜这些著作都已失传,难以窥见其全貌了,只能从其他古书有关李悝的记载中略见一二。

吴起辅佐李悝变法,是初期法家的重要人物之一。同时,吴起又是西河郡守,与西河学派交往甚密,是子夏的弟子之一。

吴起先师从曾参,后师从子夏。曾子是正统儒家,相传《孝经》出自他手。《史记》说吴起"尝学于曾子,事鲁君"⑤。据说因为母死不归,犯了儒家大忌,被曾子逐出师门。我想,当时也可能吴起对正统儒学已失去兴趣,认为它在乱世没有实用,不能助自己实现卿相之大志,故转学更加实用的兵

---

① (汉)班固:《汉书·艺文志》,第335页。
② (汉)班固:《汉书·艺文志》,第331页。
③ (汉)班固:《汉书·食货志》,第159页。
④ (汉)司马迁:《史记·货殖列传》,第752页。
⑤ (汉)司马迁:《史记·孙子吴起列传》,第401页。

法。后来,吴起又投奔魏国,被李悝推荐给魏文侯。李悝对魏文侯说:"起贪而好色,然用兵,司马穰苴不能过也。"①于是魏文侯以吴起为将,率兵攻打秦国,拔秦国五城。文侯因吴起战功显赫,令他为西河郡守。据《史记·儒林列传》记载,"如田子方、段干木、吴起、禽滑釐之属,皆受业于子夏之伦"②。可见,吴起在西河期间,师从子夏,从子夏那里学习治国经验,并由单纯的兵家进而成长为法家。吴起羽翼丰满以后,已不满足于领兵打仗了,他要实现为相治国。由于文侯死后,他在魏国受到排挤,于是到楚国变法去了,书写了他人生最后耀眼而悲壮的一页。

(二)商鞅是吴起的再传弟子

据郭沫若说,商鞅是李悝的弟子,"商鞅是李悝的学生,与吴起同是卫人而年辈略后"③。但这一说法值得商榷。说商鞅是李悝的弟子,无史书记载可查,可能只是郭沫若的推测。再说,李悝和商鞅并非同时代人,商鞅出生时,李悝差不多已经去世了。所以他们并没有直接的师承关系,但商鞅很可能是李悝、吴起的再传弟子。

《史记·商君列传》说:"商君者……少好刑名之学,事魏相公叔座为中庶子。"④按照法家"以吏为师"的说法,魏相公叔座可以说是商鞅的老师。公叔座非常欣赏商鞅的才能,在临死前向前去看望他的魏惠王提议重用商鞅。公叔座说:"座之中庶子公孙鞅,年虽少,有奇才,愿王举国而听之。"⑤见惠王不以为然,公叔座又说,"王即不听用鞅,必杀之,无令出境"⑥。可见,公叔座是何其看重商鞅的才能,而遗憾的是,魏惠王却没有听从公叔座的话,以致商鞅去秦效力,否则战国历史可能要改写了。可见,说公叔座是商鞅的老师不为过。

而作为魏国贵族的公叔座是西河弟子,授业于段干木或其再传弟子。公叔座为将后又自以吴起为师。据《战国策》记载,魏惠王时,公叔座为魏将,率军与韩、赵两国在浍北展开大战,获胜。魏王非常高兴,亲自到郊外迎接,并赏田百万作为俸禄。公叔座转身就走,再三推辞说:"夫使士卒不崩,直而不倚,挠拣而不辟者,此吴起余教也……县赏罚于前,使民昭然信之于后者,王之明法也。"⑦将功劳归于吴起的教导和君王的明法。其时吴起早

①　(汉)司马迁:《史记·孙子吴起列传》,第 401 页。
②　(汉)司马迁:《史记·儒林列传》,第 700 页。
③　郭沫若:《十批判书》,第 302 页。
④　(汉)司马迁:《史记·商君列传》,第 419 页。
⑤　(汉)司马迁:《史记·商君列传》,第 419 页。
⑥　(汉)司马迁:《史记·商君列传》,第 419 页。
⑦　(汉)刘向:《战国策·魏一》,长沙,岳麓书社,2015 年,第 178 页。

已死了，而公叔座带兵仍然采取"吴起余教"，足见公叔座以吴起为师。魏王于是索吴起之后，赐之田二十万。从这个故事可以看出，李悝、吴起辅佐魏文侯变法，奠定了魏国法制和兵制的基础，促进了魏国的强大，公叔座不过是延续了他们的做法而已。从这个意义上说，李悝、吴起可以说是公叔座的老师。

公叔座治国用兵的思想出自李悝、吴起，商鞅是公叔座用心培养起来的谋士，自然也精心研习过李悝、吴起的治军治国思想，而且是青出于蓝而胜于蓝。公叔座已看出商鞅是一个旷世奇才，只可惜魏王没有重用商鞅。公叔座死后，商鞅携带李悝大著《法经》入秦，秦孝公受而用之，晋魏法制传到了原本落后的秦国。秦果日以强，魏日以削。

（三）后期晋法家韩非和李斯都是荀子的学生

荀子是子夏之后的儒家现实主义大师，韩非"与李斯俱事荀卿"①。荀子（约前 313 年—前 238 年），名况，字卿，战国末期赵国郇（今山西临猗）人。他五十岁到齐国稷下讲学，主持学宫，三为祭酒，是稷下学宫末期最后一位大师，但其学术已不属于稷下黄老学，而是儒、法结合，试图以儒学改造法家思想。荀子是战国末期儒家现实派的代表性人物，其思想具有兼容性。

荀子主张隆礼重法，德、法并治，其学术源头亦可追溯到子夏义、利兼顾的西河之学，因此韩非、李斯的思想也可以追溯到西河之学。荀子是继子夏之后传播经学最有贡献的大师，据清人汪中考证《左传》的传授关系是："左丘明作传以授曾申，申传卫人吴起，起传其子期，期传楚人铎椒，椒传赵人虞卿，卿传同郡荀卿。"②前文已论及《左传》作者左丘明应为子夏误传，所以把汪中所述的传播链条的开头改为子夏，可能更合乎逻辑。所以对法家思想形成有很大影响的《春秋左氏传》的传播链条大概是：子夏—曾申—吴起—吴期—铎椒—虞卿—荀子。也就是说，不同时期的晋法家思想同源，均源自儒家现实派（以子夏和荀子为代表）。子夏和荀子又是一脉相承的，先后以经世致用的观点传播经学。

尽管荀子言语中有意贬低子夏，如称其门徒为"子夏氏之贱儒"③，似乎要与子夏划清界限，以便自己以孔学正宗自居，然而实际上荀子与子夏有很多相似点：都注重以经世致用的观点传播儒家学说，都授徒讲学并培养出著名的法家弟子。所以，恐怕孔子本人也不会承认这个所谓正宗，拿孔子自

---

① （汉）司马迁：《史记·老子韩非列传》，第 395 页。
② （清）汪中：《荀卿子通论》，载（清）王先谦撰《荀子集解》，北京，中华书局，1988 年，第 21 页。
③ 方勇、李波译注：《荀子·非十二子》，第 79 页。

己的话来说,荀子与子夏一样,应该都属于"小人儒"①一类,所以离法家也就不远了。

　　荀子说"青,取之于蓝而青于蓝"②,通常是指弟子超过老师,这个比喻如果同时用来形容晋法家与儒家现实派的关系也恰当不过。若用青色比作晋法家,则儒家现实派就是蓝色,这种转变具有某种必然性。儒家现实派承认人性的功利性,在主张德教的同时也重视法治的作用,晋法家则向前更进一步,放弃德教而专任法治,所以晋法家由儒家现实派转化而来就不足为奇了。

　　近代学者陈柱认为法家盖起于礼,并举李斯、韩非为例加以证明。他说:"礼不足治,而后有法,礼流而为法,故礼家流为法家,故荀卿之门人李斯、韩非皆流而为法家也。"③这个观点是很有见地的,但说得还不够全面。第一,不仅后期法家李斯、韩非出自儒家的荀子,而且初期法家李悝、吴起乃至商鞅也出自儒家的子夏,可见法家出儒家现实派转化而来;第二,并非所有的法家都出自儒家,只有晋法家出自儒家,而齐法家出自道家黄老学派,这也是战国时期东西两大法家阵营的主要区别所在。所以,法家两学派分别出自儒家和道家;儒家和道家是法家的两个主要源头,并且这两股源流在韩非那里有所汇合。

　　综上所述,晋法家李悝、吴起、商鞅等的思想均源自西河之学,有所发展而已。李斯、韩非出自荀子之学,而剔除其儒家成分。所以,晋法家出自儒家现实派。这里还要说一下,申不害的思想渊源相对复杂一些。申不害的思想一方面继承了李悝、吴起的法治思想,另一方面又开始吸收黄老无为思想来丰富法家的法治思想,提出了独到的"术"思想,但申不害的"术"是附于"法"的,不过是运用循名责实之术来实施法治而已。因此,申不害还是晋法家,但他发展了晋法家的思想。

---

　　①　张燕婴译注:《论语·雍也》,第 76 页。
　　②　方勇、李波译注:《荀子·劝学》,第 1 页。
　　③　陈柱、章太炎、梁启超:《诸子十六讲》,北京,中国友谊出版公司,2009 年,第 89 页。

第四章　晋法家的形成及代表人物

注重功利的西河之学是晋法家的主要理论源头,而春秋末年的军功制与成文法运动则是晋法家的实践源头。晋法家正是运用功利主义思想总结各国成文法运动的经验而形成的。

第一节　军功制及成文法运动

军功制与成文法运动在法家历史乃至中国法律史上具有重要意义。它不仅是新旧两种制度斗争的产物和体现,也直接催生了法家学派。

一　军功制

法家的形成过程就是由身份制向功劳制转变的过程。如同身份制是儒家礼制的基础,军功制是法家制度的基础,对法家法典的形成起了重要作用。我们知道,"刑起于兵",以刑法为主体的中国古代法律起源于战争,在战争中激励将士的是基于军功的赏罚,而不是儒家的仁义。在论功行赏的实践中,初步形成了军功制。

(一)军功制的萌芽:晋文公城濮之战论赏

基于军功的赏罚早已有之,但春秋时期的战争观多受儒家仁义思想影响,因此战胜后的行赏往往夹杂考虑军功与仁义因素,甚至将仁义置于军功之前。宋襄公在与楚国的战争中因拘泥于儒家思想而错失获胜良机导致战败,说明春秋时期主要是儒家思想支配着战争观念。

晋文公自登位后就大赏陪他流亡和复国的有功之臣,在位期间也是如此。晋文公在与楚国的城濮之战获胜后行赏,但他在行赏时却将仁义因素置于军功之前优先考虑,引起了将士的不满。

城濮之战中,敌众我寡,形势对晋军十分不利。晋文公先招来舅犯问计,舅犯教晋文公用诈术,"战阵之间,不厌诈伪。君其诈之而已矣"。接着,晋文公又招来雍季商量计策，雍季反对用诈术，"以诈遇民,偷取一时,后必无复"。晋文公按照舅犯的计谋与楚军开战,打败了楚军。得胜归来后晋文公论功行赏:

> 归而行爵,先雍季而后舅犯。①

群臣表示不满,跟晋文公说,既然城濮之战中采用舅犯的计谋获胜,而行赏时却将舅犯放在雍季的后面,这样做适当吗? 文公回答说,舅犯的计谋不过是一时的权宜而已,而雍季之言则是长久的利益之所在。

可见春秋行赏,先仁义,后军功。战争的取胜离不开军功,行赏中自然要考虑军功因素,但由于受儒家思想的束缚,军功思想还没有受到足够的重视,行赏时参合儒家思想与军功,未能充分激发将士奋勇杀敌。军功制处于萌芽之中。

(二) 军功制的奠基:赵鞅铁之战誓词

军功制是春秋末年以来晋国在日益频繁的战争实践中率先建立起来的。这时的战争观已逐渐抛弃了儒家仁义思想的影响,而仅仅以军功论赏。赵鞅可谓军功制的奠基者,对军功制的形成功不可没。赵鞅在铁之战发布的军功令是先秦军功制的开创性文件。

铁之战源自赵氏内乱,但赵氏内乱很快发展成为晋国六卿之间长达四年的一场大规模内战。前497年,赵鞅欲经营封邑晋阳,使之成为自己扩充势力和保存实力的坚固壁垒,遂提出将赵氏邯郸五百户迁往晋阳,遭到驻守邯郸的族弟赵午的不满与拖延。赵鞅于是杀死赵午,赵午之子赵稷于是据邯郸发动叛乱。范氏、中行氏支持赵氏的反叛者。赵鞅寡不敌众,退守老巢晋阳。后来智氏、魏氏、韩氏奉晋定公之命帮助赵鞅,反击范氏、中行氏,战火扩大为六卿之战——赵、魏、韩、智对战范、中行。战争引来外国干涉,郑国、齐国增援范氏、中行氏。前493年,赵鞅率领晋军战于铁丘,以少胜多,大败郑国军队及范氏和中行氏。不久荀跞去世,赵鞅执政。铁之战的胜利使晋国六卿变成了四卿,开启了三家分晋的序幕。

铁之战为六卿斗争的关键一战,战斗异常惨烈,其成败关乎晋国时局乃至即将到来的战国时代的走向,因此,赵鞅不惜一切代价为之一战。

铁之战中,为扭转不利局面,赵鞅发布军功令:

> 克敌者,上大夫受县,下大夫受郡,士田十万,庶人、工、商遂,人臣、

---

① 高华平等译注:《韩非子·难一》,第527页。

隶、囿免。①

军功令提出奖励军功,极大地鼓舞了晋军的士气,扭转了战局,从而取得战争的胜利,奠定了晋国新的格局。

军功令初步建立了军功制,论功行赏,平民和奴隶可以通过军功来改变自己的身份、地位,这在战争年代有很强的激励作用,因而得到广泛推行。军功制打破了春秋时期的世卿世禄的身份制,解放了奴隶,促进了郡县制的建立。军功制开始逐步取代世卿世禄制走上时代前沿,掀起了时代大变革的序幕。

军功制与法家的功利主义法律思想是一致的,促进了法家的形成。吴起在楚国实行军功制而削除世卿世禄制;商鞅更是在晋国军功制的基础上发展出系统的军功爵制度,使之成为秦国变法的重要组成部分。

二　成文法运动

春秋末年,郑国子产铸刑书,晋国赵鞅铸刑鼎,三晋大地在诸侯国中率先开展成文法运动。

(一)子产铸刑书

子产执政前,郑国豪族林立,土地兼并严重,社会矛盾重重,危机四伏。子产执政后先从改革田制入手"作封洫"②,划分地界,明确土地所有权(可能是中国历史上首次由政府颁发私人土地证书),打击侵占土地的旧贵族势力,保护私人的土地所有权;并把农户编制起来,使"庐井有伍"③,加强户籍管理;进而"作丘赋"④,以丘为单位,向土地所有者征收军赋,进一步肯定土地私有权。

为了缓和社会矛盾,子产"立谤政"⑤,广开言路,允许民众批评政府。"乡校"是郑国人聚会和议论国政的场所。郑国人经常到乡校议论子产为政的得失,有些批评的言辞还相当尖锐。郑国大夫向子产建议毁掉乡校,子产不同意,严肃地说:

> 其所善者,吾则行之;其所恶者,吾则改之。是吾师也,若之何

---

① (春秋)左丘明:《左传·哀公二年》,第327页。
② (春秋)左丘明:《左传·昭公六年》,第242页。
③ (春秋)左丘明:《左传·襄公三十年》,第216页。
④ (春秋)左丘明:《左传·昭公四年》,第236页。
⑤ (春秋)左丘明:《左传·昭公六年》,第242页。

毁之?①

子产可谓中国历史上首开言论自由的执政者,其开明态度与周厉王的禁言令形成鲜明对比。开明是善政的前提,因此孔子称赞子产:"以是观之,人谓子产不仁,吾不信也。"②

为了巩固改革成果,进一步打击旧贵族势力,前536年,子产铸刑书,在中国历史上第一次公布成文法。反对者晋国大夫叔向认为"民知有辟,则不忌于上"。他谴责子产:

> 民知争端矣,将弃礼而征于书。锥刀之末,将尽争之。乱狱滋丰,贿赂并行……"国将亡,必多制",其此之谓乎?③

叔向主张礼治,反对公布成文法,因为这样做有损贵族的人治权威。子产对此坚定地回答:"若吾子之言,侨不才,不能及子孙,吾以救世也。既不承命,敢忘大惠?"④

可见,子产的各项改革创举都招致贵族势力的不满和反对,其难度可想而知。然而子产聪明地借助民意推行改革,并以法律加以稳固,所以取得成功。子产改革,使得郑国摆脱危机,转危为安,得到民众的拥护和爱戴。故司马迁说:"子产病死,郑民号哭。"⑤

子产铸刑书之后,邓析不满子产所铸刑书,竟私刻竹刑,并招来杀身之祸。竹刑的内容已无从查考,但邓析欲改旧制,比子产的刑书更激进,必然反映了新兴地主阶级的进步要求,反对旧礼制和奴隶主贵族的特权,维护地主阶级的利益。

(二)赵鞅铸刑鼎

春秋有五霸,晋国有六强(即六卿)。在礼崩乐坏的时代背景下,六卿争权就是五霸争雄的缩影,最终导致三家分晋和战国时代的来临。在这一历史过程中,赵鞅扮演着重要角色。他铸刑鼎、赏军功、轻赋税以及推行郡县制,采取一系列封建化的改革措施,力图统一晋国和恢复晋国的春秋霸主地位。由于六卿的内讧不断,终究未能如愿,但通过不断地兼并,壮大了赵氏

---

① (春秋)左丘明:《左传·襄公三十一年》,第220页。
② (春秋)左丘明:《左传·襄公三十一年》,第220页。
③ (春秋)左丘明:《左传·昭公六年》,第242页。
④ (春秋)左丘明:《左传·昭公六年》,第242页。
⑤ (汉)司马迁:《史记·循吏列传》,第695页。

在晋国的势力,为三家分晋奠定了基础。

继子产铸刑书公布成文法二十三年之后,即前513年,晋国大臣赵鞅等将晋国范宣子反映新兴地主阶级要求的刑书铸在铁鼎上,公布于众,史称"铸刑鼎"。这是晋国新兴地主阶级反对旧礼制的一项重大举措,也是晋国历史上第一次将国家法律明文昭告于天下。因为晋国是春秋霸国,此事件在诸侯中的影响大大超过此前的郑国子产的"铸刑书"事件。它以公布成文法的形式宣布在晋国"刑不上大夫"的时代已成为历史,标志着以法治国的新时代即将到来。这件事在晋国内外都引起轰动,遭到了贵族士大夫阶层的强烈声讨,因为这是对周礼的一次巨大挑战和颠覆。

以维护和恢复周礼为己任的孔子对此强烈抨击:

> 晋其亡乎,失其度矣。……贵贱不愆,所谓度也。……今弃是度也,而为刑鼎,民在鼎矣,何以尊贵? 贵何业之守? 贵贱无序,何以为国?①

从孔子的批评可以看出,赵鞅的刑鼎从形式到内容都是革命性的,是对旧礼制的宣战。所以孔子以礼制为依据,批评赵鞅铸刑鼎违反了贵贱不变的周礼和晋国先王的法度(唐叔之法和被庐之法),民众将以刑鼎为准绳,不守周礼,必然导致晋国的混乱甚至灭亡。孔子的批评集中表现了他一贯重视礼治、反对法治的思想。在新旧势力斗争的关口,孔子站到了时代潮流的另一面,反对变法,是其政治不得志的根本原因。

有趣的是,孔子对同时代的子产和赵鞅的评价截然不同。孔子认为子产仁义而赵鞅好利。孔子说子产:"人谓子产不仁,吾不信也。"②而"赵简子好利而多信"③。孔子曾对赵简子杀贤士窦鸣犊、舜华非常不满,"君子讳伤其类也"④,因而取消了西去晋国与赵简子的会见。对于子产铸刑书,孔子未置可否;而对于赵鞅铸刑鼎,孔子激烈地批评反对。这一方面是由于赵鞅公布的刑法内容比子产更激进,另一方面是由于赵鞅的思想比子产更接近法家。如果说子产主张宽严相济,礼、法并用,还能得到孔子的认可;而赵鞅只讲功利,信赏必罚,则为孔子所不容了。从这个意义上讲,赵鞅比子产更当之无愧地成为晋法家的先驱。

---

① (春秋)左丘明:《左传·昭公二十九年》,第301页。
② (春秋)左丘明:《左传·襄公三十一年》,第220页。
③ 王国轩、王秀梅译注:《孔子家语·辩物》,第157页。
④ (汉)司马迁:《史记·孔子世家》,第326页。

三 晋法家形成的标志:《法经》的完成

战国初期,李悝完成《法经》一事在法学史上具有划时代的意义,它承前启后,既是对春秋末期成文法运动的经验总结,又开启了战国时代各国变法建制的序幕。《法经》标志着法家学派的正式形成,成为法治的旗帜,以法治国进入制度化实施的阶段,变法的火炬从魏国传到楚国、秦国等诸侯国,掀起一场场轰轰烈烈的变法运动。如果说春秋后期,法治和礼治还可以说并存,那么进入战国,法治取代礼治已成为不可阻挡之势,而《法经》则顺应了这一时代要求。

《法经》的文本已失传,但《法经》的内容并非无从查考,因为其内容和体例已构成秦汉法制的基础,并为后来的刑律所吸收,史书对此多有转述。《晋书·刑法志》记载:

> 是时承用秦汉旧律,其文起自魏文侯师李悝。悝撰次诸国法,著《法经》。以为王者之政,莫急于盗贼,故其律始于《盗》《贼》。盗贼须劾捕,故著《网》《捕》二篇。其轻狡、越城、博戏、借假不廉、淫侈逾制以为《杂律》一篇,又以《具律》具其加减。是故所著六篇而已,然皆罪名之制也。商君受之以相秦。①

《唐律疏议》记载:

> 周衰刑重,战国异制,魏文侯师于里悝,集诸国刑典,造《法经》六篇:一、《盗法》;二、《贼法》;三、《囚法》;四、《捕法》;五、《杂法》;六、《具法》。②

《七国考·魏刑法》记载:

> 魏文侯师李悝著《法经》,以为王者之政,莫急于盗贼。故其律始于《盗》《贼》。盗贼须劾捕,故著《囚》《捕》二篇。其轻狡、越城、博戏、借假、不廉、淫侈、踰制为《杂律》一篇,又以《具律》具其加减,所著六篇而

① (唐)房玄龄等撰:《晋书·刑法志》,北京,中华书局,1974年,第922页。
② (唐)长孙无忌等编纂,岳纯之点校:《唐律疏议》,上海,上海古籍出版社,2013年,第2—3页。

已。卫鞅受之，入相于秦。是以秦、魏二国，深文峻法相近。①

可见，《法经》为第一部系统的封建法典，由六篇组成，即《盗》《贼》《囚》《捕》《杂律》《具律》，内容主要为保护封建王权和地主阶级的私有财产权。李悝认为，"王者之政，莫急于盗贼"，所以将《盗》《贼》二篇置于首。盗、贼在封建社会的含义往往不同。荀子说："害良曰贼"，"窃货曰盗"。②盗，一般是指窃取公私财物的侵犯财产罪；而贼，则是侵犯人身权和犯上作乱的危害政权罪。盗、贼严重危害封建经济和政权，所以李悝为维护封建统治秩序，将《盗》《贼》列在法典首位。《囚》《捕》两篇是抓捕和审判定罪的程序性法律。《杂律》是规定一般犯罪行为（罪名）及其处罚的法律，包括轻狡、越城、博戏、借假不廉、淫侈逾制等不法行为。《具律》是关于刑罚具体适用的规定，将刑律的一般规定适用到具体案件时，结合不同情况予以加减刑。因此，《法经》是一部包含实体法和程序法，既有罪名，又有处罚规定，还有量刑情节的综合性封建法典。

由于《法经》奠定了中国封建社会历代法典的基础，因此李悝被称作"著述定律第一人"，并被尊为法家始祖。班固在《汉书·艺文志》中将李悝列为法家之首，有"《李子》三十二篇"，并注"名悝，相魏文侯，富国强兵"。正如郭沫若所言："李悝在严格意义上是法家的始祖。"③

李悝之所以被尊为法家始祖，主要还是因为其《法经》的历史影响。而首倡法治的人当推管仲和赵鞅，二者一般被称为法家先驱。也就是说，严格意义上的法家是从李悝开始的。

西河学派的思想指导加上成文法运动和《法经》的完成，促进了晋法家的形成。晋法家出自西河学派，多为子夏的弟子或再传弟子，主要代表人物有李悝、吴起、商鞅等，晋法家的先驱是子产、赵鞅。

虽然晋法家多为子夏的弟子或再传弟子，但子夏还不能称为法家。子夏对《春秋》的实用主义传授无疑对法家的形成有重大影响，但子夏本人是一个矛盾性的人物，终生徘徊在礼、法之间，困惑于义、利之辨，心战不已，没有完成由儒到法的转变，仅充当了由儒转法的桥梁人物，而这一转变最终由其弟子李悝和吴起来完成。子夏可谓儒家现实派的祖师和由儒转法的桥梁，对法家的形成功不可没。笔者有感：纷华扑朔师门道，子夏迷离义利

---

① （明）董说撰：《七国考》，北京，中华书局，1956年，第366页。
② 方勇、李波译注：《荀子·修身》，第16页。
③ 郭沫若：《十批判书》，第295页。

间。弟子李吴相继起,只传子夏法家言。

李悝、吴起吸取子夏注重经世致用的思想,适应时代变革的需要,总结各国的立法经验,在魏国率先实行变法,推行法治,创立法家,使魏国成为战国首强和晋法家的大本营。随后吴起入楚,商鞅入秦,掀开了各国变法和诸侯争霸的时代大幕。各国纷纷变法图强,重用法家人士。战国可以说是法家的辉煌时代,儒家被迫靠边站,不为当政者所重视。

第二节　晋法家代表人物简介

晋法家的代表人物,依时间来划分,可以分为晋法家先驱、初期晋法家、中期晋法家和后期晋法家,活动时间大致对应春秋后期、战国初期、战国中期和战国后期。

一　晋法家先驱:子产、赵鞅

作为一个学派,法家形成于较晚的战国时期,但晋法家的思想源头是儒家现实派大师子夏领衔的西河之学,晋法家的实践源头可以追溯到春秋末期在三晋地区推行变法改革的政治家——子产、赵鞅是杰出代表。通说一般认为子产与管仲是法家先驱,但晋法家的先驱应该加上赵鞅,他对晋法家形成的贡献甚至可以说大于子产。

（一）子产:铸刑书

子产(约前 580 年—前 522 年),即公孙侨,字子产,郑国贵族,春秋末期的政治家,成文法运动的先驱,"铸刑书"第一人。他促进了法家的形成。前 543 年至前 522 年,子产执掌郑国国政,采取一系列改革变法的措施,治郑二十余年,以致"门不夜关,道不拾遗"[1],使郑国一度国泰民安。

子产主张宽、猛相济,德、法并用。子产执政,采取了"宽""猛"两手策略,反映了其宽、猛相济的治国主张。在宽、猛策略的运用上,子产经历了一个从"宽"到"猛"的渐进过程。执政早期,子产以宽为主,主张"为政必以礼"[2]。其惠民举措得到孔子的赞扬:"其养民也惠,其使民也义"[3]。执政中期开始重视刑法的作用,铸刑书以威慑,巩固改革成果。面对以晋国叔向为首的旧贵族的指责,子产没有退缩,反而坚定改革决心:"侨不才,不能及

---

① （汉）司马迁:《史记·循吏列传》,第 694 页。
② （汉）司马迁:《史记·郑世家》,第 282 页。
③ 张燕婴译注:《论语·公冶长》,第 59 页。

子孙,吾以救世也"①。到了晚年,子产总结自己的执政经验,感叹猛易宽难,提出治国莫如猛:"惟有德者能以宽服民,其次莫如猛。"②

子产的宽、猛相济的思想是德治与法治两种治国主张分野的开始,在宽、猛相济中必然存在一个以谁为主的选择。后世的儒家选择了其"以宽服民"的思想,主张"德主刑辅",实行德治;后世的法家选择了其"以猛治民"的思想,主张"严刑峻法",实行法治。但总体来看,子产的思想是倾向法治的,其各项变法举措为后世法家提供了法治经验,故通说将子产与管仲一起尊为法家的主要先驱人物。

(二) 赵鞅:军功制

赵鞅(?—前476年),又名赵简子,亦称赵孟,春秋时期晋国六卿之一,与子产同为成文法运动的先驱,杰出的政治家、军事家,赵国基业的开拓者,郡县制变革的早期推动者。赵鞅长期执政,大权独揽,把持朝政。司马迁说:"赵名晋卿,实专晋权!"③晋昭公时,公族弱,卿大夫势力强,赵鞅为执政,专国事,致力于改革,为后世魏国李悝变法、秦国商鞅变法和赵武灵王改革开启先河。

前513年,晋国大臣赵鞅将范宣子的刑书铸在铁鼎上,公布于众,史称"铸刑鼎"。这是继子产"铸刑书"之后,成文法运动中的一个重要历史事件,对法家的形成起了促进作用。这一事件理所当然地也遭到了以孔子为代表的儒家保守人物的强烈批评。

赵鞅重视奖赏军功,为后来法家的军功制奠定了基础。前493年,在与郑国军队的铁之战中,赵鞅发布了著名的军功令,奖励军功。军功令极大地鼓舞了晋军的士气,扭转了战局,从而取得了战争的胜利。这个军功令也反映了分封制遭到破坏,郡县制开始建立,军功制开始逐步取代世卿世禄制走上时代前沿的变化。赵鞅在铁之战的军功令成为后世法家军功制的楷模,商鞅甚至将它编制成系统的制度,当作秦国的国法,使之成为秦国强大军事力量的制度保证。

子产之所以被尊为法家先驱,是因为他在成文法运动中第一个公布刑书,抢了头名,而赵鞅晚了二十三年,但赵鞅对晋法家形成的实际贡献超过子产,除了公布刑书之外,其军功制也对晋法家的形成影响很大。

二　初期晋法家:李悝、吴起

战国初期,一批主张法治的法术之士开始著书定律,推行变法,标志着

①　(春秋) 左丘明:《左传·昭公六年》,第242页。
②　(春秋) 左丘明:《左传·昭公二十年》,第279页。
③　(汉) 司马迁:《史记·赵世家》,第289页。

法家作为学派已经形成,这批人被称为初期法家。初期晋法家由儒家现实派转化而来,还带有儒家的痕迹。李悝、吴起是初期法家的杰出代表。

(一)李悝:晋法家的鼻祖

李悝(约前455年—前395年),魏国人,战国初期政治家、思想家,法家学派著书定律第一人,被尊为法家始祖,师从注重经世致用的儒家现实派先驱子夏。李悝相魏文侯,主持魏国的变法改革,尽地力,重刑赏,促进了魏国在战国初年的强盛。

李悝著有中国历史上第一部系统的封建法典《法经》,另有学术著作《李子》三十二篇、《李克》七篇,惜已失传。

李悝和李克应是同一人。《史记·孟子荀卿列传》说:"魏有李悝,尽地力之教。"①《史记·货殖列传》又说:"当魏文侯时,李克务尽地力。"②《史记·平准书》也说:"魏用李克,尽地力,为强君。"③《汉书·艺文志》说:"《李克》七篇。子夏弟子,为魏文侯相。"④又说:"《李子》三十二篇。名悝,相魏文侯,富国强兵。"⑤从《史记》和《汉书》的记载来看,李悝和李克都是魏相,都主张尽地力,应该是同一人。只可惜《李子》和《李克》都没有保存下来,旧史又没有专门为李悝立传,很难找到李悝生平的准确材料。

(二)吴起:变法夭折

吴起(?—前381年),卫国人,战国初期的政治家和军事家。曾在魏国辅助李悝变法,魏文侯死后受排挤,后出走楚国,相楚悼王,主持变法。

吴起自幼意志坚强,个性冷峻,符合法家严而少恩的特质。吴起年少时就志向远大,功名心切。他离开卫国时,与母诀别,曾发誓:"起不为卿相,不复入卫。"⑥吴起先学礼于曾子,不久因其母死不归,被曾子鄙视,断绝往来。吴起改学兵法,为鲁国服务,曾杀妻明志以谋求将军的位子,遂率鲁军大破齐军。因鲁君仍然对他将信将疑,而魏文侯以敬士闻名于诸侯,吴起遂离开鲁国投奔魏国。在魏国,吴起曾协助李悝推行新法,屡次领兵大败秦军,占秦西河地区,声名远扬,官至西河郡守。文侯死,武侯即位,疑吴起有野心而不重用他。吴起只得另图明主,离魏入楚,被楚悼王封为令尹,终成卿相。吴起在楚国主持变法,几年后楚悼王崩,吴起被旧

---

① (汉)司马迁:《史记·孟子荀卿列传》,第456页。
② (汉)司马迁:《史记·货殖列传》,第752页。
③ (汉)司马迁:《史记·平准书》,第189页。
④ (汉)班固:《汉书·艺文志》,第331页。
⑤ (汉)班固:《汉书·艺文志》,第335页。
⑥ (汉)司马迁:《史记·孙子吴起列传》,第401页。

贵族复辟势力借机用乱箭射死,楚国变法遂告夭折。可叹吴起有卿相之命,却没有善终。

古代兵、刑一家,吴起是法家中的军事家,行军打仗在于申明法令,因此相信治国也靠信赏必罚。现存《吴子》一书六篇,一般认为系后人伪托。有学者认为《左传》的作者为吴起,虽无确凿证据,但吴起很有可能参与《左传》的撰写。吴起在西河听子夏讲授《春秋》,《左氏春秋》可能就是由此传承下来的。

三　中期晋法家:商鞅、申不害

如果说初期晋法家刚刚从儒家蜕变而来,身上还带有儒家气息,那么以商鞅、申不害为代表的战国中期晋法家则已完全摆脱了儒家。他们鲜明地主张以法治国,开展了轰轰烈烈的法治实践。

(一)商鞅:晋法家的典型代表

商鞅(约前390年—前338年),原名卫鞅,卫国人,卫国公室后裔,战国中期著名的政治家,法家的杰出代表,以严刑峻法著称。因功被封于商(今陕西商洛市商州区),遂号商君,史称商鞅。商鞅入秦辅佐秦孝公,主持变法,富国强兵,为后来秦统一天下奠定了制度条件和物质基础。

商鞅少学刑名之术,早年曾事魏相公叔座,公叔座看重其才,临死前将他举荐于魏惠王,惠王不用。前361年,秦孝公即位,为谋求称霸,下令求贤。商鞅携李悝所著《法经》入秦,求见孝公,先以帝王之道试探孝公,孝公听了打瞌睡,两人不欢而散。商鞅复见孝公,语以霸王之道和变法强国之策,孝公听了数日不厌,相谈甚欢。商鞅遂为左庶长,主持变法。经行数年,道不拾遗,山无盗贼,富国强兵,乡邑大治。秦国一举跃为诸侯强国,复夺魏国西河之地,魏惠王败走大梁,悔恨交加:"寡人恨不用公叔座之言也。"[1]从此,秦强魏弱,从根本上改变了战国格局。

商鞅严而少恩,执法严酷,为推行法令曾刑太子傅,积怨太多。虽然商鞅为秦国可谓鞠躬尽瘁,忠心可鉴,然而在秦孝公死后,商鞅失去靠山,被诬以谋反之罪而遭车裂之刑。

《商君书》现存二十四篇。《四库全书总目提要》云:"殆法家流,掇鞅余论,以成是篇。"[2]此书应是商鞅及其后学的著作,反映了商鞅一派的法治思想。

---

① (汉)司马迁:《史记·商君列传》,第421页。
② 引自石磊译注:《商君书》前言,北京,中华书局,2011年,第2页。

（二）申不害：重术

申不害（约前 385 年—前 337 年），郑国京（今河南荥阳）人，战国中期的政治家，法家的重术派。申不害认为治国重在治吏，主张以治吏之术来辅助法的施行。

申不害出身低微，但精通刑名之学。韩灭郑后，被韩昭侯起用为相，主持变法。执政十五年，"内修政教，外应诸侯"，①使韩国国治兵强，不被入侵。申不害变法没有商鞅彻底，韩国新法、旧法杂行，所以变法的成效大打折扣。这与申不害小心谨慎、保全自己的个性有关，他没有商鞅那种敢于刑太子傅的大无畏的气概。有两则故事可以说明：一是为出兵先派人试探昭侯的心意以便逢迎。二是为推荐兄长而不惜徇私向昭侯求情。在回答为何法度难以推行的问题时，申不害回答说："见功而与赏，因能而受官。今君设法度而听左右之请，此所以难行也。"也就是告诫韩昭侯不能舍法度而用私情。一日却向昭侯"请仕其从兄官"。昭侯批评说："非所学于子也。听子之谒，败子之道乎？亡其用子之谒。"②上述两件事说明申不害善于玩弄权术且私心较重，这都不应是法家之所为，这也决定了申不害难有更大的作为。

《申子》一书，《史记》说有两篇，《汉书·艺文志》记载有六篇，均已散失。现仅残存一些佚文，其中保存较为完整的一篇为唐代《群书治要》卷三十六所引的《大体》。

四　后期晋法家：韩非、李斯

自商鞅入秦以后，晋法家的主要舞台转移到秦国。到了战国后期，韩非系统地总结了法家的法治经验，李斯忠实地加以运用，可以说晋法家的理论和功绩都达到了历史巅峰，完成了秦统一六国的帝业。

（一）韩非：法家的集大成者

韩非（约前 280 年—前 233 年），韩国人，宗室贵族出身，战国后期的思想家，先秦法家思想的集大成者。曾与李斯一同师从于荀子，从荀子那里吸取了一些观点，如性恶论，但其主要思想已经与荀子相悖，他也成为猛烈批判儒家的著名法家。

韩非素有治国之宏大抱负，眼看韩国法治不彰，日益削弱，数次上书谏韩王变法革新，起用实干有功之人，但不为韩王采纳。政治上不得志，加上

① （汉）司马迁：《史记·老子韩非列传》，第 395 页。
② 高华平等译注：《韩非子·外储说左上》，第 427 页。

因口吃而不善言说,韩非遂发奋著书立说,将平生所学和自己的治国主张总结成十万余言,即《韩非子》(这方面,韩非与后来的司马迁和班固相似,三人都在落难时完成不朽著作)。

当时的秦王政读到韩非的《孤愤》《五蠹》等篇,甚合心意,发出了相见恨晚之叹:"寡人得见此人与之游,死不恨矣!"①传说秦王为见到韩非,不惜发兵攻打韩国。韩王先不用韩非,此时只好交出了韩非。秦王很高兴见到韩非,但李斯进谗言说韩非心在韩,不可为秦所用,不如杀之,以绝后患。秦王便囚了韩非,李斯、姚贾等人找机会害死韩非。韩非虽死,但其书留下,为李斯所用,成为秦王富国强兵、一统天下的圭臬。

《韩非子》现存五十五篇,一般认为多数系韩非所作,也有些为后人辑录时添附。例如,郭沫若认为:"《初见秦》本是吕不韦的东西,我另有专文论及。又例如《有度》说到齐、楚、燕、魏之亡,全是韩非死后的事,其非韩非所作,也早为胡适所揭发了。"②

(二)李斯:晋法家最后的实践者

李斯(?—前208年),楚国上蔡(今河南上蔡)人,著名政治家,晋法家的坚定奉行者,辅助秦王政实现了统一六国的大业,成为千古一相。

李斯出身布衣,但自小志向远大,不堪忍受穷困卑微。年轻时做过县衙小吏,当他看到官厕里的老鼠贪食不洁,遇到人、犬惊慌而逃,而官仓里的老鼠食用粮食,居住大屋,无人、犬之忧的情景时,认识到环境改变人生,发出感叹说:"人之贤不肖譬如鼠矣,在所自处耳!"③遂师从荀子学习帝王之术。学成辞别荀子时,度天下大势,秦强楚弱,遂不愿留在故乡楚国,决心西入秦国干一番事业。李斯不愧是荀子的学生,重视经世致用,并将个人的命运与天下大势联系起来,为自己的辉煌仕途选择了关键的一步。

李斯在秦国发挥平生所学,创作《谏逐客书》,推行法家政策,辅佐秦始皇吞并六国,完成了几世法家未竟的事业,可谓一遂平生之志。然而,物盛而衰,在秦始皇死后,李斯的厄运也来临了。李斯被赵高诬以谋反之罪,被夷三族。行刑之日,父子相哭,李斯感叹说:"吾欲与若复牵黄犬俱出上蔡东门逐狡兔,岂可得乎!"④人生若能重来,李斯也许会甘做上蔡的一名小吏。

① (汉)司马迁:《史记·老子韩非列传》,第396页。
② 郭沫若:《十批判书》,第331页。
③ (汉)司马迁:《史记·李斯列传》,第521页。
④ (汉)司马迁:《史记·李斯列传》,第529页。

第五章　初期晋法家

晋法家的历史剧是一幕一幕上演的,高潮迭起。初期晋法家李悝、吴起拉开了战国变法的序幕,主张以法治国,富国强兵。但他们刚从儒家脱胎而来,主张法治的同时,不免还带有儒家痕迹。

第一节　初期晋法家的历史背景

在春秋战国这个社会大转变时期,各诸侯国由落后的奴隶主制向着新兴的地主制演进,一些有为的政治家顺应时代发展的需要,纷纷采取变法改革。在这一进程中,东方的齐国与西方的晋国无疑是走在时代前面的,它们率先在本国推行变法,解放奴隶,增加自由民,肯定土地私有制,极大地促进了生产力的发展,成为春秋霸主国。三家分晋以后,强大的晋国消失了,代之以魏、韩、赵三国,三国除了面临老牌诸侯大国东齐、西秦、南楚的威胁以外,还要面对彼此的争斗,生死存亡的压力可想而知。正是在这种历史情形下,战国初期的魏文侯率先在魏国重用法家人士李悝等,实行一系列封建化的变法,富国强兵,使魏国成为战国首强。南方的楚国虽地大物博,但奴隶制积弊深厚,封建化发展缓慢,楚悼王想改革弊政,重用从魏国投奔而来的吴起,效仿魏国,实行变法。因此,战国初期,变法大幕就在魏、楚两国拉开。

一　魏文侯用李悝首成霸业

魏文侯(约前472年—前396年),姬姓魏氏,名斯,一名都,安邑(今山西夏县)人,魏桓子之孙。战国时期魏国的开国君主。前445年即位。前403年,韩景侯、赵烈侯、魏文侯被周威烈王正式承认为诸侯,韩、赵、魏成为封建国家。

(一)魏文侯开创霸业

魏文侯是魏国百年霸业的开创者。在战国时代,魏国西有秦,南有韩、楚,北有赵,东有齐,地处中央,易攻难守。忧患的环境和勃勃雄心使魏文侯成为战国最早推行变法的君主。魏文侯重用法家,改革政治,奖励耕战,富国强兵,后来的楚国吴起变法、秦国商鞅变法,都是以魏国的变法为蓝本的。魏文侯在位五十年,尊贤养士,内修文德,外治武功,向北伐灭中山国,向西攻占了秦国河西地区,向东打败齐国大军,开疆拓土,使魏国一跃为战国时期第一个霸主。

魏文侯在位时以敬贤礼士闻名于世,师事儒门子弟子夏、田子方、段干木等人,任用李悝、翟璜为相,乐羊、吴起等为将。《史记·魏世家》说:

> 文侯受子夏经艺,客段干木,过其间,未尝不轼也。秦尝欲伐魏,或曰:"魏君贤人是礼,国人称仁,上下和合,未可图也。"文侯由此得誉于诸侯。①

这些出身于小贵族或平民的贤士受到文侯重用,开始在政治、军事方面发挥作用,标志着世族政治开始为官僚政治所代替。魏文侯同时重视培养治国人才,开创西河之学,使魏国成为西部文化中心,增强了魏国的文化影响力,促进了魏国的强盛。

魏文侯受子夏和法家影响,非常重信,具备了法家的品质。《韩非子·外储说左上》记载了一则魏文侯守信的故事:

> 魏文侯与虞人期猎。明日,会天疾风,左右止文侯,不听,曰:"不可以风疾之故而失信,吾不为也。"遂自驱车往,犯风而罢虞人。②

重信是法家的一贯主张和做法。韩非说:"赏罚不信,则禁令不行";"小信成则大信立,故明主积于信"③。正是魏文侯重用法家,信赏必罚,造就了一代霸业。

(二) 对外联合三晋

三家分晋后的相当长的一段时间里,魏国先集中精力发展国力。魏国的周边环境很复杂,有齐、楚、秦等大国环伺,魏文侯稍有不慎就有可能遭到围攻。在外交政策上,魏文侯主张三晋联合,一致对外。

《战国策》记载了魏文侯联合韩、赵的故事。韩、赵相难。"韩索兵于

---

① (汉) 司马迁:《史记·魏世家》,第302页。
② 高华平等译注:《韩非子·外储说左上》,第430页。
③ 高华平等译注:《韩非子·外储说左上》,第428页。

魏",韩武子想联合魏文侯消灭赵氏,韩、魏平分赵氏。"赵又索兵以攻韩",赵献侯想联合魏文侯消灭韩氏,赵、魏平分韩氏。对于赵、韩的两个提议,魏文侯均给予了明确的拒绝。"二国不得兵,怒而反。已乃知文侯以讲于己也,皆朝魏。"①

魏文侯向韩武子、赵献侯说明了自己对三家联合发展的想法。魏、赵、韩三国本于一家,边界相邻,只有和平相处,才能共同发展;如果相互内斗,各自就会被拖住,谁都无法发展,反而会被外部大国所利用,甚至被瓜分。魏、赵、韩三国只有联合起来向外扩张才有出路。

对于魏文侯的和平相处、联合发展策略,韩武子与赵献侯都表示赞同,至于如何联合发展,由于三家各自的地缘政治和核心利益有所不同,所以三家没有达成共识。但是通过会谈,还是很有成效的:魏、赵、韩暂时放弃了内斗,三晋之间出现了难得的和平局面;不仅如此,三晋的联合对外策略也有震慑作用,使外部诸侯不敢轻易发动侵略战争,这也为三国的发展赢得了难得的外部机遇。因此,战国初年,三晋得以集中精力走上了各自发展的道路,特别是魏国,魏文侯励精图治,国力迅速增强。

(三)魏文侯重用李悝

司马迁说:"魏用李克,尽地力,为强君。"②贾思勰《齐民要术·自序》说:"故李悝为魏文侯作尽地力之教,国以富强。"③魏文侯重用李悝,实行变法,使魏国率先走向强盛。

在魏文侯早期,李悝并不在魏国的权力中心范围,而是在地方任职,他曾经担任过中山相和上地守,这两个地方,都是在毗邻秦国的西部或西北边境上,而李悝治理得很好。《韩非子》称翟璜推荐李克治理中山,效果不错,还记载了李悝任上地守时"射箭决狱"的典故。魏文侯任命李悝为上地守,为了训练兵民,下令:

> 人之有狐疑之讼者,令之射的,中之者胜,不中者负。④

民有争讼难以决断者,射箭决定胜负,即"射箭决狱",这与古老的占巫判决一样,是形式非理性裁判,但取得了良好的军事训练效果。"令下而人

---

①　(汉)刘向:《战国策·魏一》,第176页。
②　(汉)司马迁:《史记·平准书》,第189页。
③　(北魏)贾思勰著,石声汉校释:《齐民要术今释》,北京,中华书局,2009年,第1页。
④　高华平等译注:《韩非子·内储说上》,第340页。

皆疾习射,日夜不休。及与秦人战,大败之,以人之善战射也。"①上地在河西,为魏、秦两国交界地区,是魏国的边防要地,所以李悝经常在此布兵,与秦人作战。为了提高上地军民的射箭技术,他下令以射箭来决断讼。令下后,人们争相练习射箭技术,日夜不停。后与秦国人作战,魏军由于射技精良而大败秦军。李悝操练魏军的功利方法后来为吴起所发扬,使魏军走向强盛。

李悝向魏文侯推荐了军事家吴起,文侯问:"吴起何如人哉?"李悝回答:"起贪而好色,然用兵,司马穰苴不能过也。"②于是吴起被任命为攻击秦国的魏军主将。魏文侯三十三年(前413年),文侯命吴起率领魏军攻打秦国,魏军在西河战场战胜秦军,占领秦西河地区,设西河郡,吴起为郡守,控制了秦国与中原往来的黄金通道。自此,魏国在很长一段时间内将秦国压制在洛水以西,并修长城以拒之。

魏文侯赏识李悝,一是因为他治理边地功绩卓著并善于举贤,二是因为他的变法图强主张切中了魏国的时弊和魏文侯强国的需要。李悝最终成为魏文侯的最后一任相国,全面推行他的变法主张。

二　楚悼王纳吴起革除弊政

楚悼王(?—前381年),芈姓,熊氏,名疑,战国初期的楚国国君,楚声王之子,前401年至前381年在位。楚声王六年(前402年),在位仅六年的楚声王被"盗"所杀后,熊疑继承王位,为楚悼王。楚悼王在位末期,重用吴起,实行变法,意欲图强,可惜与吴起相见恨晚,只有短短数年,因悼王逝去,吴起大刀阔斧的变法中途夭折了。

(一)内忧外患

楚悼王即位时,"贫国弱民"的楚国面临内忧外患。在内部,楚国的封君制积弊深厚。春秋战国之际,中原各国逐渐兴起郡县制,而南方楚国却盛行封君制。一般认为,封君制是春秋时期分封卿大夫的延续,但战国的封君制与春秋卿大夫的采邑制还是有所不同的。采邑制是一种完整的分封制,受封的卿大夫拥有土地所有权及军政管理权,只需向王室纳贡。但封君没有土地所有权,土地为地主所私有,封君仅拥有征税权,并向王室纳贡,有的封君还拥有封国军政大权。封君制与郡县制也不同。郡县制的土地制度为地主私有,郡县替王室征税上交国库,郡县令拥有地方行政权。另外,分封制

---

① 高华平等译注:《韩非子·内储说上》,第340页。
② (汉)司马迁:《史记·孙子吴起列传》,第401页。

与封君制都是世袭制，而郡县制是任期制。可见，封君制是介于古老的分封制与新兴的郡县制之间的一种地方制度形式。郡县制在各国渐次施行，逐渐代替原有的卿大夫采邑制，在这一历史条件下，各国为封赏少数功臣、贵戚或宠臣，纷纷实行封君制，其最明显的特征是授予受封的卿大夫以"君"或"侯"等名号。如齐有贵族孟尝君，秦有功臣商君等。由于封君势力坐大会威胁中央政权，各国都力图控制封君数量，唯独楚国封君太众，这与楚国重贵族、轻士人的传统有关，外来人才或底层优秀人才不为楚国所重用，例如，张仪入楚而不用，李斯离楚而入秦。

传世文献中有关楚国封君的记载不多，这里摘取带头反对吴起变法的封君屈宜臼、阳城君的有关记载以窥封君制度之一斑。

屈宜臼的封地在息县，行政上属于苑郡管辖。吴起任苑守和令尹期间，两次巡视息县，都特地登门拜访楚国贵族、息大夫屈宜臼。《说苑·指武》中两次说到吴起"行县，适息，问屈宜臼"[1]。从《说苑》的记载大致可以看出：第一，吴起能巡视息县，说明息县的行政权属于郡，因此息县应该采用了封国与郡县并存的制度；第二，吴起两次借巡视息县拜访屈宜臼，既说明屈宜臼的封地在息县，又说明屈宜臼在朝中拥有大权。第一次拜访时，吴起为太守，屈宜臼不予理睬，态度相当傲慢；第二次拜访时，吴起已为令尹，屈宜臼才与吴起搭话，但语气仍然咄咄逼人，言语中还透露出对支持变法的悼王的不满。由此可见封君重臣在楚国的骄横跋扈。

《吕氏春秋》记载了阳城君参与射杀吴起的事件。墨家的孟胜与阳城君交好，阳城君令孟胜守封国。在射杀吴起后，"阳城君走，荆收其国"。孟胜为阳城君守国而战死：

> 孟胜曰："受人之国，与之有符。今不见符，而力不能禁，不能死，不可。"……孟胜死，弟子死之者百八十。[2]

阳城君聘用墨家孟胜守卫封国，孟胜只听阳城君一人的调遣，由此反映出封君在封国内拥有绝对的军政大权，可以任免不少文武官员。其中所说的"国"指的就是阳城君的封地。封地称"国"，表明在封地内有独立的武装。虽然它仍受控于楚国朝廷，但独立性依然很强。

封君制的兴起逐渐成为楚国政治制度的重要组成部分，并对楚国历史

---

① （汉）刘向撰，王天海、杨秀岚译注：《说苑·指武》，北京，中华书局，2019 年，第 762 页。
② （战国）吕不韦等：《吕氏春秋·上德》，第 144 页。

的发展产生深远影响。悼王继位时,"大臣太重,封君太众"①。贵族封君的势力严重削弱王室地位,楚国的三家大贵族屈、景、昭都有很大的势力,他们掌握着一些军政要职,对内恃强凌弱,连楚王有时也要让他们三分,但在抵御外侮方面却互相推诿,软弱投降。"若此,则上逼主而下虐民,此贫国弱兵之道也。"②

在外部,北方三晋的威胁日盛一日。三晋已经强大了,特别是魏国,由于魏文侯的励精图治和李悝变法,已成诸侯强国,大肆对外扩张,向西夺取秦西河之地,南侵楚国,楚国处于一种被逼的窘境。

《史记·楚世家》记载:"悼王二年,三晋来伐楚,至乘丘而还。……十一年,三晋伐楚,败我大梁、榆关。楚厚赂秦,与之平。"③楚悼王二年(前400年),三晋联军败楚师于乘丘。楚悼王十一年(前391年),三晋联军伐楚,大败楚师于大梁、榆关。三晋的向南扩张战略,对楚国构成严重的威胁。

（二）吴起入楚

楚悼王很想发愤图强,摆脱困境,但自己又拿不出良策,不知从何下手。更令他伤脑筋的是,没有一个能帮助他实现远大抱负的能臣。正当他盼望人才的时候,名将吴起离魏入楚。要知吴起早已威震西河、名闻诸侯。《史记·孙子吴起列传》说:"吴起为西河守,甚有声名。"又说:"魏文侯以为将,击秦,拔五城。"④文侯重用吴起,西击秦国,攻取西河地区,乃置西河郡,吴起为郡守,为魏国把守西大门,秦国不敢来犯。

吴起突然到来,悼王喜出望外。但同时悼王心中不免有一些疑惑:像吴起这样的奇才,魏国怎么会放他走呢?

一朝君主一朝臣,原来魏文侯死后,吴起受到排挤而郁郁不得志,故而离开魏国。武侯继位后,"魏置相,相田文"⑤。吴起自以为功高,相位非他莫属。然而新继位的武侯却为了笼络贵族势力的支持而任用在魏国贵族中颇有声望的田文为相,吴起只好忍气吞声,等待下一次机会。"田文既死,公叔为相",谁知武侯起用吴起学生辈的公叔座为相,也没有用他,可见不会再重用他了,吴起东山再起的希望再次落空。要知吴起的平生夙愿就是宰相之位。早在他出道、诀别母亲之时就发誓说,"起不为卿相,不复入卫"⑥。

① 高华平等译注:《韩非子·和氏》,第126页。
② 高华平等译注:《韩非子·和氏》,第127页。
③ （汉）司马迁:《史记·楚世家》,第265页。
④ （汉）司马迁:《史记·孙子吴起列传》,第402页。
⑤ （汉）司马迁:《史记·孙子吴起列传》,第402页。
⑥ （汉）司马迁:《史记·孙子吴起列传》,第401页。

吴起重信过孝,果然母死未归。此时,吴起有为相的才能却壮志难酬,心中已生离意,而最终促成吴起离开的是公叔座听信门人之言陷害吴起。《史记·孙子吴起列传》记载:"公叔为相,尚魏公主,而害吴起。"①公叔座的门人说吴起功高资历老,对公叔座的权势构成掣肘和威胁,要想办法除掉吴起。于是他们和魏公主一起设计陷害吴起。魏公主先在吴起面前故意对相国傲慢无礼,自毁公主形象。然后公叔座去武侯那里诬陷吴起有异心,武侯将信将疑,公叔座说,"试延以公主,起有留心则必受之,无留心则必辞矣。以此卜之"。武侯遂欲以小公主嫁给吴起来测试吴起有无留心。"吴起见公主之贱魏相,果辞魏武侯。"因为吴起不知是计,哪肯答应娶刁蛮的公主为妻,害怕以后抬不起头来。这件事加重了武侯对吴起的猜忌(一说,陷害吴起的是王错),吴起遂下决心离开。"武侯疑之而弗信也。吴起惧得罪,遂去,即之楚。"②

吴起在西河经营多年,倾注了大量心血,当他离开西河时,内心充满遗憾。"吴起至于岸门,止车而望西河,泣数行而下。"③他的车夫从未见过吴起哭泣,不解吴起为何落泪,吴起擦去眼泪回答说:"今君听谗人之议而不知我,西河之为秦取不久矣,魏从此削矣。"④吴起于是离开魏国投奔楚国。吴起的话后来果然应验。可见吴起不只为自己哭泣,也为魏国的将来而哭泣呀。

吴起之所以选择楚国,也是审时度势,觉得楚国是他可以一展宏图的地方。楚国地大,有称霸之资,只是缺少像他这样的法家人才而已;且楚悼王贤,有强楚之志。这正是难得的际遇,他要来楚国试试运气。

(三)重用吴起

可见,楚悼王和吴起相互都需要对方。悼王决定重用吴起,又怕群臣不服,便让吴起先做苑地(今河南南阳)太守。吴起答应先干干看,"为苑守"⑤。悼王也的确希望他能做出个榜样来,因此就可更加重用吴起,来把楚国治理好。

吴起到达苑郡以后,因有治理西河的经验,治理起苑地来也就驾轻就熟、得心应手。吴起开始了他在苑地的改革,他先整顿苑地的吏治,重用和提拔廉洁有能之士,裁汰贪腐无能之辈。同时,奖励开垦荒地,发展农业生

---

① (汉)司马迁:《史记·孙子吴起列传》,第402页。
② (汉)司马迁:《史记·孙子吴起列传》,第402页。
③ (战国)吕不韦等:《吕氏春秋·长见》,第66页。
④ (战国)吕不韦等:《吕氏春秋·长见》,第66页。
⑤ (汉)刘向撰,王天海、杨秀岚译注:《说苑·指武》,第762页。

产。此外,还建立民兵组织,忙时务农、闲时训练,耕战两不误。通过吴起的治理,苑地面貌一新,兵精粮足,百姓安居乐业。与此同时,吴起更加了解楚国的许多情况和弊端之所在。

悼王对吴起在苑郡的改革十分满意,于是次年就把吴起调回郢都。悼王虚心地向吴起请教治理楚国的良策。吴起认为楚国的积弊是:"大臣太重,封君太众;若此,则上逼主而下虐民,此贫国弱兵之道也。"①又说,"荆所有余者,地也;所不足者,民也。今君王以所不足益所有余,臣不得而为也。"②楚国的主要问题在大臣权势太大和封君太多。直接威胁到君主的权威,他们的权越大,老百姓也就越贫苦。封君太多,大部分肥沃的土地都被他们侵占;同时楚国地广人稀,偏远地区大量土地没有人开垦,国家自然贫弱。因此,吴起向悼王提出他的富国强兵之策:一是削爵,"将均楚国之爵而平其禄";③二是充边,"令贵人往实广虚之地"④;三是奖励军功,"以抚养战斗之士"⑤。从而达到"损其有余,而继其不足。厉甲兵,以时争于天下"⑥。悼王听后非常赞同,于是就拜吴起为令尹,开始变法。楚国的变法迅速拉开大幕。

（四）支持变法

吴起的变法触犯了王公大臣的利益,一开始就遭到了激烈反对。在吴起与屈宜臼之间展开了一场变法论争。楚国大贵族之一的守旧派代表人物屈宜臼反对变法。吴起一开始是想争取屈宜臼的理解与支持的,在他任苑郡太守和楚国令尹期间曾两次登门拜访屈宜臼。第一次登门拜访吃了个闭门羹。吴起问道:"王不知起不肖,以为苑守,先生将何以教之?"⑦屈公不对。屈宜臼很是傲慢,根本就没有把小小太守放在眼里,对他不予理睬。一年后,吴起当了令尹,为了减少变法阻力,吴起不计过去之辱,再次登门拜访。吴起问屈宜臼说:"起问先生,先生不教。今王不知起不肖,以为令尹,先生试观起为之也!"⑧屈公这次看吴起已是令尹,便询问吴起将如何治理国家:"子将奈何?"二人之间便展开了这场变法之争。

吴起直截了当地提出了他的变法之策:"将均楚国之爵,而平其禄。损

①　高华平等译注:《韩非子·和氏》,第 127 页。

②　(战国)吕不韦等:《吕氏春秋·贵卒》,第 169 页。

③　(汉)刘向撰,王天海、杨秀岚译注:《说苑·指武》,第 762 页。

④　(战国)吕不韦等:《吕氏春秋·贵卒》,第 169 页。

⑤　(汉)司马迁:《史记·孙子吴起列传》,第 402 页。

⑥　(汉)刘向撰,王天海、杨秀岚译注:《说苑·指武》,第 762 页。

⑦　(汉)刘向撰,王天海、杨秀岚译注:《说苑·指武》,第 762 页。

⑧　(汉)刘向撰,王天海、杨秀岚译注:《说苑·指武》,第 762 页。

其有余,而继其不足。厉甲兵,以时争于天下。"①即通过削减贵族势力来富国强兵,改革的矛头直指楚国贵族,为了国家利益而牺牲其既得利益。既然吴起已经亮起剑了,屈宜臼毫不示弱地加以回击,提出两点来反对变法。一是不变故,不易常:"吾闻昔善治国家者,不变故,不易常。"②二是反对兵争:"吾闻兵者,凶器也;争者,逆德也。"③屈宜臼接着历数吴起之罪——在鲁国兴兵伐齐,在魏国兴兵伐秦,是为鲁、魏招来祸害的始作俑者,并由此指责吴起将成为楚国的祸害,"非祸人不能成祸"④。最后,屈宜臼亮出他的观点:"楚国无贵于举贤。"⑤他认为楚国需要人治而不是法治。吴起劝屈宜臼改变态度,屈宜臼不答应。吴起遂坚定地表明推行变法的决心,"起之为人谋"⑥。他是在为楚王和楚国人谋划变法,置个人生死于度外。

面对攻击变法的言论,楚王在朝堂宣布:令尹的命令就是他的命令,敢违抗者,杀无赦!坚定地支持吴起变法,变法才得以顺利推进。

在悼王的大力支持下,吴起变法取得了巨大成果。原来"贫国弱兵"的楚国很快强盛起来了,开始收复失地并对外扩张。《史记》说:"于是南平百越;北并陈、蔡,却三晋;西伐秦。诸侯患楚之强。"⑦《后汉书》说:"及吴起相悼王,南并蛮越,遂有洞庭、苍梧。"⑧吴起率领楚军南征北并,开疆拓土,饮马黄河,一时诸侯畏惧。

（五）变法夭折

楚悼王二十一年(前 381 年),楚悼王命吴起统大军救赵。吴起采取攻魏救赵之策,与魏军大战于州西(今河南武陟)。楚军穿越梁门(位于大梁西北的关塞),驻军林中(位于梁门以北),切断魏国河内郡与首都安邑的联系。楚军所向披靡,横扫中原,一直打到黄河边,前线的魏军只得赶紧撤回。赵国借助楚国的攻势,趁势反击,火攻棘蒲(今河北魏县),攻克黄城(今山东冠县),楚、赵两国大败魏军。这一仗意义重大,楚国不仅收复了陈、蔡失地,而且三晋联盟实际上已瓦解,魏国对楚国的威胁也不复存在。

正当楚军捷报频传的时候,悼王在踌躇满志中突然病逝。吴起只得从前线赶回都城,料理悼王的后事。由于吴起变法损害了楚国贵族的既得利

---

① （汉）刘向撰,王天海、杨秀岚译注:《说苑·指武》,第 762 页。
② （汉）刘向撰,王天海、杨秀岚译注:《说苑·指武》,第 763 页。
③ （汉）刘向撰,王天海、杨秀岚译注:《说苑·指武》,第 763 页。
④ （汉）刘向撰,王天海、杨秀岚译注:《说苑·指武》,第 763 页。
⑤ （汉）刘向撰,王天海、杨秀岚译注:《说苑·指武》,第 763 页。
⑥ （汉）刘向撰,王天海、杨秀岚译注:《说苑·指武》,第 763 页。
⑦ （汉）司马迁:《史记·孙子吴起列传》,第 402 页。
⑧ （南朝宋）范晔撰:《后汉书·南蛮西南夷列传》,第 833 页。

益，"故楚之贵戚尽欲害吴起"①。旧贵族屈宜臼、阳城君等人认为复仇的时机已经到了，他们纠集在一起，借到王宫悼念楚悼王之机，向吴起发起突然袭击。"及悼王死，宗室大臣作乱而攻吴起，吴起走之王尸而伏之。"②击起之徒因射刺吴起。吴起急中生智，临死卧伏王尸，并大喊"群臣乱王"③。乱箭射中吴起，同时也射中王尸。他们将吴起射死后还把吴起的尸体拿出去肢解了。韩非说，"悼王行之期年而薨矣，吴起枝解于楚"④。吴起成为战国法家为变法而死的第一人。笔者感叹：诀别老母离家游，辗转诸侯志未休。法术已成终相楚，宏图未展箭飕飕。

悼王的丧事料理完后，楚悼王的儿子芈臧继位，为楚肃王。肃王下了一道命令，"乃使令尹尽诛射吴起而并中王尸者"⑤。因为按楚国的法律，"丽兵于王尸者尽加重罪，逮三族。"⑥带头作乱的阳城君逃走了，但被没收了封国，其余众多作乱者都被一网打尽。"坐射起而夷宗死者七十余家。"⑦而这些正是在吴起料想之中的，故《吕氏春秋》认为，这是"吴起之智"⑧。

悼王和吴起死，继位的肃王虽然借机除掉了那么多旧贵族，但因没有像吴起那样有才干的法家人物辅佐，只好与贵族妥协，轰轰烈烈的楚国变法到此夭折了。

吴起变法的时间是从吴起离魏入楚到楚悼王去世，这一段究竟是多长，历来没有定论。因史书没有明确记载吴起离魏入楚的时间点。但吴起变法的时间短，不过几年左右，则是可以断定的。《史记·魏世家》对吴起在魏国最后的活动记载为："九年，翟败我于浍。使吴起伐齐，至灵丘。"⑨以此推算，吴起离魏的时间应在魏武侯九年（前387年）伐齐之后不久，至前381年楚悼王死，吴起变法的时间最多不过六年。

楚悼王任用吴起变法，前后不过数年的光景，却使楚国从一个贫弱挨打的大国，变成了一个较为富强的大国。这既反映了悼王的远见卓识，又反映了吴起的杰出才干。能重用吴起的楚悼王是楚国历史上一个敢于变革的明君，是继"问鼎中原"的楚庄王之后楚国并不多见的又一代"饮马黄河"的雄

① （汉）司马迁：《史记·孙子吴起列传》，第402页。
② （汉）司马迁：《史记·孙子吴起列传》，第402页。
③ （战国）吕不韦等：《吕氏春秋·贵卒》，第169页。
④ 高华平等译注：《韩非子·和氏》，第127页。
⑤ （汉）司马迁：《史记·孙子吴起列传》，第402页。
⑥ （战国）吕不韦等：《吕氏春秋·贵卒》，第169页。
⑦ （汉）司马迁：《史记·孙子吴起列传》，第402页。
⑧ （战国）吕不韦等：《吕氏春秋·贵卒》，第169页。
⑨ （汉）司马迁：《史记·魏世家》，第303页。

主。可惜吴起变法因楚悼王死而被复辟势力所打断,否则,代替魏国而强大起来的可能是楚国而不是秦国,统一天下的可能也是楚国而不是秦国了。因此,韩非感叹:"楚不用吴起而削乱,秦行商君法而富强。"①

第二节　初期晋法家的变法实践

初期晋法家代表人物李悝、吴起都是变法立制的政治家,李悝在魏国变法,吴起紧跟其后在楚国变法,拉开了战国变法的序幕,法家作为一个流派正式登上战国历史舞台。初期法家通过变法,食有劳而禄有功,打破世卿世禄制,奖励耕战,在战国时代率先实现由身份向功劳,由礼治向法治的转变。

一　李悝变法

李悝执政以后,采取了一系列变法措施,以实现富国强兵。

(一)经济上:推行"尽地力之教"的和平籴法,鼓励粮食生产,稳定粮食价格

所谓"尽地力之教"就是废除井田的疆界,承认土地私有,鼓励开垦耕地,增加粮食生产。《汉书·食货志》记载:"李悝为魏文侯作尽地力之教。"②所谓平籴法,就是"取有余以补不足"的国家粮食储备调节机制。国家在丰年以保护价购买余粮,鼓励农民生产的积极性,增加产量;在荒年以平价出售,平抑粮价,维护社会稳定。《汉书·食货志》记载:"故虽遇饥馑、水旱,籴不贵而民不散,取有余以补不足也。行之魏国,国以富强。"③

(二)政治上:废除维护贵族世袭特权的世卿世禄制

实行"食有劳而禄有功"④的用人选官制度,打破世卿世禄制,废除贵族特权,任用大批新兴地主阶级的有功之士为官僚。从而"夺淫民之禄,以来四方之士"⑤。魏文侯用李悝之策,不论出身,招贤纳士,厚礼待之,使得魏国初年天下士人一时云集,为魏国的变法改革提供了人才保障。

(三)军事上:奖励军功,建立"武卒"制

李悝和吴起一起对魏国的军事制度进行了改革,建立了著名的魏武卒。通过对军队的士兵进行考核,建立军功制,奖励其中的优秀者,并且按照不

---

① 高华平等译注:《韩非子·和氏》,第127页。
② (汉)班固:《汉书·食货志》,第159页。
③ (汉)班固:《汉书·食货志》,第159页。
④ (汉)刘向撰,王天海、杨秀岚译注:《说苑·政理》,第352页。
⑤ (汉)刘向撰,王天海、杨秀岚译注:《说苑·政理》,第352页。

同士兵的特长编排兵种,进行联合作战,发挥军队的作战优势。

（四）法律上：著《法经》,完善法律体系,推行法治

李悝"撰次诸国法,著《法经》"①。他在总结晋国法制的基础上,吸收各国法制经验,适应封建地主阶级统治的需要,制定了中国历史上第一部封建法典,具有划时代的意义,成为法家形成的标志,李悝也因此被尊为法家的鼻祖。

李悝变法,采取了废除世卿世禄制和井田制以及奖励耕战等一系列富国强兵的措施,并制定法典,推行法治,在魏文侯的支持下取得成功,实现由身份到功劳的转变,大大增强了魏国的国力,为魏国跻身战国七雄之列奠定了基础。

二　吴起变法

吴起离魏入楚后,得到楚悼王重用,官拜令尹,效仿魏国李悝变法,在楚国推进变法,追求富国强兵。战国法家变法的接力棒由此传到楚国。

吴起变法的内容主要是废除世卿世禄制和实行军功制,即以功劳代替身份。凡世袭贵族传三代以上者收回爵禄,并精简政府机构;另一方面将节省下来的开支用于奖励军功,并任用贤能。据有关古籍记载,吴起变法所采取的主要措施有三条。

一是削爵禄。针对楚国的积弊"大臣太重,封君太众",吴起提出：

> 不如使封君之子孙三世而收爵禄,绝减百吏之禄秩,损不急之枝官,以奉选练之士。②

"三世而收爵禄",这就废除了旧制度的核心制度"世卿世禄制",它是奴隶主贵族阶级的身份特权之所在,也是楚国积贫积弱的总根源之所在。

二是实边境。这是削爵禄的配套措施。

> 吴起谓荆王曰："荆所有余者,地也;所不足者,民也。今君王以所不足益所有余,臣不得而为也。"于是令贵人往实广虚之地。皆甚苦之。③

---

① （唐）房玄龄等撰：《晋书·刑法志》,第922页。
② 高华平等译注：《韩非子·和氏》,第127页。
③ （战国）吕不韦等：《吕氏春秋·贵卒》,第169页。

"令贵人往实广虚之地",发展生产,丰盈国库。这一招实在高明,一举两得。不仅解决了削爵禄裁减的冗员的安置问题,而且要变废为宝,让他们开荒戍边,自食其力,建功立业。

三是奖军功。

> 捐不急之官,废公族疏远者,以抚养战斗之士。要在强兵,破驰说之言从横者。①

削爵禄和实边境是富国政策,增收节支,充实国库,目的是用来"抚养战斗之士",训练一支强大的军队。可见,吴起变法环环紧扣,对症下药,抓住了楚国的积弊而予以整治。

吴起变法使得早已僵化衰败、民不聊生的楚国面貌迅速有了改变,短短几年就取得了初步成效。"于是南平百越;北并陈、蔡,却三晋;西伐秦。诸侯患楚之强。"②吴起率军开疆拓土,饮马中原。

由于吴起变法沉重打击了楚国大贵族的既得利益,遭到大贵族集团的激烈反对。旧贵族的代表人物屈宜臼批评吴起说:

> 吾闻昔善治国家者不变故,不易常。今子将均楚国之爵而平其禄,损其有余而继其不足,是变其故而易其常也。③

反对派批评吴起变法是"变故易常",并指责吴起是楚国的"祸人"。显然,吴起变法深深触动了楚国旧贵族的根本利益,他们对吴起恨之入骨,因此寻找机会必欲除之而后快。不久,楚悼王死,吴起从前线回来祭奠楚王,宗室大臣和贵族乘机作乱攻打吴起,吴起奔走躲到王尸后,贵族乱箭齐发射杀吴起,王尸并中数箭。"荆王死,贵人皆来。尸在堂上,贵人相与射吴起。"④吴起变法因旧势力的反扑而告夭折,吴起也成为法家因推行变法而死的第一人。

吴起是战国具有传奇色彩和悲剧命运的人物。吴起变法的失败,一方面固然是因为楚国旧贵族势力的强大,另一方面也与其急功近利的个性分不开。楚国变法本来先于秦国,但中途夭折,令人叹惋。韩非对此评价说:

---

① （汉）司马迁:《史记·孙子吴起列传》,第402页。
② （汉）司马迁:《史记·孙子吴起列传》,第402页。
③ （汉）刘向撰,王天海、杨秀岚译注:《说苑·指武》,第763页。
④ （战国）吕不韦等:《吕氏春秋·贵卒》,第169页。

"楚不用吴起而削乱,秦行商君而富强。"①郭沫若也曾感叹说:"假使楚悼王迟死,让他至少有十年或五年的执政期间,则约定俗成,他的功绩决不会亚于商鞅。"②当然,这不过是文人对历史的感慨而已,历史看似是由偶然事件造成的,其实有其必然之势,个人是不能改写历史的。

第三节 初期晋法家的法治思想

初期晋法家是务实的政治家,以法治实践见长,但他们已明显具备了法家的功利思想,功利主义是他们推行变法的理论基础。

一 李悝的功利主义法治思想

李悝继承了子夏的功利倾向,主张"食有劳而禄有功",将"赏必行,罚必当"上升为治国之道,标志着法家法治思想的初步形成。《说苑·政理》简略而完整地论述了他"食有劳而禄有功,使有能,而赏必行,罚必当"的治国思想。魏文侯问李悝(李克):"为国如何?"李悝回答道:

> 臣闻为国之道,食有劳而禄有功,使有能,而赏必行,罚必当。

> 夺淫民之禄,以来四方之士。③

从李悝与魏文侯的上段对话可以看出,李悝已具备功利主义法家思想,"食有劳而禄有功","夺淫民之禄",即以功劳代替身份作为赏罚的依据,信赏必罚,奖励耕战,选贤任能,废除无功受禄的贵族特权等,实现了由儒家的身份制向法家的功劳制的转变。

(一)尽地力,重农战

李悝的治国思想具有较强的法家功利主义色彩,轻视仁义德教而主张发展农业生产,追求富国强兵。《史记·平准书》记载:

> 魏用李克,尽地力,为强君。自是之后,天下争于战国,贵诈力而贱仁义,先富有而后推让。④

---

① 高华平等译注:《韩非子·和氏》,第127页。
② 郭沫若:《十批判书》,第302页。
③ (汉)刘向撰,王天海、杨秀岚译注:《说苑·政理》,第352页。
④ (汉)司马迁:《史记·平准书》,第189页。

李悝采用功利主义方法治民用兵,《韩非子·内储说上》记载了李悝任上地太守时"射箭决狱"的典故。魏文侯任命李悝为上地守,李悝为了训练兵民,下令说:

> 人之有狐疑之讼者,令之射的,中之者胜,不中者负。①

民有争讼难以决断者,射箭决定胜负,即"射箭决狱",取得了良好的训练效果。"令下而人皆疾习射,日夜不休。及与秦人战,大败之,以人之善战射也。"②上地在河西,为魏、秦两国交界地区,是魏国的边防要地,故李悝经常布兵,与秦人作战。为使上地郡军民提高射箭技术,他下令以射箭来断讼。令下后,人们都争相练习射箭,日夜不停。后与秦国人作战,魏军由于射技精良而大败秦军。

（二）重贤任能

李悝的用人思想还带有儒家痕迹,他先后向魏文侯举荐魏成子为相、吴起为将,反映了李悝重视贤能、知人善用的用人思想。魏文侯在魏成子与翟璜两人之间选择谁为相时犹豫不决,向李悝咨询,李悝向魏文侯举荐魏成子为相。对李悝有举荐之恩的翟璜对此很不满。

> 翟璜曰:"今者闻君召先生而卜相,果谁为之?"李克曰:"魏成子为相矣。"翟璜忿然作色曰:"以耳目之所睹记,臣何负于魏成子?"③

翟璜认为自己的功劳在魏成子之上,宰相之职非他莫属。他向魏文侯推荐了五位贤人。西河太守吴起是他举荐的,"西河之守,臣之所进也"。治邺地有功的西门豹是他推荐的,"君内以邺为忧,臣进西门豹"。攻打中山的大将乐羊是他推荐的,"君谋欲伐中山,臣进乐羊"。治理中山的太守李悝是他推荐的,"中山以拔,无使守之,臣进先生"。太子的老师也是他推荐的,"君之子无傅,臣进屈侯鲋。"既然这五位有功的贤能之士都是他推荐的,"臣何以负于魏成子"。李克回答说,难道你推荐我是为了结党营私吗? 魏文侯问我在魏成子与翟璜之间选谁为相,我并没有说要选择谁,只是回答了选人的标准:"居视其所亲,富视其所与,达视其所举,穷视其所不为,贫视其所不取,五者

---

① 高华平等译注:《韩非子·内储说上》,第 340 页。
② 高华平等译注:《韩非子·内储说上》,第 340 页。
③ （汉）司马迁:《史记·魏世家》,第 302 页。

足以定之矣,何待克哉!"按照这五个标准,当然会选择魏成子为相。先生您怎么能与魏成子比呢?魏成子的俸禄千钟,十分之九都用来养士,所以东得卜子夏、田子方、段干木三人。"此三人者,君皆师之"。而先生所举荐的五个人,"君皆臣之"。所以先生怎么能跟魏成子比呢?翟璜感到自己错怪了李悝,向他致歉:"璜,鄙人也,失对,愿卒为弟子。"①可见,李悝大公无私,在用人上重视贤能。他认为翟璜之贤能比不上魏成子,从翟璜举荐的人才比不上魏成子举荐的人才这点就可以看出,故推荐魏成子为相。

李悝还向魏文侯推荐吴起为将,《史记·孙子吴起列传》记载:

> 吴起于是闻魏文侯贤,欲事之。文侯问李克曰:"吴起何如人哉?"李克曰:"起贪而好色,然用兵,司马穰苴不能过也。"于是魏文侯以为将,击秦,拔五城。②

李悝虽然知道吴起"贪而好色",可谓不贤,但认为其军事才能过人,故还是举荐他为将。可见,李悝在贤与能之间更重视能力,体现了法家用人唯能的思想。

(三)重刑思想和限制贵族的特权

轻罪重罚是晋法家的一贯主张,李悝的《法经》贯穿了这一思想。明代董说《七国考·魏刑法》所述李悝《法经》的具体内容较为详备,包括《正律》(《盗》《贼》《囚》《捕》四篇)、《杂律》和《具律》三部分。其正律禁盗贼;其杂律有淫禁、狡禁、城禁、嬉禁、徒禁、金禁等六禁;其具律对未成年和老者犯罪则规定适当减轻刑罚:

> 《正律》略曰:杀人者诛,籍其家,及其妻氏。杀二人及其母氏。大盗戍为守卒,重则诛。窥宫者膑。拾遗者刖。曰:为盗心焉。
>
> 其《杂律》略曰:夫有一妻二妾其刑聝。夫有二妻则诛。妻有外夫则宫。曰:淫禁。盗符者诛,籍其家。盗玺者诛。议国法令者诛,籍其家,及其妻氏。曰:狡禁。越城一人则诛。自十人以上夷其乡及族。曰:城禁。博戏罚金三市。太子博戏则笞,不止则特笞,不止则更立。曰:嬉禁。群相居一日以上则问。三日四日五日则诛。曰:徒禁。丞相受金,左右伏诛。犀首以下受金则诛。金自镒以下罚不诛也。曰:

---

① (汉)司马迁:《史记·魏世家》,第302页。
② (汉)司马迁:《史记·孙子吴起列传》,第401页。

金禁。大夫之家有侯物,自一以上者族。

　　其《减律》略曰:罪人年十五以下,罪高三减,罪卑一减。年六十以上,小罪情减,大罪理减。①

　　可见,李悝所著《法经》反映了其重刑主义思想,其刑罚除了残酷的肉刑之外,还有族刑,刑及妻族或母族。例如,对于杀人者或盗窃者施以重刑:"杀人者诛,籍其家,及其妻氏;杀二人及其母氏。大盗成为守卒,重则诛。"对于路上拾遗,也要处以断足的刑罚:"拾遗者刖,曰:为盗心焉。"对于违反政权的犯罪更是从严处罚:"窥宫者膑。""盗符者诛,籍其家。盗玺者诛。议国法令者诛,籍其家,及其妻室。曰:狡禁。越城一人则诛。自十人以上夷其乡及族。曰:城禁。"这一条中还规定了"夷乡"之刑,残酷之至,他国无有,所以董说评说:"果行,魏酷于秦矣!"②

　　李悝的《法经》对"刑不上大夫"的礼教传统是一种突破,对官僚贵族的特权进行了限制,如嬉禁和金禁的规定。"太子博戏则笞……不止则更立。曰:嬉禁。""丞相受金,左右伏诛。犀首以下受金则诛。金自镒以下罚不诛也。曰:金禁。"

二　吴起的功利主义法治思想

　　吴起也是子夏的弟子,继承了子夏重利的倾向,同时基于他长期带兵打仗的实践,严格守信,令出必行,重视法治。

　　(一)功利主义是吴起法治思想的逻辑基础

　　吴起重视功利,他对道义的解释和谋划已与儒家明显不同,具有浓厚的功利主义色彩。他说:"夫道者,所以反本复始。义者,所以行事立功。谋者,所以违害就利。要者,所以保业守成。若行不合道,举不合义,而处大居贵,患必及之。"③吴起从其对人性"违害就利"的认识出发,主张治国理政要依据人性权衡利弊,制定政策。

　　(二)在功利主义的基础上,吴起主张"明法审令",信赏必罚,实行法治,追求富国强兵

　　他说:"明法审令,捐不急之官,废公族疏远者,以抚养战斗之士。要在强兵,破驰说之言从横者。"④

---

① (明)董说:《七国考》,第366—367页。
② (明)董说:《七国考》,第369页。
③ 陈曦译注:《吴子·图国》,北京,中华书局,2018年,第28页。
④ (汉)司马迁:《史记·孙子吴起列传》,第402页。

（三）吴起重信，进而要求严格遵守法律

《韩非子·外储说左上》记载了一则吴起等朋友吃饭的守信故事："吴起出，遇故人而止之食。故人曰：'诺，期返而食。'吴子曰：'待公而食。'故人至暮不来，起不食而待之。明日早，令人求故人。故人来，方与之食。"①可见吴起非常重信，说一不二。吴起休妻，也是因为妻子没有按照吴起的要求去织一条腰带。

《韩非子·内储说上》还记载了一个吴起通过示人以信来实施法令的故事，即北门徙辕，与后来商鞅的南门徙木的故事几乎是一个版本，反映了吴起的功利主义法治思想。吴起为魏武侯的西河太守，守卫西河边境地区。秦有军事设施小亭临境，秦人在此偷窥情报，骚扰农夫，危害甚大，吴起视小亭为眼中钉，想把它拔掉。但是兵力还不足。于是乃立一车辕于北门之外而令之曰：有能徙此南门之外者，赐之上田、上宅。

一开始人们不相信这个法令。终于有一个胆大的决定试一试，吴起遂赐之如令。接着吴起又在东门之外置一石赤菽，并发布命令说："有能徙此于西门之外者，赐之如初。"这时人们争着去移它。于是吴起发布命令："明日且攻亭，有能先登者，仕之国大夫，赐之上田宅。"②人们争先恐后去攻亭，于是攻亭一朝而拔之。《吕氏春秋·慎小》也有类似记载，吴起南门置表，令偾者得赏，使得民众相信吴起言出必从、信赏必罚。

吴起既是法家又是兵家，他的用兵和治国思想是一致的，就是"信赏必罚"，"赏罚信乎民"③。在《吴子·治兵》里，吴起提出了"四轻、二重、一信"的"进兵之道"："使地轻马、马轻车、车轻人、人轻战。明知险易，则地轻马。刍秣以时，则马轻车。膏铜有余，车轻人。锋锐甲坚，则人轻战。进有重赏，退有重刑。行之以信。审能达此，胜之主也。""四轻"是技术性的，而"二重一信"是治兵的关键。吴起作为常胜将军，所向披靡，与其"信赏必罚"的用兵之道是分不开的。"进有重赏，退有重刑。行之以信"④集中体现了吴起的功利主义法治思想——以赏罚为手段，并严格执行法令。

第四节　初期晋法家的特征和贡献

初期晋法家由儒家脱胎而来，虽然主张法治，但思想里还保留有儒家的

① 高华平等译注：《韩非子·外储说左上》，第430页。
② 高华平等译注：《韩非子·内储说上》，第340页。
③ （战国）吕不韦等：《吕氏春秋·慎小》，第198页。
④ 陈曦译注：《吴子·治兵》，第96页。

痕迹。初期晋法家的主要贡献是完成了法典化。

一　初期晋法家的特征：尚法存儒

初期晋法家已具备法家的功利主义思想,信赏必罚,主张重刑主义法治,但初期晋法家是由儒家脱胎而来,还带有明显的儒家痕迹。他们在反对旧礼制,推行变法的同时,却也不一概否定儒家的仁义思想。

（一）李悝思想带有儒家思想的痕迹

《吕氏春秋》记载了李悝以楚庄王之忧劝谏魏武侯戒骄戒躁,礼贤下士的故事。魏武侯年轻气盛,有些浮躁。一次,武侯为自己的谋划获得成功而骄傲,在庭中振臂而言,大夫的谋略哪里比得上寡人啊! 李悝上前劝谏,说了楚庄王之忧的典故。以前楚庄王谋事而当,有大功,退朝却有忧色。身边的人问,大王有大功,这是值得高兴的事情,为何退朝却神情忧郁呀? 楚庄王说："诸侯之德,能自为取师者王,能自取友者存,其所择而莫如己者亡。今以不穀之不肖也,群臣之谋又莫吾及也,我其亡乎!"[1]楚庄王为无师无友,臣不及己而感到忧患;魏武侯却为自己一次的谋略超出臣子而得意。李悝因而劝诫武侯说:

> 此霸王之所忧也,而君独伐之,其可乎![2]

人主之患,不在于自谦,而在于自傲。自傲则多听阿谀奉承之谗言,人就被冲昏了头脑,从此听不进逆耳的谏言,久而久之,也就没有人敢说真话了。李悝敢于以儒家之道劝说其君,犯颜直谏,说明李悝还保留着儒家思想。

不过,《吕氏春秋》的记载可能有误,这个故事的主角应该是吴起。依据《史记》的有关记载,李悝的活动时间一般都在文侯时期,武侯继位时,李悝已经死去了,相位是空缺的,吴起还盯着相位呢。吴起向来直话直说,在西河时,一次武侯来巡视,吴起就劝谏武侯要重视德政。不过,不管故事的主角是李悝还是吴起,都反映了早期法家思想里还带有明显的儒家印迹。

据《韩非子》记载,李悝治理中山的时候,苦陉县令上交钱粮多。按法家论功行赏的原则来说,这是有功啊,应该赏。可是李悝说:

---

① （战国）吕不韦等：《吕氏春秋·骄恣》,第161页。
② （战国）吕不韦等：《吕氏春秋·骄恣》,第161页。

语言辨,听之说,不度于义,谓之窕言。无山林泽谷之利而入多者,谓之窕货。君子不听窕言,不受窕货。子姑免矣。①

李悝没有赏苦陉县令,反而免除了县令的职务,因为怀疑他不诚实,有搜刮民利之嫌。虽然李悝的做法有些武断,但李悝显然受到儒家道义思想的影响。

(二)吴起思想中的儒家成分也很明显,显示出吴起思想的复杂性

《吴子·图国》里说,吴起主张内修文德,外治武备。两者不可偏废。又说,"圣人绥之以道,理之以义,动之以礼,抚之以仁"。这四样德行,君主修之则兴,废之则衰。还说:"凡制国治军,必教之以礼,励之以义,使有耻也。"这是明显的儒家仁义思想。在用人方面,吴起主张用人以贤,"君能使贤者居上,不肖者处下"。特别是下面这段话:

百姓皆是吾君而非邻国,则战已胜矣。②

在吴起看来,战争的成败不在于兵力,而在于民心所向。这是明显的儒家民本位思想,和孟子的民贵君轻论何其相似!

《说苑·建本》记录了吴起与魏武侯的一段对话。魏武侯问吴起治国之道,吴起说"言国君必慎始也"。武侯问怎样慎始呢?吴起说从施行正义开始。武侯又问怎样施行正义?吴起说,要施行正义,必从明智开始。正义不过是一种明智的选择,多闻才能做出明智的选择。所以古代明君都广开言路,使不闭目塞听,做出正确的决策,然后施行正义,做到分禄公正,用刑适中,选贤任能,大夫不兼官,则民心归顺,国家大治。"此皆春秋之意,而元年之本也。"③这些话反映了吴起以儒家仁义为本的思想,与有子所说的"君子务本,本立而道生"④的思想是吻合的。

《史记·孙子吴起列传》记载了吴起任西河郡守时与魏武侯的一段对话,说明吴起受儒家思想影响很深。魏文侯既卒,起事其子武侯。武侯西河乘船顺流而下,途中环顾四周险要之势而高兴地对吴起说:"美哉乎山河之固,此魏国之宝也!"吴起冷静答道,国家之宝"在德不在险"。吴起举例加以说明,夏桀居于中原地带,西临河济,东靠泰华,南有伊阙,北有羊肠,可谓

---

① 高华平等译注:《韩非子·难二》,第561页。
② 陈曦译注:《吴子·图国》,第57页。
③ (汉)刘向撰,王天海、杨秀岚译注:《说苑·建本》,第122页。
④ 张燕婴译注:《论语·学而》,第2页。

地利,却不修仁政,而被汤放逐;殷纣之国,西有孟门,东倚太行,常山在北,大河经南,但不修政德,武王杀之。吴起然后得出结论:

> 由此观之,在德不在险。若君不修德,舟中之人尽为敌国也。①

武侯听了吴起的直话,可能大为不悦,这也是吴起不受武侯重用的原因之一。但吴起的话却不无道理。由此可见,吴起主张文武并用,礼法并举。吴起带兵,既赏罚分明,又爱兵如子,屡建战功,盖源于此。吴起曾学于儒家,后又学于兵家和儒家现实派子夏,因而其思想儒、法兼有。

不过,尽管吴起也谈德,但他的德观念与孔孟之徒明显不同。在孔孟看来,德不仅是王道,更是人们应该追求的生活方式本身,因此,德与利是对立的,君子耻于言利。而吴起毕竟是法家,其德的观点带有明显的功利性,德在吴起那里不是目的、价值所在,而更像是获取利益的手段。因此其所谓爱兵如子,不是出自慈爱的人性,而是为了让兵士效死以战。《史记·孙子吴起列传》记录了一个卒母哭子的典故:

> 起之为将,与士卒最下者同衣食。卧不设席,行不骑乘,亲裹赢粮,与士卒分劳苦。卒有病疽者,起为吮之。卒母闻而哭之。人曰:"子卒也,而将军自吮其疽,何哭为?"母曰:"非然也。往年吴公吮其父,其父战不旋踵,遂死于敌。吴公今又吮其子,妾不知其死所矣。是以哭之。"②

子未死,而卒母哭子,因为卒母看到了吴起仁爱的"表演成分",自己的丈夫就是因为吴起"爱兵如子"而为其奋不顾身,战死沙场,今吴起为儿子吮吸化脓的伤口,料想儿子必将步其父后尘奋勇杀敌而死。从这里可以看出,吴起虽然也讲"仁爱",但其目的是出自功利之心,有笼络人心之嫌。显然,司马迁借卒母之口道出吴起不过是假仁假爱,并非真正的儒家。这也说明法、儒是很难兼于一身的。

吴起是信奉功利主义的法家,或许也是孔子所说的那一类"小人儒"。可见,吴起不愧是子夏的弟子,只是比子夏走得更远,骨子里是尚功利的法家,却又显示出一张儒家的仁义面孔。这也说明,在战国初期,一方面,儒家

---

① (汉)司马迁:《史记·孙子吴起列传》,第402页。
② (汉)司马迁:《史记·孙子吴起列传》,第402页。

思想还有很大影响;另一方面,法家刚从儒家中分化出来,思想还不够鲜明,还带有儒家的痕迹。从《史记》的记载来看,吴起适楚后的行为,儒家的成分已大大减少,他严而少恩,已成为一个彻底的法家。所以,司马迁说:"吴起说武侯以形势不如德,然行之于楚,以刻暴少恩亡其躯。"①

二　初期晋法家的主要贡献:法典化

初期晋法家率先变法,推行军功制,颁布成文法,并完成了法典化。晋法家通过法典掀起了轰轰烈烈的变法运动,以功利取代身份,打破礼治,推行法治,推动了奴隶制社会向封建社会的历史转变。

李悝在春秋末年成文法运动的基础上,总结各国立法经验,撰写了中国历史上第一部封建法典《法经》。《法经》是法家形成的标志,也是初期晋法家主要的贡献。正是这一部《法经》成为战国变法的旗帜,吴起将它带到楚国,商鞅携之入秦,波澜壮阔的变法在各国相继展开。李悝在魏国率先变法,吴起在楚国变法,商鞅在秦国变法,无不以《法经》为基础颁布法令。

《法经》通过商鞅传之于秦,成为历代封建法典的源头。《唐律疏议》记述了《法经》对历代法典的影响:

> 周衰刑重,战国异制,魏文侯师于里悝,集诸国刑典,造《法经》六篇:一、《盗法》;二、《贼法》;三、《囚法》;四、《捕法》;五、《杂法》;六、《具法》。商鞅传授,改法为律。汉相萧何,更加悝所造《户》《兴》《厩》三篇,谓《九章之律》。魏因汉律为一十八篇,改汉《具律》为《刑名第一》。晋命贾充等,增损汉、魏律为二十篇,于魏《刑名律》中分为《法例律》。宋、齐、梁及后魏,因而不改。爰至北齐,并《刑名》《法例》为《名例》。后周复为《刑名》。隋因北齐,更为《名例》。唐因于隋,相承不改。名者,五刑之罪名;例者,五刑之体例。名训为命,例训为比,命诸篇之刑名,比诸篇之法例。但名因罪立,事由犯生,命名即刑应,比例即事表,故以《名例》为首篇。第者,训居,训次,则次第之义,可得言矣。一者,"太极之气,函三为一",黄钟之一,数所生焉。《名例》冠十二篇之首,故云"名例第一"。②

《法经》为六篇,到了《汉律》已增加至九章;《魏律》变为十八篇,且将

---

① (汉)司马迁:《史记·孙子吴起列传》,第403页。
② (唐)长孙无忌等编纂,岳纯之点校:《唐律疏议》,第2—3页。

《具律》改为《刑名》,置于篇首;《晋律》改为二十篇,从魏《刑名律》中分出《法例律》;《北齐律》又并《刑名》《法例》为《名例》,延续到隋唐而不改,将五刑置于律首,突出封建刑罚的严酷性和对被统治阶级的压迫。

新律对旧律的改变体现在两个方面。一是对旧律篇章的增加和条文的细化。《晋书·刑法志》说,旧律所难知者,由于六篇篇少故也。篇少则文荒,文荒则事寡,事寡则罪漏。是以后人稍增,更与本体相离。今制新律,宜都总事类,多其篇条。二是对旧律篇章逻辑结构的调整。旧律因秦《法经》,就增三篇,而《具律》不移,因在第六。罪条例既不在始,又不在终,非篇章之义。故集罪例以为《刑名》,冠于律首。

《法经》是中华法系的源头,《唐律疏议》是中华法系的典范。《法经》的颁布,打破了"刑不上大夫,礼不下庶人"的春秋礼治传统,开启了战国法治时代,又奠定了中华法系的基础,所以说《法经》是初期晋法家的重要贡献。

成文法运动及法典化是形式法治的基础和前提。有了法典,人们的行为就有规则可遵循,违反了法律,要接受什么惩罚,也可以由规则预知。这样,整个社会秩序就建立在规则的基础上,具有公平性、公开性、稳定性和可预期性,法治社会成为可能。初期晋法家的法典化开启了人治、礼治向法治的转变,法治成为战国时代的主旋律。

第六章　中期晋法家

战国中期，封建经济进一步发展，各诸侯国新兴地主阶级为了巩固土地私有权和官僚政治权力，纷纷实行变法改革，进而对外扩张。商鞅携李悝《法经》入秦，主持变法；申不害在韩国实行变法。中期晋法家严刑峻法，加强吏治，同时鲜明地反对儒家以德治国的思想。

第一节　中期晋法家的历史背景

战国中期，魏国在与齐国的争霸中受到削弱，魏国的人才开始外流，商鞅入秦，孙膑归齐。秦国任用商鞅变法，西部崛起；韩国任用申不害变法，国力也有所增强。

一　秦孝公重用商鞅，西部崛起

秦孝公（前381年—前338年），嬴姓，赵氏，名渠梁，秦献公之子，战国时期的秦国国君，前361年至前338年在位。秦孝公重用商鞅实行变法，废井田，开阡陌，奖励耕战，建立郡县制，加强中央集权，充实国库。对外，伐交与伐攻并用，奋力东扩，秦与楚和亲，与韩订约，联合齐、赵攻打魏都城安邑，拓地至洛水以东。秦自此国力日强，奠定了统一中国的基础。

（一）求贤图强

早在秦孝公出生前，秦国经历了自秦厉共公之后的几代君位动荡，国力大为削弱。《史记·秦本纪》说："秦以往者数易君，君臣乖乱，故晋复强，夺秦河西地。"[1]魏国趁秦国政局不稳之机夺取了河西地区（今山西、陕西两省间黄河南段以西地区）。秦孝公之父秦献公继位后，割地，与魏国讲和，安定边境，迁都栎阳（今陕西西安），休养生息，并且数次东征，想要收复河西失地，无奈愿望没有实现便去世。

---

① （汉）司马迁：《史记·秦本纪》，第36页。

"孝公元年,河、山以东强国六。"①秦孝公继位时,黄河、崤山以东的战国六雄已经形成。"周室微,诸侯力政,争相并。"②周王室势力衰微,诸侯间用武力相互征伐吞并。战国六雄中,楚国、魏国与秦国接壤。魏国占有原本属于秦国的河西地区,从郑县(今陕西渭南市华州区)沿洛河北上修筑长城,将秦国与中原阻隔。楚国自汉中郡往南,占有巫郡和黔中郡,阻止秦国南出。西北边还经常受到夷狄骚扰。"秦僻在雍州,不与中国诸侯之会盟,夷翟遇之。"③秦国地处偏僻的雍州,地广人稀,还处于奴隶制阶段,生产力落后,国力远不如东方各国,不参加中原各国诸侯的会盟,被诸侯们疏远,诸侯们像对待夷狄一样对待秦国。秦孝公即位之后,深感"诸侯卑秦,丑莫大焉"④,立志恢复秦穆公的霸业,于是决定变法图强,故下达《求贤令》。

《求贤令》以秦国引以为傲的秦穆公霸业为开头,"为后世开业,甚光美"。然后话锋一转,沉痛细数秦国的内忧外患,"会往者厉、躁、简公、出子之不宁,国家内忧,未遑外事,三晋攻夺我先君河西地"。因而感到国耻,"诸侯卑秦,丑莫大焉"。再说到献公即位即致力于恢复秦穆公之霸业。《求贤令》最后说:

> 寡人思念先君之意,常痛于心。宾客群臣有能出奇计强秦者,吾且尊官,与之分土。⑤

《求贤令》结尾表示继承先君未竟之强国事业,征求天下贤才辅助,并许之以高官厚禄。《求贤令》写得一波三折,水到渠成,言辞恳切,诚心可鉴,非常富有感染力。

(二) 商鞅离魏入秦

商鞅入秦前在魏相公叔座门下任中庶子,并拜公叔座为师。公叔座识其有卿相之大才,故在临死前极力向魏惠王举荐商鞅。魏惠王来探病,公叔座说:"座之中庶子公孙鞅,年虽少,有奇才,愿王举国而听之。"⑥魏惠王不以为然,公叔座又屏退左右,而后说:"王即不听用鞅,必杀之,无令出境。"⑦魏惠王假装答应而去。魏惠王离开后对左右大臣说:"公叔病甚,悲乎,欲令

---

① (汉) 司马迁:《史记·秦本纪》,第36页。
② (汉) 司马迁:《史记·秦本纪》,第36页。
③ (汉) 司马迁:《史记·秦本纪》,第36页。
④ (汉) 司马迁:《史记·秦本纪》,第36页。
⑤ (汉) 司马迁:《史记·秦本纪》,第36页。
⑥ (汉) 司马迁:《史记·商君列传》,第419页。
⑦ (汉) 司马迁:《史记·商君列传》,第419页。

寡人以国听公孙鞅也,岂不悖哉!"①魏惠王不识商鞅之才,未把公叔座临死之言放在心上,既没有重用商鞅,又没有杀死商鞅。这也在商鞅意料之中,所以公叔座在魏王探病离开后又叫商鞅逃走,而商鞅未逃。商鞅说:"彼王不能用君之言任臣,又安能用君之言杀臣乎?"②可见,商鞅的才智确在公叔座之上。

公叔座死后,商鞅在魏国无施展才华之地,恰好这时秦国颁布《求贤令》。"卫鞅闻是令下,西入秦,因景监求见孝公。"③商鞅听闻秦孝公的求贤令,便携带李悝的《法经》投奔秦国,通过秦孝公的宠臣景监见孝公。《求贤令》颁布的时间是孝公元年(前361年),可见,商鞅入秦的时间是在前361年。商鞅入秦后三见秦孝公方得以重用。商鞅先以黄老无为之帝道、儒家尚德之王道试探孝公,孝公听后直打瞌睡,没有采纳,并通过景监责备商鞅。商鞅最后说法家霸道之术,孝公听后方才动心,并再次召见他详谈,商鞅这才将他带来的富国强兵之策和盘托出,孝公听后大喜,相谈甚欢,"语数日不厌"④。

在商鞅的劝说下,秦孝公决定在秦国国内进行变法,但变法遭到以甘龙、杜挚为代表的守旧派的反对。双方产生激烈的争论,而孝公坚定地支持商鞅。变法之争结束后,秦孝公命商鞅颁布《垦草令》,拉开全面变法的序幕,于前356年任命商鞅为左庶长,实施变法,商鞅又颁布连坐法以加强治安,颁布军功令以强军等等。

经过第一次变法后的秦国国力大增,"行之十年,秦民大说,道不拾遗,山无盗贼,家给人足。民勇于公战,怯于私斗,乡邑大治"⑤。百姓家家富裕充足。秦国人路不拾遗,山中没有盗贼。人民勇于为国家打仗,怯于私斗,乡村、城镇秩序安定。商鞅变法有了成效,被秦孝公升为大良造,进行了第二次力度更大的变法,废井田,置郡县,秦国从封建化落后的国家一跃而成为封建化最超前的国家。

(三)击败魏国,西部崛起

收复河西失地,恢复秦穆公时期的霸业是秦献公、孝公父子两代国君的夙愿。秦孝公九年(前353年),魏军在桂陵之战中被齐军击败。次年,"卫

① (汉)司马迁:《史记·商君列传》,第419页。
② (汉)司马迁:《史记·商君列传》,第419页。
③ (汉)司马迁:《史记·秦本纪》,第36页。
④ (汉)司马迁:《史记·商君列传》,第419页。
⑤ (汉)司马迁:《史记·商君列传》,第420页。

鞅为大良造,将兵围魏安邑,降之"①。秦孝公趁魏国被齐军打败不久国力空虚之机,于前352年任命商鞅为大良造,率兵长驱直入,攻打魏国并一度占领魏国旧都安邑。秦孝公二十一年(前341年),魏国在马陵之战再次遭受齐国重创,主将庞涓自杀,太子申被俘。次年,秦孝公采纳商鞅的建议,决定趁魏国实力尚未恢复之机,大举攻魏。"卫鞅击魏,虏魏公子卬。"②秦孝公派商鞅率军进攻魏河东,魏派公子卬率兵迎战。两军对峙时,商鞅假意和谈,诱擒公子卬。他派使者送信给公子卬,叙说昔日交情,不忍阵前交兵,意欲和谈罢兵,订立盟约,两国相安。公子卬信以为真,赴会时被商鞅埋伏的甲士俘虏,商鞅趁机攻击魏军,大败魏军。"乃使使割河西之地献于秦以和。而魏遂去安邑,徙都大梁。"③魏惠王被迫割让河西部分土地求和,并迁都大梁。魏惠王这才想起了公叔座临死之言,悔不当初,"寡人恨不用公叔座之言也"④。至于惠王此时后悔的是当初没有重用商鞅还是没有杀死商鞅,就没有人知道了。秦国与魏国互为威胁,非魏并秦,即秦并魏。魏强则封锁秦国偏安西隅,秦兴则扫荡魏国东出中原。此战是秦兴魏衰的转折点,此后对秦,魏处于战略防御的地位,再无侵秦之力,战国中期即进入齐、秦争雄时期。商鞅因此次战功受封于商於十五邑,号为商君。

(四)商鞅功成身死

秦孝公二十四年(前338年),秦孝公病危,《战国策》记载,秦孝公想传位于商鞅,"欲传商君,辞不受"⑤。商鞅推辞不接受。秦孝公去世后,其子秦惠文王继位。旧贵族乘机报复商鞅,公子虔之徒对秦惠文王说:"大臣太重者,国危;左右太亲者,身危。"⑥要求秦惠文王除掉位高权重的商鞅。秦惠文王为了巩固自己的权力,意欲借机除掉商鞅。商鞅遂被诬以谋反罪名,秦惠文王下令追捕商鞅。

商鞅逃至边关,准备寄宿一宿。店老板要看商鞅的身份证明,称"商君之法,舍人无验者坐之"⑦。商鞅发出感叹,真可谓作法自毙。遂去魏,魏人因他欺公子卬而破魏军,拒绝其入境。商鞅只好连夜入秦,逃到自己的封地商邑。秦王发兵攻打商君,商鞅战败,死于彤地,其尸身被带回咸阳,处以车裂之刑后示众。商君变法强秦,却身死其法,竟无以自救。笔

---

① (汉)司马迁:《史记·秦本纪》,第36页。
② (汉)司马迁:《史记·秦本纪》,第36页。
③ (汉)司马迁:《史记·商君列传》,第421页。
④ (汉)司马迁:《史记·商君列传》,第421页。
⑤ (汉)刘向:《战国策·秦一》,第16页。
⑥ (汉)刘向:《战国策·秦一》,第16页。
⑦ (汉)司马迁:《史记·商君列传》,第422页。

者感叹：商君遭陷逃边关，欲宿无门连夜还。作法无情及自己，功成身裂有谁怜。

孝公、商君这一对君臣联手，效仿魏国的李悝、吴起变法，使秦国在西部崛起，开启了后来的秦并六国之势。然而商鞅变法功成秦国，身败自己，令人深思。赵良曾苦口劝诫商鞅改弦易辙："恃德者昌，恃力者亡。"①司马迁也认为，商鞅"天资刻薄人也"②，遂致如此下场。不过今天看来，不能因商鞅之死而否定法治，法治是社会进步的要求，只是法治本身要不断完善而已。

二　韩昭侯用申不害力保韩国

韩昭侯（？—前 333 年），姬姓，韩氏，名武，韩懿侯之子，前 362 年至前 333 年在位。韩昭侯前期，韩国政治混乱，法律、政令前后不一，臣民无所适从。前 355 年，韩昭侯任用法家的申不害为相，实行变法改革，推行中央集权的君主专制体制，主张以"术"治国。申不害变法取得了一定的成效，司马迁说，"申不害相韩，修术行道，国内以治，诸侯不来侵伐"③。

韩昭侯即位前后，韩国国力在三晋中是最弱的，诸侯常来侵犯。特别是魏国强盛以后开始对外扩张，首当其冲的就是韩国，因此魏国屡次发兵侵韩。懿侯二年（前 373 年），魏国在马陵打败韩国。懿侯九年（前 366 年），魏军在浍之战再次打败韩国。十二年（前 363 年），懿侯死，其子昭侯即位。韩昭侯元年（前 362 年），秦军乘韩国新君初立之机来犯，在西山打败韩军。韩昭侯二年（前 361 年），宋国攻占韩国的黄池。同年，魏国攻占韩国的朱邑。

面对强邻压境，韩昭侯忧思强国之策，恰好他遇到了法家申不害。申不害原本是一个地位低下的小吏，由于他精通刑名学说，就向韩昭侯讲"刑名之学"，得到韩昭侯的赏识。前 355 年，韩昭侯任用申不害担任韩国相国。申不害运用法家的术治，推行变法，使韩国国内得到治理，诸侯才停止来犯，韩国得以自保。其实，内政修明只是韩国安定的一个原因，还有一个重要原因是外部环境的变化。秦国在商鞅的治理下日益强盛并开始东扩，韩国的两个宿敌秦、魏之间的冲突不断加剧，给了韩国喘息的机会。申不害抓住有利时机，主张与秦结盟，以解除来自魏国的最大威胁。前 352 年，韩昭侯前

---

① （汉）司马迁：《史记·商君列传》，第 422 页。
② （汉）司马迁：《史记·商君列传》，第 422 页。
③ （汉）司马迁：《史记·韩世家》，第 310 页。

往秦国与秦孝公会盟,秦、韩暂时休战。

　　韩昭侯二十二年(前341年),申不害去世。申不害死,韩国无良臣,秦趁机来犯。韩昭侯二十四年(前339年),秦军攻占韩国的宜阳。韩昭侯二十六年(前337年),韩昭侯未走出刚刚完工的豪华高门就去世了,其子韩宣惠王继位。

第二节　中期晋法家的变法实践

　　战国中期,商鞅携李悝《法经》离魏入秦,法家变法的接力棒由此传到秦国。商鞅在秦国变法的同时,申不害在韩国进行变法。通过变法,打破了以身份为基础的旧礼制,建立了以功劳为基础的官僚制,实现富国强兵。

一　商鞅变法

　　在秦孝公的支持下,商鞅先后两次采取一系列富国强兵的变法措施,奖励耕战,严惩奸恶。

　　(一)经济上:废井田、开阡陌,奖励耕织

　　"改帝王之制,除井田,民得买卖。"① "为田开阡陌封疆,而赋税平。" "僇力本业,耕织致粟帛多者复其身。事末利及怠而贫者,举以为收孥。"② 勤劳耕织致粟帛多者可免除劳役或恢复自由身份,而游手好闲致贫者则收为官奴。同时鼓励分家置业。"民有二男以上不分异者,倍其赋。"③ 家庭小型化促进了小农经济的发展。

　　(二)军事上:建立军功爵制,同时废除世卿世禄制

　　"有军功者,各以率受上爵;为私斗者,各以轻重被刑大小。"按军功授予爵位,同时严惩私斗。"宗室非有军功论,不得为属籍。"④ 废除世卿世禄制,宗室非有军功者削减爵禄,有军功者才可以延续爵位。

　　(三)社会管理上:鼓励告奸,实行连坐

　　"令民为什伍,而相牧司连坐。不告奸者腰斩,告奸者与斩敌首同赏,匿奸者与降敌同罚。"⑤ 秦民按户籍编造什伍,鼓励告奸,施行连坐之法,告奸

---

① (汉)班固:《汉书·食货志》,第162页。
② (汉)司马迁:《史记·商君列传》,第420页。
③ (汉)司马迁:《史记·商君列传》,第420页。
④ (汉)司马迁:《史记·商君列传》,第420页。
⑤ (汉)司马迁:《史记·商君列传》,第420页。

者重赏,匿奸者同罚。

（四）国家管理上：实行郡县制,统一度量衡,加强中央集权

大力推行郡县制,"集小乡邑聚为县,置令、丞,凡三十一县。""平斗桶权衡丈尺。"①

（五）文化上：排斥儒家,统一思想

"燔诗书而明法令"②,开秦焚书之先河。

可见,通过两次变法措施,秦国实现了由身份制社会向功劳制社会的转变,全面加强了中央集权,进入封建国家的行列。

法令颁布之初,国人多言不便,贵族更是反对。太子带头犯法,给商鞅制造了棘手的难题。法办太子,成为商鞅变法的试金石,秦人翘首观望。商鞅遂刑太子傅公子虔和太子师公孙贾,等于打了太子的脸。从此,无人敢犯禁令。

商鞅变法效果显著。"行之十年,秦民大说,道不拾遗,山无盗贼,家给人足。民勇于公战,怯于私斗,乡邑大治。"③秦国国富兵强,外收魏国西河险要之地,打开了向中原扩张的东大门。从此秦国进可攻,退可守,为统一六国打下了基础。而强魏从此衰落,被迫迁都大梁。

二　申不害变法

据《史记·老子韩非列传》记载,申不害辅佐韩昭侯,"内修政教,外应诸侯",实行变法改革。为政十五年,取得了一定效果:"终申子之身,国治兵强,无侵韩者。"④

申不害在韩国变法,没有商鞅那么轰轰烈烈,史书的记载也不多。从《韩非子》可以看到一些大致情形。

第一,申不害颁布了一些新法令。如保护青苗令,"当苗时,禁牛马入人田中"⑤。可见申不害发布了一些发展农业生产的法令。

第二,申不害用术推行其法令。要求韩昭侯不听左右之请,循名责实,以法治国。韩昭侯南门问犊、罪典衣、拒绝申不害私请等典故反映了韩国严格推行法治的大致情形。

韩非对申不害变法的评价不高:

---

① （汉）司马迁:《史记·商君列传》,第420页。
② 高华平等译注:《韩非子·和氏》,第127页。
③ （汉）司马迁:《史记·商君列传》,第420页。
④ （汉）司马迁:《史记·老子韩非列传》,第395页。
⑤ 高华平等译注:《韩非子·内储说上》,第352页。

晋之故法未息，而韩之新法又生；先君之令未收，而后君之令又下。申不害不擅其法，不一其宪令，则奸多。①

由于申不害一味强调术的运用，而忽视法律本身的重要性，导致韩国变法不彻底。先王、后王之法并行，新法、旧法不统一，使奸佞有机可乘。"利在故法前令则道之，利在新法后令则道之"②，大大损害了变法的效果。故申不害治韩十五年，仅使韩国自保而已，而未成为能与强秦抗衡的霸王。这是申不害"徒术而无法"所造成的。无论如何，申不害术治是对商鞅法治的必要补充，对后世法家有很大影响。

第三节　中期晋法家的法治理念：
国本位功利主义

变化历史观、功利主义人性论和国家本位价值取向构成了中期晋法家的法治理念，是其法治思想的理论基础，解释了为什么要实行法治的问题。

一　进化史观

《商君书·更法》记载了商鞅主张变法而与守旧派展开了一场激烈论战，集中表明了商鞅"治世不一道，便国不必法古"的变法思想。

秦孝公欲变法图强，但担心国人反对而犹豫不决，因此让主张变法的公孙鞅（即商鞅）和反对变法的甘龙、杜挚三大夫一起商讨变法事宜。秦孝公首先提出变法的议题，商鞅坚决主张变法：

公孙鞅曰："是以圣人苟可以强国，不法其故；苟可以利民，不循其礼。"③

商鞅认为要富民强国，就不能墨守成规，必须不法其故，不循其礼，实行变法。甘龙、杜挚等纷纷发言反对变法，认为"法古无过，循礼无邪"。商鞅驳斥了甘龙、杜挚反对变法的言论。商鞅谈古论今，说前世不同教，哪来古法可法？帝王礼不同，哪来旧礼可循？伏羲、神农，重德教而不诛杀；黄帝、

---

① 高华平等译注：《韩非子·定法》，第 621 页。
② 高华平等译注：《韩非子·定法》，第 621 页。
③ 石磊译注：《商君书·更法》，第 3 页。

尧、舜,虽诛杀而不严酷;到了文王、武王,各当时而立法,因事而制礼。因此,商鞅得出结论:

> 礼、法以时而定;制、令各顺其宜;兵甲器备,各便其用。臣故曰:"治世不一道,便国不必法古。"①

在这场论争中,商鞅率先提出,欲强国必先变法,论证了变法的必要性。接着又针对甘龙所说变法会引起天下混乱、杜挚所说法古无过等反对变法的言论,商鞅反驳说,三代不同礼而王,五霸不同法而霸,因而"治世不一道,便国不必法古"。通过辩论,商鞅令人信服地阐明了变法的目的和理由,打消了秦孝公的疑虑,秦国由此开始了变法改革。

在《商君书·开塞》中,商鞅进一步论述了变法的理由,随着历史阶段的变化,治世之道也应发生变化:

> 然则上世亲亲而爱私,中世上贤而说仁,下世贵贵而尊官。……世事变而行道异也。②

商鞅在这里将历史划分为三个时代:上世、中世和下世。上世的原则是"亲亲",实行家族统治;中世的原则是"上贤",实行德治;下世的原则是"贵贵",实行官僚法治。三个历史时代的划分及各自统治方法的变化,充分论证了商鞅的进化史观,说明法治取代德治是历史的必然,有力地批判了儒家法先王的泥古不变的保守思想。"世事变而行道异"的进化历史观,是商鞅变法的历史依据。历史是变化的,法律也应该因时而变。

二 功利主义人性论

首先,晋法家的法治思想以功利主义人性论为基础。晋法家认为人性好利恶害,"民之欲富贵也,共阖棺而后止"③。因此,可以施行赏罚之法。《商君书》说:

> 人生而有好恶,故民可治也。人君不可以不审好恶。好恶者,赏罚

---

① 石磊译注:《商君书·更法》,第6页。
② 石磊译注:《商君书·开塞》,第69页。
③ 石磊译注:《商君书·赏刑》,第127页。

之本也。夫人情好爵禄而恶刑罚，人君设二者以御民之志，而立所欲焉。①

其次，晋法家将功劳作为推行赏罚大法的唯一依据，并废除世卿世禄制。《商君书》说："功赏明，则民竞于功。"

> 是以明君之使其民也，使必尽力以规其功，功立而富贵随之，无私德也，故教流成。②

最后，晋法家将农战作为唯一功利来源，故而法治最终落实到奖励农战，惩罚商奸上来，使"利出一孔"，堵塞智巧，从而驱使民众为国效劳，乐用战死。《商君书》说：

> 民之外事，莫难于战，故轻法不可以使之。……民之内事，莫苦于农，故轻治不可以使之。…… 故为国者，边利尽归于兵，市利尽归于农。③

也就是说，利用人性之自利，将战争之利归于立下军功的士兵，将耕地之利归于辛勤劳作的农民，这样国家就会国富兵强。也就是商鞅所说的"壹赏"："所谓壹赏者，利禄官爵抟出于兵，无有异施也。"④

此外，晋法家的法律观也是功利主义的，法律不过是君主治国之工具：

> 人主之所以禁使者，赏罚也。赏随功，罚随罪。⑤

在这里，法律本身也是作为治国之利器来认识和使用的，人民成了法律管制的对象。

三　国本位价值观：弱民强国

晋法家主张富国强兵，其法治的价值追求是国家本位，忽视民众权益，

---

① 石磊译注：《商君书·错法》，第 83 页。
② 石磊译注：《商君书·错法》，第 84 页。
③ 石磊译注：《商君书·外内》，第 157—160 页。
④ 石磊译注：《商君书·赏刑》，第 121 页。
⑤ 石磊译注：《商君书·禁使》，第 165 页。

具有浓厚的君权至上色彩,突出表现在其富有特色的"弱民强国"思想上。

商鞅说:"民胜其政,国弱;政胜其民,兵强。""民胜法,国乱;法胜民,兵强。"①将民与国、民与法对立起来,使人民的权益服从于国家的利益,法律成了国家压迫人民的工具。

> 民弱国强,国强民弱。故有道之国,务在弱民。朴则强,淫则弱。弱则轨,淫则越志。弱则有用,越志则强。故曰:以强去强者,弱;以弱去强者,强。②

所以,为了强国,商鞅提出了弱民思想:"故有道之国,务在弱民。"然而,弱民如何强国呢? 商鞅主张夺民——夺民之财,夺民之欲。他说:

> 治国之举,贵令贫者富,富者贫。③

商鞅主张法治,即利用赏罚来驱使民众为国效力。"贫者益之以刑",以刑罚强迫民众辛勤劳作;"富者损之以赏",以赏给爵位来使富者献出财物。"贫则重赏","富则轻赏"。所以,治国务在弱民,使贫者富,富而后贫,弱民而强国。可见,商鞅以强国为目的,对民众施以掠夺性财政政策,与民争利,其法治是典型的压制性、掠夺性的法治。虽然对打击豪强有一定作用,但总体上使得民众成为耕战工具,毫无权利可言。商鞅的弱民思想对后世王安石变法无疑产生了消极影响。

商鞅"弱民强国"的思想充分体现了法家与儒家的分野。先秦儒家的价值观是民生本位,解决民生问题是儒家首要关心的问题,也是儒家之德的寄托点。在儒家看来,所谓仁,就是爱民,爱民就是"如保赤子",爱民然后可以王,故孟子提出民贵君轻论。法家的价值观是国本位(落实为君本位),以国家的富强为首要追求,为了国家的富强就要拼命地压榨民力,为此不惜严刑峻法,驱使民众辛勤耕地于田间、奋勇杀敌于沙场,不读书、不经商,沦为国家富强的牛马而已。商鞅为秦国连年对外扩张积累了财政基础,然而秦民的耕战之苦可想而知。百姓没有从秦国的扩张中得到实惠,这也是秦国强大以后又迅速衰亡的根源。国家之本是人民,晋法家无视民众的正当权益,

---

① 石磊译注:《商君书·说民》,第48页。
② 石磊译注:《商君书·弱民》,第148页。
③ 石磊译注:《商君书·说民》,第51页。

而将人民当作国家利益的工具。晋法家是君主专制统治的强力维护者。

商鞅主张立法禁民之欲，立民之恶。他说："民之有欲有恶也，欲有六淫，恶有四难。从六淫，国弱；行四难，兵强。"①因此，王者刑九赏一。用严刑禁六淫；用劝赏出行四难。使得"六淫止，则国无奸；四难行，则兵无敌"②。这样才能把国家治理好。

商鞅批评儒家"立民之所好，而废其所恶"③的立法思想。商鞅则认为：

> 立民之所乐，则民伤其所恶；立民之所恶，则民安其所乐。④

在商鞅看来，人性好逸恶劳，立法要反其道而行之。"政作民之所恶，民弱；政作民之所乐，民强。"⑤耕战，民之所恶；享乐，民之所好。如果立法立民之所好而废其所恶，将使民强国弱；只有立法禁民之欲，立民之恶，才能使国强民弱，富国强兵。可见，商鞅"立民之恶"的立法思想与其"弱民强国"思想是一致的，商鞅变法是为了一个强大的国家，他从没打算让老百姓富起来；相反，他始终盘算着不能让老百姓富起来。在他看来，富起来就是懒起来的代名词，就是国家衰弱的开始。

商鞅主张立法要使利出一孔，以农战为第一要务：

> 国务壹，则民应用；事本抟，则民喜农而乐战。夫圣人之立法、化俗，而使民朝夕从事于农也，不可不知也。⑥

奖励耕战是商鞅立法思想的重要内容，而耕战本是人民所苦的事情，因此只有通过立法使得人民"喜农而乐战"，从而达到富国强兵的目的。

"立民之恶"是商鞅国本位价值观的一个重要体现，也是商鞅立法思想的一个鲜明特色。商鞅的立法思想以"好利恶害"的功利主义人性论为指导，以赏罚手段驱使百姓为国家利益服务。商鞅将个人利益与国家利益对立起来，个人利益必须无条件服从国家利益，为此不惜严刑峻法来加以维护。

---

① 石磊译注：《商君书·说民》，第52页。
② 石磊译注：《商君书·说民》，第52页。
③ 石磊译注：《商君书·开塞》，第72页。
④ 石磊译注：《商君书·开塞》，第72页。
⑤ 石磊译注：《商君书·弱民》，第153页。
⑥ 石磊译注：《商君书·壹言》，第76页。

第四节　中期晋法家的法治
方式：形式法治

在如何实现法治的问题上,商鞅主张重刑主义的形式法治,一断于法。中期晋法家以功利主义为理论基础,以富国强兵为价值导向,排除人情的干扰,实行重刑主义的形式法治。商鞅法治的特征是重刑,核心是约束权力,要求刑无等级;申不害术治重在治吏,考察监督官吏,是对商鞅法治的必要补充。

一　尚法修权的形式法治

商鞅是晋法家的杰出代表,从功利主义出发,旗帜鲜明地主张法治,反对人治。商鞅的法治以重刑主义为特征,要求严格执法,加强权力监督,提出了"壹赏,壹刑,壹教"三统一的法治方法,推行形式法治。

（一）商鞅的重刑思想

商鞅重刑轻赏。商鞅说:"立君之道莫广于胜法,胜法之务莫急于去奸,去奸之本莫深于严刑。"①也就是说,治国之道在于法治,法治的要务在于防止犯罪,防止犯罪莫过于严刑。

因此秦律非常严酷且密,对于盗贼的惩罚首当其冲。据《睡虎地秦墓竹简·法律答问》载:"或盗采桑叶,赃不盈一钱,何论? 赀三旬。"②盗窃不足一钱,要罚服三旬的劳役。又载:"五人盗,赃一钱以上,斩左趾,有黥为城旦。"③共犯加重处罚,盗窃一钱以上,就要处以斩趾、黥刑和劳役。据《七国考》:"卫鞅之法,步过六尺者有罚,弃灰于道者被刑"④,也是轻罪重罚的典型规定。

对于官吏犯罪处罚亦重,如官吏贪污公款,秦律规定"府中公金钱私贷用之,与盗同罚"⑤,即按盗窃罪处罚。又如官员徇私枉法,"包卒为弟子,尉赀二甲,免"⑥。包庇弟子逃避兵役,除了罚款以外,还要免职。

至于连坐、告奸之法,更以酷法闻名,对没有实施犯罪的人,也施以与实际犯罪者同样的处罚。如《史记》记载:"不告奸者腰斩。"又如"舍人无验者坐之"⑦。后来商君亲自尝到此法的苦果。

① 石磊译注:《商君书·开塞》,第75页。
② 《睡虎地秦墓竹简》,北京,文物出版社,1978年,第154页。
③ 《睡虎地秦墓竹简》,第160页。
④ （明）董说撰:《七国考》,第345页。
⑤ 《睡虎地秦墓竹简》,第165页。
⑥ 《睡虎地秦墓竹简》,第131页。
⑦ （汉）司马迁:《史记·商君列传》,第422页。

商鞅重刑思想的依据是"以刑去刑"。为什么要对轻罪施以重刑呢? 《商君书》反复强调"以刑去刑"的重刑思想:

> 行罚,重其轻者,轻者不至,重者不来。此谓以刑去刑,刑去事成; 罪重刑轻,刑至事生,此谓以刑致刑,其国必削。①

可见,商鞅认为轻刑不足以阻止犯罪,只有重刑才能达到威慑作用,使人不敢犯罪,从而达到"以刑去刑"的目的。

商鞅主张"重刑"的同时,提出"轻赏",在赏、罚二者当中更重视刑罚的作用。他说:"治国刑多而赏少。"②又说:"罚重,爵尊;赏轻,刑威。"③

> 重罚轻赏,则上爱民,民死上;重赏轻罚,则上不爱民,民不死上。……王者刑九赏一,强国刑七赏三,削国刑五赏五。④

可见,在赏、罚这两种治国利器中,商鞅更看重"罚",而"赏"处于辅助地位。儒家一般重视"赏善",以导民向善;而法家更重视"罚过",以使民不敢为过,"求过不求善,藉刑以去刑"⑤。"重罚轻赏"才能体现法律的严厉和权威,才能使民惧怕法律,誓死效忠国君。"重罚轻赏"反映了商鞅法治方式的严酷性特征。

商鞅的重刑主义源自其功利主义思想。在功利主义者看来,犯罪与否也是要经过功利计算的。刑罚是犯罪的成本,如果犯罪的成本低于犯罪行为所得,潜在犯罪分子就会铤而走险;如果犯罪的成本远远高于犯罪行为所得,就会有效遏止犯罪。因此,轻罪重罚、以刑去刑是商鞅功利主义法治的必然结论。

(二)商鞅的权力监督思想:异体监督

商鞅强调官吏守法的重要性,主张严惩失职之官吏。"守法守职之吏有不行王法者,罪死不赦,刑及三族。"⑥商鞅不惜以族刑来惩罚违法失职的官吏,可见商鞅已经意识到官吏的守法尽职是其推行以法治国方略成败的关

---

① 石磊译注:《商君书·靳令》,第103页。
② 石磊译注:《商君书·开塞》,第73页。
③ 石磊译注:《商君书·说民》,第50页。
④ 石磊译注:《商君书·去强》,第41页。
⑤ 石磊译注:《商君书·开塞》,第75页。
⑥ 石磊译注:《商君书·赏刑》,第124页。

键所在。

为了使官吏信守法律，商鞅主张加强对权力的监督。他认为靠多增加监督官员的方法是行不通的："今恃多官众吏，官立丞、监。夫置丞立监者，且以禁人之为利也；而丞、监亦欲为利，则何以相禁？故恃丞、监而治者，仅存之治也。通数者不然也。"①原因在于监督者和被监督者是利益共同体："吏虽众，同体一也。夫同体一者相监不可。"②商鞅从功利主义人性论出发，早就意识到官官相护的问题，所以认为利益相同者不可相监，他们为了共同利益会互相勾结，狼狈为奸。商鞅说：

> 利合而恶同者，父不能以问子，君不能以问臣。吏之与吏，利合而恶同也。③

商鞅认识到，监督者也有其私利，靠官吏监督官吏是无效的，难以阻止他们相互掩恶盖非，抱团腐败。那么谁来监督监督者？

只有利害不同者才能相互监督，他们为了各自的利益而监督对方。商鞅说：

> 夫利异而害不同者，先王所以为保也。④

连坐是能使一个原本利益相同的共同体产生利害不同的机制，利害不同是先王实行连坐的依据。可见，连坐是一种相互监督制度，一人犯罪而亲人邻里连坐，使得犯罪者和未犯罪者利害相异，因此就不会为犯罪者隐，反而相互揭发犯罪。所以，这种发动民众（或官吏）的相互监督比单纯官僚监督有效得多。商鞅之所以实行连坐、告奸制度，依据就在此。然而，连坐制度带来的人际关系紧张、道德滑坡这些副产品则不是商鞅考虑的。

因此，以官吏来监督官吏是治标不治本，根本解决方法是"别其势，难其道"，使监督者与被监督者利害相异，从而相互约束，形成一种相互制衡。这也就是异体监督：

---

① 石磊译注：《商君书·禁使》，第165页。
② 石磊译注：《商君书·禁使》，第167页。
③ 石磊译注：《商君书·禁使》，第167页。
④ 石磊译注：《商君书·禁使》，第167页。

若使马焉能言,则骀、虞无所逃其恶矣,利异也。①

商鞅指出异体监督的重要性,出于对自身利益的关心,让被管理的人来监督管理者,则官吏无法掩盖他们的罪恶,比起官吏监督官吏来效果要好得多,因为他们利益不同。换句话说就是,如果不让老百姓说话,则不能有效监督官吏。这实际上是现代"民告官"制度的思想萌芽,也就是让民众来监督官吏,只是商鞅囿于其时代局限性而没有明确提出来。

(三)商鞅的三统一法治途径:"壹赏,壹刑,壹教"

商鞅信赏必罚,同时重视统一思想,因而提出了"壹赏,壹刑,壹教"的法治途径。他说:

圣人之为国也,壹赏,壹刑,壹教。壹赏则兵无敌,壹刑则令行,壹教则下听上。②

所谓壹赏,就是奖励耕战,重农抑商,使利出一孔,"事本抟,则民喜农而乐战":

所谓壹赏者,利禄官爵抟出于兵,无有异施也。③

所谓壹刑,就是统一适用刑罚,刑无等级,一断于法。也就是要求形式法治,坚持司法面前人人平等,通俗地说就是王子犯法与庶民同罪:

所谓壹刑者,刑无等级,自卿相、将军以至大夫、庶人,有不从王令、犯国禁、乱上制者,罪死不赦。④

所谓壹教,就是统一思想,以法为教,用今天的话说就是牢固树立法家的意识形态,特别是要坚决反对儒家以仁义辩说来破坏法治:

所谓壹教者,博闻、辩慧、信廉、礼乐、修行、群党、任誉、清浊,不可

---

① 石磊译注:《商君书·禁使》,第167页。
② 石磊译注:《商君书·赏刑》,第120页。
③ 石磊译注:《商君书·赏刑》,第121页。
④ 石磊译注:《商君书·赏刑》,第124页。

以富贵,不可以评刑,不可独立私议以陈其上。①

为此,商鞅甚至提出"燔诗书而明法令",为后来的焚书坑儒埋下伏笔。

商鞅的三统一法治方法操作性很强,商鞅正是按此途径在秦国推行法治,富国强兵,使秦国迅速崛起而为强国。

此外,商鞅主张法律要明白易知,公布于众,从而使民知法畏法,不敢以身试法:

> 故圣人为法,必使之明白易知……万民皆知所避就,避祸就福,而皆以自治也。②

春秋奴隶主贵族喜欢搞秘密法,叔向、孔子都曾反对公布成文法。因为法律不公于众,深不可测,使人民恐怖于其权威,有利于维护贵族的专制统治。法家公布成文法,要求立法明白易知,是对法治的形式要求,有利于树立法律的权威而不是人的权威,所以是一种进步。

二　法治案例:临渭论囚、刑太子傅

商鞅变法是一次历史巨变和重大利益调整,无论对贵族还是平民来说都不宜接受和适应,因此始终阻力重重。为了推行变法,维护法制的权威,商鞅在阻力面前绝不退缩,重信守法,显示了法家的本色。从一开始的徙木立信,到临渭论囚,到刑太子傅,商鞅令出必行,不畏权势,严格执法,终使变法取得成功。

(一)临渭论囚

刘向在《新序》中写道:

> 一日临渭而论囚七百余人。渭水尽赤,号哭之声,动于天地,畜怨积仇,比于丘山。③

论囚即定罪判决。据说这些人都是反对和违反新法的人,若如此,商鞅之法何其残酷。《资治通鉴》也说:"商君相秦,用法严酷,尝临渭论囚,渭水

---

①　石磊译注:《商君书·赏刑》,第 127 页。
②　石磊译注:《商君书·定分》,第 180 页。
③　(汉)刘向著,马世年译注:《新序·佚文》,北京,中华书局,2014 年,第 501 页。

尽赤,为相十年,人多怨之。"①《七国考》引《汉书》注:"令之初作,一日临渭论囚,刑七百余人,渭水尽赤。"②

临渭论囚是儒家抨击法家严刑酷法的典型案例,向来被看作商鞅严酷的铁证,出自刘向《新序》,但不见于今本正文,而是佚文,据《史记·商君列传》裴骃《集解》所引。《新序》一书,唐以前史书记载为三十卷,然多有散佚,北宋曾巩搜集整理成十卷,即今本之样目。但《新序》佚文的这一记载是否史实则存疑。为商鞅打抱不平的人说,《史记》没有记载"临渭论囚"之事,这是身为儒家的刘向抹黑法家而杜撰出来的,不足为信,商鞅不可能也没必要一次刑杀七百多人。的确,《新序》是一部历史故事集,并非严肃的史书,可以肯定有编写发挥的成分,然而,也并非纯属杜撰。关于《新序》的成书,据《汉书》记载,刘向"采传记行事,著《新序》《说苑》凡五十篇",奏于皇上,"以戒天子"③,这一说法比较可信。《新序》并非凭空编造,其素材来源于传记行事,而且是奏于皇上的谏书,不可能杜撰,那可是欺君。但是,《新序》又为刘向所著,并非史实的忠实汇编,必然有加工附会的成分,以成全其劝谏的观点。后来,作为史家的司马光在《资治通鉴》里也记载了这一故事,可见他基本相信了刘向的说法。

这样看来,商鞅临渭论囚并非完全杜撰,但是否一次刑杀七百余人则存疑。刘向说是"论囚七百余人",即一次宣判七百余人的意思,但并没有说都判了死刑。司马光更是没有具体说论囚的人数,可见他也怀疑七百的数字不可靠,故删。只有《七国考》增加了一个"刑"字,明确说"刑七百余人",这是很不严谨的做法。由于这些记载都提到"渭水尽赤",即血流染红了渭水,又加上论囚七百余人,所以有人就发挥联想,认为一次刑杀七百余人,恰好符合商鞅酷吏的特征。

然而商鞅虽然以严刑峻法著称,但他并非滥杀之人;相反,商鞅是严格执行法律的,并非犯法的人都要杀,得依法行刑。据说渭水论囚发生在商鞅变法之初,保守的秦人不能适应新法,纷纷议论,请愿反对,乃至以身试法。对于这些反对变法的人,商鞅早有预料,当然要采取强硬措施,否则新法难以推行。据《史记》记载,变法之初,"秦民之国都言初令之不便者以千数",商鞅采取的措施是"尽迁之于边城"④。这是今人看来比较合乎情理的处置,将反对变法的人迁到边疆;如果滥杀,势必引起更大的反抗。

---

① (宋)司马光:《资治通鉴·周纪二·显王三十一年》,北京,中华书局,2009年,第19页。

② (明)董说:《七国考》,第346页。

③ (汉)班固:《汉书·楚元王传》,第403页。

④ (汉)司马迁:《史记·商君列传》,第420页。

综合来看,"临渭论囚"应该确有其事,是商鞅为扫平变法阻力、推行新法的一个重要举措。但"刑七百余人"则不可信,为主观恣意联想发挥而已。"渭水尽赤"是小说家的笔法,夸大其词,不可完全当真。应该说当时商鞅可能杀了一些人(数字也许不算小),这些人是带头反对变法和违反新法的主要力量,其他从犯宣判以后予以迁边。也许有人会说,若"临渭论囚"确有其事,而作为史家的司马迁为什么没有记载呢?现在也无从考证。可能的原因有:一是司马迁的漏记,史料浩繁,司马迁不可能都记,故漏而不记;二是司马迁不太相信商鞅在变法之初大开杀戒以致"渭水尽赤"这件事,不合常理,疑而不记;三是不同于儒家完全否定商鞅的态度,司马迁对商鞅有肯定有否定,而杀七百人对商鞅的负面影响太大了,加剧了他对"渭水尽赤"这件事的怀疑,所以索性连"临渭论囚"也不提了,留给他人去述说。总而言之,漏记、怀疑、同情的成分可能掺杂在一起。

临渭论囚是商鞅推行变法的一个重要举措,扫除了变法阻力,树立了法律的威信,恰如司马迁所说:"其后民莫敢议令。"①"卒用鞅法,百姓苦之;居三年,百姓便之。"②

"临渭论囚"还是继"铸刑书"首次公开法律之后在中国法制史上的又一件大事,是中国法制史上的首次"公开宣判",惩一戒百,发挥了司法的教育惩戒作用。这也是商鞅对中国法治的一大贡献。

(二)刑太子傅

《史记·商君列传》记载:

> 于是太子犯法。卫鞅曰:"法之不行,自上犯之。"将法太子。太子,君嗣也,不可施刑,刑其傅公子虔,黥其师公孙贾。③

商鞅新法颁布一年以后,秦人苦法,阻力很大,太子以身试法杀了人,这给商鞅制造了一个大难题。民众犯法,商鞅可以渭水论囚,严格执法,做到铁面无私,这其实不难。这回可是当今太子、未来的君主,如何处置,着实考验商鞅的法治能力,关涉变法的成败。商鞅经过冷静思考,认为必须处罚太子。商鞅认识到,权贵不守法对法治的破坏作用是巨大的。他向秦孝公表明了自己的态度,"君必欲行法,先于太子"④;同时又因为太子是储君(一说

---

① (汉)司马迁:《史记·商君列传》,第420页。
② (汉)司马迁:《史记·秦本纪》,第36页。
③ (汉)司马迁:《史记·商君列传》,第420页。
④ (汉)司马迁:《史记·秦本纪》,第36页。

未成年)不可施刑,提出"刑其傅公子虔,黥其师公孙贾",即由太子的老师来代刑。支持变法的孝公答应由商鞅全权处置太子案。

商鞅于是决定依律对公子虔施以劓刑。劓刑是五刑之一,即割鼻子。这不仅是一种残酷的肉刑,而且和黥刑一样,也是一种侮辱刑,毁坏颜面,伤人尊严。公子虔不仅是太子的师傅,更是孝公的哥哥,是个有权势的贵族,他驰骋战场从不退缩,功劳很大,这样的人不畏死,但很要颜面。所以,他一方面表示愿意接受惩罚,同时又提出要变通处罚,保全鼻子。商鞅不同意变通刑罚,坚持施以劓刑,割了公子虔的鼻子。据说,公子虔从此闭门不出,谢绝会客,幽禁了自己。

刑太子傅,沉重打击了贵族复辟势力的嚣张气焰,有力巩固了新法的权威,大大推进了法治。"明日,秦人皆趋令。"①秦人上至贵族,下至庶人,再也不敢拿法律当儿戏了。"于是法大用,秦人治。"②

刑太子傅是商鞅壹刑思想的反映,要推行法治,必须统一适用刑法,这就必然要求"刑无等级",不允许存在法外特权。自卿相贵族乃至庶人百姓,任何人犯法,"罪死不赦";也不能将功补过,"有功于前,有败于后,不为损刑"③。

然而,在那个封建等级社会,刑无等级是要有很大勇气的。商鞅刑太子傅,显示了他推行变法的坚定决心和大无畏的政治家的魄力,正是这种决心和毅力使得商鞅变法取得了成功,尽管他最后为此付出了生命的代价。

"刑无等级"是形式法治的必然要求,它打破了西周以来"刑不上大夫,礼不下庶人"的人治传统,有力地破除了法外特权的思想,维护了法治权威,是商鞅为中国法治贡献的又一个重要法治原则。

三　循名责实的治吏之术

申不害的术治思想明显受道家和名家的影响,司马迁说,"申子之学本于黄老而主刑名"④。他把老子的"无为而治"与邓析的"循名责实"结合起来,以循名责实之术实现君主的无为而治,从而提出了一套以法治吏的方法,即"君人南面之术"。

申不害的治国之术就是"循名责实",要求官员名实相符,对名实相符者

---

① (汉)司马迁:《史记·商君列传》,第420页。
② (汉)司马迁:《史记·秦本纪》,第36页。
③ 石磊译注:《商君书·赏刑》,第124页。
④ (汉)司马迁:《史记·老子韩非列传》,第395页。

予以奖赏,并对名实不符者加以惩罚。《申子·大体》说:"为人君者操契以责其名","以其名听之,以其名视之,以其名命之"。① 职责是名,行为是实,循名责实就是考察官员是否依法履行了自己的职责,并加以赏罚。

第一,申不害主张君主无为而治,《申子·大体》说:

> 故善为主者,倚于愚,立于不盈,设于不敢,藏于无事;窜端匿疏,示天下无为。②

也就是说,君主要虚静以待,藏匿个人喜好,显得无欲无为。有人常说申不害的术治是阴谋术,这种理解是片面的。君主藏匿自己,显示无为,是为了让臣子专注于法令,履行自己的职责,而不让臣子投其所好,因此,君主无为并不是什么阴谋,其立足点是推行法治。

第二,君主要做到无为,就必须任法而不任智、任公不任私:"圣君任法而不任智,任数而不任说。"③君主要按照符合客观规律的法度去治国,而不能凭借个人的智慧去治国,即实行法治,反对人治,任智则法度难以推行。韩昭侯曾向申不害询问推行法治的方法,申不害回答:"法者,见功而与赏,因能而受官。今君设法度而听左右之请,此所以难行也。"④法律是公器,赏罚要依法,如果听左右之请,就会以私害公,破坏法度。

第三,申不害的术治要求君主无为而臣有为:

> 明君如身,臣如手。君若号,臣如响。君设其本,臣操其末;君治其要,臣行其详;君操其柄,臣事其常。⑤

君臣的关系就像身体与双手、号角与声响的关系。君主要握住权柄,清静无为,而臣子要依法忙碌。也就是说,君主掌握国家政事的根本即可,而具体的政事应由臣子去完成,尽管放手让臣子去做,不要事事加以干涉。

第四,君无为而臣有为的实现方法是循名责实,也就是申不害所说的御臣之术:

---

① 《申子·大体》,引自《中国法律思想史资料选编》,北京,法律出版社,1983年,第152页。
② 《申子·大体》,引自《中国法律思想史资料选编》,第151页。
③ 《申子·逸文》,引自《中国法律思想史资料选编》,第152页。
④ 高华平等译注:《韩非子·外储说左上》,第427页。
⑤ 《申子·大体》,引自《中国法律思想史资料选编》,第151页。

为人君者,操契以责其名。名者,天地之纲、圣人之符。张天地之纲,用圣人之符,则万物之情无所逃矣。①

放手让臣子去做政事,不干涉臣子的所为,也不是对臣子所为不闻不问,而是要观察臣子所为,考察其言行是否一致,是否履行了自己的职责,即循名责实,督责官员。这是君主应该做的,是申不害术治的核心内容。

第五,要循名责实,须从正名开始:

名自正也,事自定也。是以有道者,自名而正之,随事而定之也。……以其名听之,以其名视之,以其名命之。②

名不正,则实不定。治国先要正名,正名实际上就是立法度,法度明晰,臣子知道何以操守,君主也才有了衡量臣子行为的标准。

总体来看,申不害所说的"术"就是指君王治吏之术,运用循名责实的方法,实现"君无为而臣有为"。如果说商鞅的法治主要是治民,那么申不害的术治主要是治吏,是对商鞅法治的必要补充,发展出一套治吏的方法。用今天的话来说,术治也就是考核监督和行政问责,就是官员要依法履行职责,对违法官员进行问责,当然同时对合法履职官员进行奖赏。

四 术治案例:罪典衣、南门问犊

申不害主张术治,其治国之术就是"循名责实"。韩昭侯是申不害术治思想的成功运用者,其"罪典衣""南门问犊""不听左右之请"等典故正是法家术治思想运用的典例。

(一)韩昭侯"罪典衣"

韩昭侯"罪典衣"的典故正是申不害术治思想运用的典例。

昔者韩昭侯醉而寝,典冠者见君之寒也,故加衣于君之上,觉寝而说,问左右曰:"谁加衣者?"左右对曰:"典冠。"君因兼罪典衣与典冠。其罪典衣,以为失其事也;其罪典冠,以为越其职也。非不恶寒也,以为侵官之害甚于寒。③

---

① 《申子·大体》,引自《中国法律思想史资料选编》,第151页。
② 《申子·大体》,引自《中国法律思想史资料选编》,第151—152页。
③ 高华平等译注:《韩非子·二柄》,第54页。

正如韩非所言,其所以加罪于典衣,因为典衣失其事也;其所以加罪于典冠,因为典冠越其职也。不是不恶寒也,而是因为侵官之害甚于寒。

这则典故生动地告诉我们,官员失职和越权都是违反职责的表现,名实不一,违背了法治的要求。因此,官员要有法治思维。官员法治思维的基本要求一是依法办事,二是适当陈言。官员只有在言、行两个方面都严格守法,做到名实相符,才是具备法治思维的官员。

所谓依法办事,是指依法行使职权,既不能失职,也不能越权。失职是不作为的表现,就是不积极履行自己的职责,应为而不为。韩昭侯罪典衣,治了负责衣服的官员的罪,因为他失职了。越权是行使职权超越范围,也就是滥用职权,不应为而为。韩昭侯罪典冠,治了负责帽子的官员的罪,因为他越权了。

在本案中,韩昭侯更强调的是官员不能越权。也许有人认为,韩昭侯治典衣失职的罪尚好理解,治典冠越权加衣的罪似乎有些不合情理。做好事的人通常应该得到鼓励和奖赏,典冠虽然越权了,但他也是忠心事主,不应该治罪,难道韩昭侯就不厌恶受寒吗? 不是韩昭侯不厌恶受寒,而是因为官员越权的危害比受寒冷更大。如果韩昭侯不处罚反而奖赏这种官员,虽然有助于鼓励官员树立儒家的德治思维,但构成对法治思维的严重破坏,容易使官员从德治思维出发任意出入法律,从而损害法律的权威,破坏法治,所以即使越权办好事也要惩罚。

（二）韩昭侯“南门问犊”

《韩非子》还说了一个韩昭侯“南门问犊”的故事。一次,韩昭侯派人到县里巡查情况,使者回来报告,韩昭侯问他看到了什么情况,使者回答说:“南门之外,有黄犊食苗道左者。”韩昭侯认为这是一个重要情报,因为韩国早有法令,“当苗时,禁牛马入人田中”,现在看来官吏没把这条法令当回事。韩昭侯叫使者不要泄露他刚才的问话,随后下令“牛马甚多入人田中,亟举其数上之,不得,将重其罪”。于是,县城三个城门都调查上报了数字。韩昭侯说,“未尽也”。官吏重新核查这件事,“乃得南门之外黄犊”。这件事震慑了官吏,“吏以昭侯为明察,皆悚惧其所而不敢为非”。①

这是韩昭侯挟知而问考察官员的一个事例,是对申不害循名责实术治方法的运用。循名责实的关键在察人,考察官员的业绩和履行职责的情况。韩昭侯利用事先已经得知的情报来考察官员是否尽职尽责。这就是挟知而问。如果韩昭侯事先不了解情况,就容易被不尽职的官员蒙混过关。因此,

----

① 高华平等译注:《韩非子·内储说上》,第352页。

君主要想考察官员,就得自己多方了解情况而参验之。

此外,《韩非子》还记载了几个韩昭侯以法术治国的小故事。

如韩昭侯"不听左右之请"的典故。韩昭侯问申不害,法度为什么难以推行呀? 申不害回答说:"法者,见功而与赏,因能而受官。今君设法度而听左右之请,此所以难行也。"①

韩昭侯在韩国实行变法,阻力重重,对申不害发出为什么法治难以推行的疑问。申不害的回答则指出,法治难行的一个重要原因是执法者"听左右之请"而罔顾法律。因为法律是论功行赏的公义,而"听左右之请"则因私废公,损害了法律的威信,所以难以施行。韩昭侯听取了申不害的箴言,一心行法,不徇私,"吾自今以来,知行法矣,寡人奚听矣"②。然而就是这个要求韩昭侯施行法治的申不害,有一天却为了自己的兄弟私下向韩昭侯求官,韩昭侯认为这不符合申不害平日的主张:"非所学于子也。听子之谒,败子之道乎?"③于是断然拒绝徇私。因为如果应允了申不害的请求,就败坏了申不害宣扬的不徇私、以法治国的治国之道。言下之意,你申不害也是言行不一的人,说得申不害哑口无言,赶紧撤去自己的不当要求。可见,韩昭侯是申不害术治思想的坚定运用者。

还有韩昭侯"藏弊裤"的故事。韩昭侯连旧裤子也不随便赏给人。一次,韩昭侯使人藏弊裤,侍从的人说:"君亦不仁矣,弊裤不以赐左右而藏之。"昭侯回答说:"吾必待有功者,故收藏之未有予也。"④可见,韩昭侯赏罚分明,无功不行赏。

韩昭侯的法治思维是与儒家人治思维论辩的产物。人治思维是一种积极有为的思维,常以德、情出入法律,损害法律的公正和权威;法治思维是一种消极无为的思维,要求名实相符,任法而不任德,任法而不任私,排除个人私智对法律的干扰。因此,只有树立法治思维才能实现无为而治的要求,使得社会长治久安。执法者手中有权力,而权力的运用势必受到这样那样的干扰,容易偏离法律的轨道。因此,官方行为与法律的一致性是法治建设的风向标。官方行为与法律的一致对社会具有很强的示范作用,增强民众对法治的信心;官方行为与法律不一致,使民众感觉到政府推行的法治就是治民不治官,使民众丧失法治信心,转而屈从于权力,必然损害法治建设。因此,执法者要带头守法,树立法治思维,自觉以法律

---

① 高华平等译注:《韩非子·外储说左上》,第 426 页。
② 高华平等译注:《韩非子·外储说左上》,第 427 页。
③ 高华平等译注:《韩非子·外储说左上》,第 427 页。
④ 高华平等译注:《韩非子·内储说上》,第 343 页。

为言行的准绳,坚决抵制以道德和私情来曲解或取代法律,以免损害法律的权威,妨碍法律的施行。

第五节　中期晋法家的特征和贡献

中期晋法家是典型的法家,尚法反儒。中期晋法家的主要贡献是倡导形式法治,反对人治、德治对法治的干扰。

一　中期晋法家的特征:尚法反儒

与初期晋法家相比,中期晋法家旗帜鲜明地反儒。如果说初期晋法家还带有儒家道德仁义思想的痕迹,以商鞅为代表的中期晋法家已是彻底的功利主义法家,完成了与儒家的切割。中期晋法家尚法反儒,主张壹教。

(一) 批判儒家法先王,主张变法

商鞅认为从历史上看,治国之道是不一样的:"上世亲亲而爱私,中世上贤而说仁,下世贵贵而尊官。"①因而提出要因时变法,"世事变而行道异",有力驳斥了儒家"法先王"的思想。儒家法先王的思想始终是法家推行变法的最大阻力。儒家借法先王,来维护传统礼制,维护贵族利益,反对变革,因此,法家要推行变法,先要批判法先王思想。

(二) 批判儒家任德不任力,反对德治

商鞅说:"国为善,奸必多。"②因而反对德治。商鞅以六虱泛指儒家仁义礼治。六虱是指:"曰礼、乐;曰《诗》《书》;曰修善,曰孝弟;曰诚信,曰贞廉;曰仁、义;曰非兵,曰羞战。"③商鞅认为六虱危害甚大。

第一,任德不任力,则国乱弱:

> 以力攻者,出一取十;以言攻者,出十亡百。国好力,此谓以难攻;国好言,此谓以易攻。④

可见,法家尚实干,反对儒家的空谈。商鞅在韩非之前就深刻认识到"儒以文乱法"的种种危害。八害是指辩慧、礼乐、慈仁、任誉。辩慧,违法乱

① 石磊译注:《商君书·开塞》,第69页。
② 石磊译注:《商君书·去强》,第37页。
③ 石磊译注:《商君书·靳令》,第101页。
④ 石磊译注:《商君书·靳令》,第101页。

纪的帮手;礼乐,骄奢淫逸的导引;仁慈,罪过的根源;任誉,奸邪的包藏。因此,商鞅认为儒家所提倡的这些品行危害极大:

> 八者有群,民胜其政;国无八者,政胜其民。民胜其政,国弱;政胜其民,兵强。①

第二,只有任法任功,才能使国富强。"国以功授官予爵,则治省言寡,此谓以治去治、以言去言。"②因此,治理国家非赏罚莫属:

> 今欲驱其众民,与之孝子忠臣之所难,臣以为非劫以刑而驱以赏莫可。③

从功利主义出发,商鞅认为德教无用,只有赏罚之法才能驱使民众为国家效劳,富国强兵。

(三) 批判儒家任智而不任法,反对人治

中期晋法家鲜明主张法治,反对人治。商鞅说:"节去言谈,任法而治矣。"④申不害也说:"圣君任法而不任智,任数而不任说。"⑤

商鞅深信人性恶,在他看来,儒者试图以仁义教化改变他人的做法是徒劳的:"仁者能仁于人,而不能使人仁;义者能爱于人,而不能使人爱。是以知仁义之不足以治天下也。"⑥因此,商鞅批判儒家"以善民治奸民"的思想,提出"以奸民治善民"的思想。他说:

> 国以善民治奸民者,必乱至削;国以奸民治善民者,必治至强。⑦

善民是指君子,奸民是指小人。在商鞅看来,通常君子治不了小人,君子讲仁义道德,小人不讲仁义道德,所以鸡同鸭讲,国家治理不好。如果让小人治理国家,小人不讲什么仁义道德,只讲功利,反而能把国家治理好。商鞅解释说:

---

① 石磊译注:《商君书·说民》,第47页。
② 石磊译注:《商君书·靳令》,第100页。
③ 石磊译注:《商君书·慎法》,第172页。
④ 石磊译注:《商君书·慎法》,第171页。
⑤ 《申子·逸文》,引自《中国法律思想史资料选编》,第152页。
⑥ 石磊译注:《商君书·画策》,第138页。
⑦ 石磊译注:《商君书·去强》,第40页。

用善,则民亲其亲;任奸,则民亲其制。合而复者,善也;别而规者,
奸也。章善,则过匿;任奸,则罪诛。过匿,则民胜法;罪诛,则法
胜民。①

商鞅认为,用仁义治国,则任人唯亲,藏匿罪过,法度废置;以功利治国,
则尊重法制,有罪必诛,法度彰显。所以,商鞅得出结论说,人治国乱,法治
兵强:

民胜法,国乱;法胜民,兵强。故曰:以良民治,必乱至削;以奸民
治,必治至强。②

商鞅关于"以奸民治善民"的论述非常深刻,不能仅从字面来理解。所
谓"善民"实际上指儒家,所谓"奸民"是指法家。"以奸民治善民"不是说让
坏人治好人,而是指用法治代替人治。"合而复者,善也",意即儒家用善治
国,反而奸生;"别而规者,奸也",意即法家以法治国,反而奸息。所以,"以
奸民治善民"实际上是反对儒家贤人治国的思想,而主张以法治国,任法而
不任智,看来商鞅视自己和法家为"奸民"了。奸民之治,反映了商鞅的理性
精神,是对儒家贤人之治的极端反击。法家深信人性之恶,仅有善良之心是
治理不好国家的,必须严而少恩,专任刑罚,以奸人的眼光来治民,才能使国
家大治。

（四）主张壹教,燔诗书而明法令

商鞅主张统一思想,提出"壹教"。壹教的目的就是养成法家的农战文
化,使"民之喜农而乐战也……而贱游学之人也"③。

法家重视壹教,因为壹教与法治相辅相成。为此,法治不仅是一种治国
方式,而且要成为一种思想文化,化成国之风俗。商鞅认为,推行法治,有助
于养成法教;反过来法教的养成,又能促进法治。他说:"制度时,则国俗可
化,而民从制。"④

为了壹教,首要的就是反对法家的老对手儒家。因此,商鞅采取"燔诗
书而明法令"的专制政策。开秦国焚书之先河,对后来的焚书坑儒有直接
影响。

---

① 石磊译注:《商君书·说民》,第48页。
② 石磊译注:《商君书·说民》,第48页。
③ 石磊译注:《商君书·壹言》,第76页。
④ 石磊译注:《商君书·壹言》,第76页。

（五）反儒的同时，吸收名家与道家部分思想

司马迁在《史记》中说，申不害"学本黄老而主刑名"，道出了法家思想受到了名家和道家的影响。

名家是讨论名实关系的思辨哲学，物各有其实，而名是物的指称，一个是实有，一个是概念。名与实本应对应，但随着时间流逝和事物的变化，名与实又常常分离，脱节，以致名不符实。名家通过名实的辩论，看到了名实的对立统一关系。

申不害吸收名家思想，应用于治国，形成法治之术，即"循名责实"之说。术治乃君主治吏之术，职责是名，行为是实，通过考察臣子是否依法履行了自己的职责，来对官员加以奖惩。

道家是探讨天道与人为的关系的本体论哲学，道是万事万物的本体，人治要效法天道。人法地，地法天，天法道，道法自然。而天道的属性是自然无为，因此道家要求统治者清静守柔，无为而治。

申不害吸收道家无为而治的思想，主张"君无为而臣有为"，即君主南面之术。君主要隐藏自己的嗜好和行踪，使得臣子揣摩不透自己，从而可以默默观察臣子的行为，识别忠奸才干，然后加以奖惩。

可见，申不害的术治就是君王治理官吏的技术，是道家无为思想与名家名实思想的结合。但其法治仍然以功利主义为基础，因此其术治并不属于治道层面，而属于法治的技术层面。

二 中期晋法家的理论贡献：形式法治

中期晋法家的主要贡献是形式法治。形式法治是指严格依据法律规则运作的法治体系，它意味着在一整套事先制定好的一般性规则基础上做出决定。也就是三段论，大前提法律，小前提事实，裁决合乎逻辑。与形式法治概念相对的是实质法治，实质法治是指受个案的特殊性的影响，允许法治存在很大的伸缩性，主张情、理、法相结合进行裁决，甚至为了所谓个案正义而置法律规则于不顾。如果说初期法家的贡献在于完成了法典化，那么中期法家的贡献在于严格执法。中期晋法家严而少恩，一断于法，是形式法治的坚定倡导者。商鞅重信，要求君臣信守法律，不以权废法，不以私乱法，不以德害法，是推行形式法治的典范。

（一）商鞅徙木立信

商鞅变法从重信开始，《史记》记载了商鞅南门立木的典故：

令既具，未布，恐民之不信，已乃立三丈之木于国都市南门，募民有

能徙置北门者予十金。民怪之,莫敢徙。复曰"能徙者予五十金"。有
一人徙之,辄予五十金,以明不欺。卒下令。①

商鞅在颁布法令前,演出了这一场徙木立信的短剧,生动地向世人展
示信守法令的法治决心。商鞅后来也是这样做的,信赏必罚,严格推行法
治,对于任何人犯法都不徇私情,一断于法,乃至为法治献出了自己的
生命。

(二) 形式法治的核心要求:权力守信

商鞅法治方式包括法、信、权三个要素,其核心是法与权的关系,信刚好
连接着法与权,因为信是要求权力守信,严格依法办事,取信于民,实际上就
是要把权力纳入法治的轨道。因此,也可以说,法治的核心是权力守信。
《商君书·修权》阐述了商鞅法治的构成要素:

> 国之所以治者三:一曰法,二曰信,三曰权。法者,君臣之所共操
> 也;信者,君臣之所共立也;权者,君之所独制也。②

商鞅的法治以信守法律为基本要求,是法、信、权三者有机统一的重刑
主义形式法治。

首先,商鞅强调信守法律,排除言辞干扰。商鞅要求信守法律:"故赏厚
而信,刑重而必;不失疏远,不违亲近,故臣不蔽主,而下不欺上。"③

要信守法律,就必须坚决反对以德、私干扰法律的执行。商鞅要求任法
不任善:"法已定矣,不以善言害法。任功,则民少言;任善,则民多言。"④商
鞅还要求任法不任私:"君臣释法任私必乱。故立法明分,而不以私害法,
则治。"⑤

其次,特权是对法治最大的危害,商鞅主张刑无等级,一断于法。他说:
"所谓壹刑者,刑无等级"。无论是卿相、将军、大夫,还是庶民百姓,犯了死
罪都不能赦免,不能将功赎罪,也不能以德代法。法律是天生的平等派,刑
无等级是推行法治的必然要求;如果执法因人而异,将使法治的大厦轰然倒
塌。商鞅主张"刑无等级",这在封建特权社会是多么难能可贵,然而事实上

---

① (汉) 司马迁:《史记·商君列传》,第 420 页。
② 石磊译注:《商君书·修权》,第 105 页。
③ 石磊译注:《商君书·修权》,第 106 页。
④ 石磊译注:《商君书·靳令》,第 98 页。
⑤ 石磊译注:《商君书·修权》,第 105 页。

又是多么难以做到。太子犯法就给商鞅出了难题,考验商鞅执法的决心。

"刑无等级"是商鞅形式法治思想的核心,任何人犯法都要按照事前颁布的成文法律加以处罚,不得以任何理由予以赦免。这与儒家以德考量罪行,情、理、法相结合的实质理性判罪方法形成鲜明的对比。形式法治具有可预期性;实质法治具有不确定性。形式法治是法治的精髓所在,有利于维护法律的权威;而实质法治总是以情、理、法相结合为由破坏法律的普遍适用,追求所谓个案正义,损害法律的权威性和司法的独立性,久而久之必然导致以人治、德治代替法治。

最后,商鞅特别强调君主带头守法。"信者,君臣之所共立也。"不仅臣子要信守法律,而且君主也要信守法律,这就说到法治的关键。商鞅虽然主张尊君,但同时认为君主不能滥用权力,强调君主要守法、慎法,修权的核心还在于明法。法制不明,则民不行令,民不从令,也就做不到尊君。所以,君主的权威在于取信于民,取信于民在于信赏必罚。因此,商鞅要求君主"爱权重信,而不以私害法",做到"任法去私"①。这就要求君主严格守法,反对以私情干扰法律,走向人治。可见,在君权与法律之间,商鞅更强调君主守法,也就是说君主守法才有权威。

在权与法之间,虽然商鞅还没有明确提出法大于权,但难能可贵地坚持权要守法,反复强调君主守法无为,缘法而治。君主不可以须臾忘于法,而要任法而治。

三 商鞅之问: 无使法必行之法

商鞅认识到:"法之不行,自上犯之。"②因而提出:

> 国之乱也,非其法乱也,非法不用也。国皆有法,而无使法必行之法。③

商鞅遭遇太子犯法,虽然以刑了太子傅而勉强维护法律的权威,但得罪权贵,已使商鞅感到举步维艰,而且也与孝公产生了隔阂,因而更加心力交瘁。商鞅觉得,孝公虽然没有反对他对太子傅用刑,但心里可能是不愿意的。商鞅当然知道,如果失去了孝公的支持,变法是推行不下去的。

---

① 石磊译注:《商君书·修权》,第109页。
② (汉)司马迁:《史记·商君列传》,第420页。
③ 石磊译注:《商君书·画策》,第133页。

　　商鞅意识到要使法律始终得到贯彻执行,除了官吏守法之外,最重要的
是君主带头守法:

　　　　明王之治天下也,缘法而治,按功而赏。……故明主慎法制。言不
　　中法者,不听也;行不中法者,不高也;事不中法者,不为也。①

　　君主守法,能极大地提高法律的权威性;君主不守法,对法治的破坏也
是毁灭性的。因此,为了推行法治,商鞅要求君主守法,"缘法而治"。做到
言论不合法度的不听;行为不合法度的不褒扬;事情不合法度的不做。只有
这样,才能治理好天下。
　　可见,商鞅的法治思想随着其法治实践是不断升级的,即从治民到治
吏,再从治吏到要求君主守法,其重点是治民,其重心是治吏,其关键是君主
守法。商鞅形式法治的依托是君主,君主可以说是法治的中枢,法治成亦君
主,败亦君主,所谓寄治术于一身。而这正是君主制法治的软肋之所在,君
主的个人意志随时可能破坏形式法治。
　　商鞅要求君主守法不过是法家的一厢情愿而已。这在法治成败寄托于君
王的封建社会的确是难题,所以商鞅感叹"无必行之法",并为此付出生命。
　　法治的核心问题是什么？必行之法又是什么？涉及法与权的关系,是
法律服从权力还是权力服从法律？即权大于法还是法大于权？前者的实质
是人治,后者的实质是法治,"必行之法"实际上就是限制君主权力的法。法
治的要义是约束权力,包括两个层次:第一层次是约束一般官吏的权力,属
于行政法的范畴;第二层次是约束最高权力即君主权力,属于宪法的范畴。
商鞅的法治做到了第一个层次,而第二个层次是君主不守法的问题,这是他
无能为力的。太子即位,即以莫须有的罪名法办了他,这是法治之辱。
　　今天我们知道"必行之法"是可以找到的,限制君主权力的思想率先在
西方发展出君主立宪制。而在中国,只是法家的一厢情愿,希望君主自己守
法,此外别无他策,相反,法家的后来者还极力维护君主专制。这就是法家
法治的悖论,也是法家法治的悲哀,更是法家自身悲惨命运的根源。与儒家
相比,儒家主张以道德约束君主,对君主形成了一种舆论监督,君主会顾及
自己的名声而有所收敛。所以,从维护君主制这一点来看,法家是赤裸裸的
专制,儒家是表面温情脉脉的专制,骨子里是一样的,手段不一样,是一百步
与五十步的关系。

————————

　　①　石磊译注:《商君书·君臣》,第164页。

第七章　后期晋法家

后期法家韩非否定其师荀子儒、法结合的思想,在主张法治的同时把晋法家的反儒推向巅峰,为此,他全方位构建反儒理论体系。一方面继承了商鞅的重刑思想和荀子的性恶论;另一方面又吸收了道家无为而治的思想,以及齐法家慎到的势治思想。韩非引道批儒,在批判德治、人治的同时主张尊君法治,融道、法、术、势于一体,提出了一整套君主集权法治理论。既是对法家变法实践的经验总结,又是对法治的理论探究,使先秦法学为后世留下了丰厚遗产。韩非的学说可以说达到了古代君主制法治理论的高峰,韩非的同学李斯则是韩非理论的忠实实践者。

第一节　后期晋法家的历史背景

战国中后期,随着秦国对外扩张和诸侯争霸战争的日趋激烈,思想界也异常活跃,各种救世学说纷出,呈现百家争鸣的盛况。其中,儒、道、法三家鼎立,相互论争,并相互靠近,深刻影响着中国历史的走向。韩非尊君集权的法治理论适应时代需要,成为统一战争的指导思想。

一　儒、法、道相互争鸣

春秋战国时期,各种思想学术流派并驾齐驱,形成百家争鸣的繁荣局面,与同期古希腊文明交相辉映。诸子百家在争鸣中相互吸收,各领风骚,到了战国中期,影响最大的当推儒、道、法三家,形成了中国古代三大哲学体系,即儒家仁义主义、道家自然主义和法家功利主义,呈三足鼎立之势,分别以邹鲁、齐国和晋秦为大本营,并在齐国稷下相互论争。与此相应,它们在人性论上分别主张性善论、性朴论和性恶论;政治上分别主张德治(人治)、无为而治和法治。

(一)儒家仁义主义

儒家是战国时期重要的学派之一,它以孔子为师,以六艺为宗,崇尚

"仁义",一般赞成性善论,持道德理想主义,主张以德教为治国之本,实行礼治。

《汉书·艺文志》说:

> 儒家者流,盖出于司徒之官,助人君顺阴阳、明教化者也。游文于六经之中,留意于仁义之际,祖述尧、舜,宪章文、武,宗师仲尼,以重其言,于道最为高。①

儒家以邹鲁为大本营。《庄子·天下》载:"其在于《诗》《书》《礼》《乐》者,邹鲁之士、缙绅先生多能明之。"②司马迁在《史记》中说:"邹、鲁滨洙、泗,犹有周公遗风,俗好儒,备于礼。"③宋明以降被政府确认为"圣人"的只有五人,即圣孔子、复圣颜渊、宗圣曾子、述圣子思、亚圣孟子,而这五位圣人全出自邹鲁地区。可见,邹鲁地区是儒家文化的大本营。鲁国是周公之子伯禽的封地(相当于周公自己的封地),鲁国奉行以礼治国,"以昭周公之明德"④,所以有"周礼尽在鲁"⑤的美誉。正是在这样的礼教国家,产生了孔子这样的儒家宗师,他研究和宣传周礼,创立儒家学派。孔子死后,儒家学派开始分化,形成不同派系。韩非说过"儒分为八",可见孔门派系之多。虽然孔门派系很多,但从后世影响来说,当推曾子洙泗之学和子夏西河之学。曾子洙泗之学是儒学正宗,发展了儒家道德理想主义的成分,修齐治平,以德治国。而子夏西河之学是儒学异端,务实致用,义、利兼顾,重视法制,从而孕育出了晋法家。

（二）道家无为主义

道家是战国时期的重要学派之一,又称"道德家",崇尚自然,提倡无为,反对人为。这一学派以春秋末年老子关于"道"的学说为理论基础,以"道生万物"说明宇宙万物的本源、本质,阐释万物生成和变化的机理以及人为与大道的关系。道家认为天道无为,万物自然化生,主张道法自然,清静无为,守雌怀柔,无为而无不为。人性上主张"见素抱朴"⑥,要求"绝仁弃义""绝巧弃利"⑦,反对儒家的仁义主义德治,也反对法家的功利主义法治,主

---

① （汉）班固:《汉书·艺文志》,第 333 页。
② 方勇译注:《庄子·天下》,第 568 页。
③ （汉）司马迁:《史记·货殖列传》,第 754 页。
④ （春秋）左丘明:《左传·定公四年》,第 309 页。
⑤ （春秋）左丘明:《左传·昭公二年》,第 229 页。
⑥ 饶尚宽译注:《老子》第十九章,北京,中华书局,2006 年,第 47 页。
⑦ 饶尚宽译注:《老子》第十九章,第 47 页。

张"为无为,则无不治"①,即无为而治。

《汉书·艺文志》说:

> 道家者流,盖出于史官,历记成败存亡祸福古今之道,然后知秉要执本,清虚以自守,卑弱以自持,此君人南面之术也。②

道家出自史官,道家创始人老聃为周典藏史,精通历史,主张顺应自然,无为而治。老子以后,道家内部分化为不同派别:庄子学派、杨朱学派和黄老学派等。战国时期,道家以齐国为大本营。稷下黄老道家是显学,对法家的影响较大。

老子主张道法自然,无为而治,因而反对法治:"法令滋彰,而盗贼多有。"③与老子反对法治不同,黄老道家并不一般地反对法治,而是主张引道入法,以道率法,将老子的"道生万物"引申到"道生法",在中国法律史上首次探讨了人定法(法令)与自然法(道)的关系,认为人定法应该符合自然法。黄老道家将自然之道与人为之法结合,从而实现了"无为"向"无不为"的转化,以法治实现无为而治,具有深刻的法理性。

(三)法家功利主义

法家是战国时期的重要学派之一,因主张以法治国,反对儒家的礼治,要求"不别亲疏,不殊贵贱,一断于法",故称之为法家。源自魏国西河之学的晋法家是其典型代表。

《汉书·艺文志》说:

> 法家者流,盖出于理官。信赏必罚,以辅礼制。④

这一学派,从功利主义人性论出发,主张以法治国,严刑峻法,富国强兵。其学说为君主专制的大一统王朝的建立提供了理论依据和行动方略,成为战国中后期的显学。

在战国学派"三足鼎立"之外,有较大影响的是墨家。墨家创始人为墨翟。墨家首倡平等观念,"兼相爱,交相利"⑤,打破旧的身份等级观念,提出

---

① 饶尚宽译注:《老子》第三章,第8页。
② (汉)班固:《汉书·艺文志》,第334页。
③ 饶尚宽译注:《老子》第五十七章,第138页。
④ (汉)班固:《汉书·艺文志》,第335页。
⑤ 李小龙译注:《墨子·兼爱》,北京,中华书局,2016年,第70页。

"官无常贵,而民无终贱"①。其平等观念对法家有较大影响。另外,墨家在人性上主张"以劳殿赏,量功而分禄"②,与法家的功利思想有相似之处。

墨家在政治上主张"尚贤""尚同"和"非攻",与儒家的人治思想相似;哲学思想上提出"天志""明鬼",尊天事鬼,与道家思想有相通之处。可见,墨家的思想比较杂。

墨家的"兼爱"思想与"尚同"思想具有不可调和的矛盾。一方面强调人际平等,同时又赞成等级严格的专制制度,要求绝对服从上级,"一同天下之义"③,"上同而下不比"④,所以墨家的平等只是等级社会里下层平民之间的平等罢了,未触及专制社会的根本。但墨家提出爱是相互的,有利于打破儒家爱的面纱,认识到单向的爱具有虚伪性。然而既然爱是相互的,又何须以爱治国,不如法家直面人性,以利益和法律治国。所以墨家思想介于儒、法之间,注定要被淘汰。承认人性善,必以德治国;承认人性恶,必以法治国;以相爱治国,则是墨家的幻想了。

墨子为中下层平民(手工业者、游侠)主张平等,然而不敢批判君主专制,反而极力维护这个前提;而在君主专制体制下,墨子幻想君臣互爱的平等思想是不现实的。因此,墨子的学说仅有对儒家的批判作用,而无以建树。墨家的影响主要在社会下层,特别是手工业者当中,而不为诸侯士大夫阶层所重视。墨家组织严密,纪律严明,以自苦励志,相传皆能赴汤蹈火。墨翟死后,分裂为三派。秦汉以后,影响式微。

(四) 儒、法、道三家相互融合,法家独占上风

诸子百家不仅相互争鸣、相互诘难,而且在争鸣中,相互吸收、相互靠近,司马谈所谓的殊途同归。儒、道、法三角关系,影响了战国发展的走向。

第一,法家与道家走向联合,反对儒家。在学派林立、百家争鸣的环境下,儒、道、法三足鼎立。法家和道家有联合抗儒的趋势,晋法家和齐法家都争先恐后地吸收道家的思想来丰富自己的法治理论。道家一贯对儒家礼治是持批判立场的:"绝圣弃智,民利百倍;绝仁弃义,民复孝慈"⑤。主张"不尚贤,使民不争"⑥。晋法家由儒家蜕变而来,其基本立场是批判儒家。由于儒学传统势力的强大,晋法家在批儒过程中,自觉不自觉地吸收道家思想

① 李小龙译注:《墨子·尚贤》,第57页。
② 李小龙译注:《墨子·尚贤》,第57页。
③ 李小龙译注:《墨子·尚同》,第64页。
④ 李小龙译注:《墨子·尚同》,第62页。
⑤ 饶尚宽译注:《老子》第十九章,第47页。
⑥ 饶尚宽译注:《老子》第三章,第8页。

以增强自己的理论力量。齐法家更是直接与道家结盟,是道家无为思想在治国领域的延伸。因此,道、法一定程度的联合有其必然性。

第二,儒家也向法家靠近。儒家也不可避免地受到日益强势的法家影响,开始主动地向法家靠近一些。儒家的代表人物孟子和荀子都受到法家的影响,并先后向法家做了不同程度的妥协。孟子一方面坚持儒家仁义主义,将孔子的以德治国思想发挥到极致;另一方面,又承认法度在治国中也具有重要辅助作用,即"徒善不足以为政,徒法不能以自行"①。(当然,这句话里的所谓"法"不过是儒家的礼仪法度而已)荀子则更进一步,大尺度吸收法家思想,明确承认性恶论,进而提出礼、法并用的治国思想,开启了后世"儒、法合流"的先河。

在儒、法、道三家争鸣中,儒、法之争最为激烈。法家与诸侯政权结盟,独占上风,儒家成为打击的对象。儒家有向法家靠近之意,但其时法家并无向儒家靠拢之心,相反,晋法家的反儒是不断升级的。后期晋法家韩非、李斯都极端排斥儒家,以致发生了"焚书坑儒"这样的历史悲剧。齐法家虽然没有晋法家那样极端反儒,但齐法家是与道家结盟的,对儒家是疏而远之的,因为二者的治国理念和治国方式都是根本不同的。所谓道不同,不足与谋。在法治还是人治这一根本点上,儒家走到了道、法的对立面,所以,儒家在三足鼎立的局势中陷入孤家寡人的窘境,屡屡不得志——在大国被拒斥或冷落,在小国还有些许市场。

二　晋法家向黄老道家靠拢

晋法家出自儒家现实派的子夏,由儒转法,进而走到儒家意识形态的对立面,坚定反对儒家。在此过程中,出于儒、法斗争的需要,晋法家不断向道家靠拢,吸收和改造黄老思想来丰富自己的理论。申不害和后来的韩非都吸收了黄老道家的无为思想,将其转变为"君人南面之术"。

申不害的术治思想明显受道家的影响,他把老子的"无为而治"与邓析的"循名责实"结合起来,将老子的"无为而治"解释为"君无为而臣有为",并通过"循名责实"之术以实现之。即以循名责实之术实现君主的无为而治,从而提出了一套以法治吏的方法,即"君人南面之术"。

申不害的法治之术虽然受到黄老无为而治思想的影响,但这种影响只在方法论层面,而不在价值观层面,这也是与慎到思想不同的原因。申不害并没有从客观"天道"的高度要求君主无为,从而约束君主权力的主观恣意

①　方勇译注:《孟子·离娄上》,第128页。

性;相反,他只是从"术"的层面要求君主以静制动,隐藏自己好恶以考察官吏,目的是识别奸臣然后加以打击,以巩固君主的权力,可谓防奸之术。因此,申不害的术治不免有玩弄政治权术之嫌。

韩非是法家的重要代表,但其学受道家较大影响。韩非的学说以道家"无为而治"的思想为指导,并加以发挥和改造。韩非提出"因道全法""缘法而治"。在治国方式上,主张君主"任法而不任智",用法治而不是人治来实现无为而治;在君臣关系上,用"君无为而臣有为"来实现无为而治,用"潜御群臣"之术来控制臣下,发展了道家的阴谋术。因此,韩非学说处处流露着道家的影响,丰富了法家的法理学说。

《史记·老子韩非列传》说:"申子之学本于黄老而主刑名";韩非同样"喜刑名法术之学,而其归本于黄老"①。虽然申不害和韩非等都曾潜心研习道术,深受道家思想的影响,并吸收道家思想指导其法学研究,然而,将申韩之学归本黄老,则有些片面。实际上,申韩之学乃出自儒家现实派而非出自黄老,本晋法家严刑峻法之衣钵,但说申韩受到黄老思想的很大影响则不为过。可以说,申韩吸收了黄老无为思想,发展出一套御臣之术的术治思想,以补充商鞅法治理论的不足。

总的看来,申韩的无为而治与黄老道家的无为而治还是存在很大差别的。申韩的无为而治更多是技术层面的,即其术治理论;而黄老道家的无为而治是价值观层面的,"我无为而民自化"。韩非学说的目的是追求富国强兵,为此必须加强君主集权,因此决定了其价值观上与道家背道而驰。道家追求小国寡民,要求君主无为,放权于民,以民为本位。所以说,韩非对道家的吸收是非常有限的,其根本思想是法家的而不是道家的。这也是晋法家与齐法家的区别之所在,齐法家才是道家在法治领域真正的衣钵传人。

三　秦王政尊法家而一统天下

秦始皇(前259年—前210年),嬴姓,赵氏,名政,或称祖龙,秦庄襄王之子。中国历史上著名的政治家、军事家,完成华夏大一统的铁腕政治人物,也是中国第一个称皇帝的君主。秦始皇出生于赵国都城邯郸(今河北邯郸)。十三岁继承王位。二十二岁除掉丞相吕不韦,开始亲理朝政,尊崇韩非学说,重用李斯,自前230年至前221年,先后灭韩、赵、魏、楚、燕、齐六国,三十九岁完成了统一大业,建立了中国历史上第一个中央集权的强大国家——秦朝。在中央实行三公九卿制。地方上废除分封制,建立郡县制,同

---

① (汉)司马迁:《史记·老子韩非列传》,第395页。

时书同文,车同轨,统一度量衡。秦始皇建立的秦制奠定了中国两千余年政治制度的基本格局。

(一) 尊崇韩非

韩非是战国时期的韩国贵族,与李斯都是荀子的学生。韩非才华出众,集法家之大成,成一家之说,同为荀子学生的李斯自叹不如。韩非为韩国公子,目睹战国后期的韩国朝政腐败,国力衰微,多次上书韩王,希望改变当时法治不彰、贤能得不到重用的情况,但其主张始终得不到采纳。韩非认为这是"廉直不容于邪枉之臣",退而发奋著书,写出了《孤愤》《五蠹》《说难》《内外储》等著述。

韩非的书传到秦国,秦王爱不释手。《史记》载:秦王见《孤愤》《五蠹》之书,曰:"嗟乎,寡人得见此人与之游,死不恨矣!"①可知当时秦王对韩非的重视。不久,秦国攻韩,指名要韩非,韩王不得不起用韩非,并派他出使秦国。得到韩非,秦王非常喜欢,令其著书献策。

但韩非与李斯政见相左,韩非欲存韩,李斯欲灭韩。由于李斯提出灭六国一统天下的千秋大计,其首要目标就是吞并韩国,但作为韩国公子的韩非却主张存韩灭赵,妨碍秦国统一大计,于是李斯就向秦王上疏辩驳,陈述其中利害。他说:"非之来也,未必不以其能存韩也,为重于韩也。辩说属辞,饰非诈谋,以钓利于秦,而以韩利窥陛下。"②秦王认为李斯言之有理,因此对韩非产生了疑心而不用。李斯、姚贾等人说:"今王不用,久留而归之,此自遗患也,不如以过法诛之。"③韩非想上书秦王,被拒绝。绝望中,韩非被逼服毒自杀。后来秦王后悔了,派人赦免他,但是韩非已经死了。韩非才智过人,对政治权术洞察甚微,李斯望其项背,然难免一死,无以自救。笔者感叹:同室相煎何太狠,韩非遭遇有奇才。身刑囹圄书留用,命运难逃法士哀。

韩非人虽死,但是其法家思想却被秦王和李斯所采用。《韩非子》为秦国治国圭臬,帮助秦国富国强兵,最终统一六国。秦王政可谓韩非的忠实信徒,集法、术、势于一身。无论是其初出茅庐时处理嫪毐案,蔡蓼谏士,还是统一六国后焚书坑儒,无不体现出他对法、术、势的娴熟运用,过无不及。正如卢生对他的评价:"天下之事无大小,皆决于上,上至以衡石量书,日夜有呈,不中呈,不得休息。贪于权势至如此,未可为求仙药。"④

---

① (汉) 司马迁:《史记·老子韩非列传》,第396页。
② 高华平等译注:《韩非子·存韩》,第17页。
③ (汉) 司马迁:《史记·老子韩非列传》,第396页。
④ (汉) 司马迁:《史记·秦始皇本纪》,第48页。

（二）重用李斯

李斯入秦后，得秦王重用，将荀子的务实与法家的法治结合起来，使秦国更加强盛，并抓住时机，促秦王完成统一大业，采用文谋武伐，卒兼六国。

李斯是楚国上蔡人，年轻时做过县衙掌管文书的小吏。在衙门当差时，他看到厕所里的老鼠，每遇人、犬到来就惊慌逃走；但在官府米仓的老鼠，吃饱后在大屋里嬉戏，却没有人、犬打扰之忧。于是，他悟出了一个道理："人之贤不肖譬如鼠矣，在所自处耳！"①环境决定命运。人与人之间的能力差别是不大的，富贵还是贫贱，全看自己能否抓住机会。一个人有没有出息，就如同老鼠一样，是自己选择的结果。仓鼠哲学启发了李斯。李斯也是一个有抱负的人，为了达到飞黄腾达的目的，李斯辞去小吏去求学，拜大名鼎鼎的荀卿为师学"帝王之术"。李斯学完之后，审时度势，决定到秦国去一展宏图。

李斯到了秦国以后，很快就得到秦相吕不韦的赏识，当上了郎官。李斯得以有机会接近秦王政。一次，李斯向秦王纵论天下形势，劝说秦王抓住时机一统天下。"夫以秦之强，大王之贤，由灶上骚除，足以灭诸侯，成帝业，为天下一统，此万世之一时也。"②李斯认为统一天下的时机已经成熟，机不可失，时不再来。"今怠而不急就，诸侯复强，相聚约从，虽有黄帝之贤，不能并也。"③秦王大喜，任命李斯为长史。秦王听取李斯离间各国君臣之计，贿赂各国重臣，削弱主张合纵抗秦的势力，以便各个击破。外交与军事进攻相结合，秦军取得节节胜利。李斯又被封为客卿。

正当秦王下决心先灭韩的时候，发生了韩国间谍水工郑国到秦鼓动修渠以拖延秦国攻韩事件，殃及各国客卿，宗室群臣奏请秦王："诸侯人来事秦者，大抵为其主游间于秦耳，请一切逐客。"④秦王下了逐客令，李斯也在被逐之列。李斯言辞恳切地给秦王写了一封信，痛陈逐客的利害关系，劝秦王不要逐客，这就是著名的《谏逐客书》。李斯细数百里奚、商鞅、张仪、范雎等外国客卿辅佐秦穆公、秦孝公、秦惠文王、秦昭襄王等四代明主并对秦国做出重要贡献的历史，指出外国人才对秦国霸业的重要性。"此四君者，皆以客之功。由此观之，客何负于秦哉！"⑤同时又指出逐客的危害，使天下之士

① （汉）司马迁：《史记·李斯列传》，第521页。
② （汉）司马迁：《史记·李斯列传》，第521页。
③ （汉）司马迁：《史记·李斯列传》，第521页。
④ （汉）司马迁：《史记·李斯列传》，第521页。
⑤ （汉）司马迁：《史记·李斯列传》，第522页。

退而不敢西向,裹足不入秦,反而让他们为敌国所用,此所谓"借寇兵而赍盗粮"者也。秦王明辨是非,果断采纳了李斯的建议,立即取消了逐客令,李斯更受重用,被封为廷尉,辅佐秦王,完成统一大业,尊主为皇帝,官至丞相之位。

秦始皇巡游途中于沙丘暴卒,宦官赵高诱使李斯发动"沙丘之变",他们合谋篡改了始皇的传位诏书,废长子扶苏,"立子胡亥为太子"①,即秦二世。二世昏聩,大权为赵高把持,李斯由于陷入与奸臣赵高的权力斗争而被赵高陷害,赵高欲除李斯以篡大位,诬告李斯以谋反罪名。二世二年(前 208 年),李斯被腰斩于咸阳闹市。临刑前,李斯父子相抱而哭:"吾欲与若复牵黄犬俱出上蔡东门逐狡兔,岂可得乎!"②李斯本楚国上蔡一小吏,受仓鼠启发,遂离楚入秦,以法术求取功名,助始皇完成帝业,位居三公,权倾一时。终因玩弄权术而毁于一旦,落得灭门三族的下场,令人唏嘘不已。笔者感叹:上蔡东门本野鼠,入秦拜相居仓庾。一朝主死太仓倾,黄犬逐兔不可许。

老子说,功成而不居。战国舞台上,法家人物叱咤风云,建功立业,彪炳史册,名垂千古。然功成身死,常令人叹惋。吴起死于志大,商鞅死于重刑,韩非死于高才,李斯死于权术。这四位法治的推行者,功业不可谓不大,却不能全身而退,这最终证明他们只是法家,未解道家玄旨。如果他们在死前有机会再读读老庄贵无之道,可能对"无为而治"又该有另一种理解。

第二节　李斯的法治实践

李斯辅佐秦始皇,以强力推行法治,奖励耕战,焚烧诗书,实行郡县制,加强君主集权,辅助秦始皇完成统一六国的帝业,晋法家的历史使命到此也画上了句号。

一　李斯推行严峻法治

李斯运用法家政策为秦始皇统一中国出谋划策,做出了巨大贡献,成为布衣出身而成就大业的千古一相。功成名就之后,因赵高陷害而死于秦二世之手。临死前,李斯从狱中上书,总结了自己一生的主要功绩。李

---

① (汉)司马迁:《史记·李斯列传》,第 525 页。
② (汉)司马迁:《史记·李斯列传》,第 529 页。

斯在秦国从政三十余年。开始时,秦地不过千里,兵数十万。李斯奉行法家之教治理国家,一方面内修法令,信赏必罚,"谨奉法令","阴修甲兵,饰政教,官斗士,尊功臣,盛其爵禄";另一方面外说诸侯,破纵连横,"阴行谋臣,资之金玉,使游说诸侯",终于助始皇实现天下一统。李斯狱中上书自评说:

> 故终以胁韩弱魏,破燕、赵,夷齐、楚,卒兼六国,虏其王,立秦为天子。①

从李斯自述可以看出,李斯谨奉法家教义,以法治国,奖励军功,不失时机地兼并六国,辅助秦始皇完成统一天下的大业。

秦灭六国,天下初定时,李斯"明法度,定律令"②,统一全国法度,促进了法令的统一。这是继商鞅之后,对秦律法典化的又一次重大贡献,奠定了后世刑律的基础。汉承秦律,李斯完成的秦律为后世所沿用。

李斯推行文化专制,颁行焚书令和挟书令,打击言论自由,进行思想控制。对于批评朝政的言论犯罪处罚尤重。李斯向秦始皇建议颁布焚书和禁言令:"有敢偶语诗、书者弃市。以古非今者族。吏见之不举者与同罪。令下三十日不烧,黥为城旦。"③所以刘邦指责秦律残酷,"诽谤者族,偶语者弃市"④。因此,妄议朝政是要杀头的,不仅要杀头,还要族诛。秦始皇巡游会稽时,项羽与叔父项梁围观,项羽说"彼可取而代也",项梁赶紧捂住项羽的嘴说:"毋妄言,族矣。"⑤秦律严禁收藏儒家书籍,"敢有挟书者族",后来汉惠帝时"除挟书律"⑥。

李斯强调君主集权。秦二世时,李斯还上书要求二世严刑峻法,强化督责之术:

> 夫贤主者,必且能全道而行督责之术者也。督责之,则臣不敢不竭能以徇其主矣。此臣主之分定,上下之义明,则天下贤不肖莫敢不尽力竭任以徇其君矣。是故主独制于天下而无所制也。能穷乐之极矣,贤

---

① (汉)司马迁:《史记·李斯列传》,第529页。
② (汉)司马迁:《史记·李斯列传》,第523页。
③ (汉)司马迁:《史记·秦始皇本纪》,第47页。
④ (汉)司马迁:《史记·高祖本纪》,第75页。
⑤ (汉)司马迁:《史记·项羽本纪》,第59页。
⑥ (汉)班固:《汉书·惠帝纪》,第22页。

明之主也,可不察焉!①

李斯所说的督责之术就是指申韩制臣之术。要求君主"独操主术以制听从之臣,而修其明法,故身尊而势重也"。告诫二世要大权独揽,"是以明君独断,故权不在臣也"②。同时反对重用儒家、游说之士和游侠,然后能灭仁义之途,掩驰说之口,困烈士之行,而保持独断之心而莫之敢逆。李斯认为只有这样,才能法修术明而天下大治。

李斯是韩非"抱法处势"思想的忠实执行者。李斯劝谏秦二世"明申韩之术,而修商君之法"③。明申韩之术,独断以制臣,从而"身尊而势重";修商鞅之法,"刑弃灰于道者",轻罪重刑,从而以刑去刑。秦二世采纳李斯建议,加强督责:

> 于是行督责益严,税民深者为明吏。……刑者相半于道,而死人日成积于市。杀人众者为忠臣。④

这就将法治推向了恐怖统治。不仅积累了民怨,加速了秦的灭亡,也导致李斯以悲剧收场的命运。

二 李斯建立郡县制

秦朝初定,以丞相王绾为首的一批秦国旧贵族、旧官吏,主张效法周公实行分封制,请求秦始皇将诸子分封于占领不久的六国故地为王,以藩屏卫,认为这样有利于巩固秦的统治。"不为置王,毋以填之。请立诸子。"⑤但李斯则坚决反对分封:"周文武所封子弟同姓甚众,然后属疏远,相攻击如仇雠,诸侯更相诛伐,周天子弗能禁止。"⑥分封的弊端在于随着时间的推移,血缘亲属关系日益疏远,相互间必然争权夺利而生乱;同时藩镇日益坐大,中央政权形同虚置,无力止乱。只有废除分封制,建立郡县制,加强中央集权,才可免除祸乱。可见,李斯是在总结西周历史教训的基础上主张郡县制的。

秦始皇赞成李斯的意见,于是废除分封制,建立了一套自中央到地方的官

---

① (汉)司马迁:《史记·李斯列传》,第 526 页。
② (汉)司马迁:《史记·李斯列传》,第 527 页。
③ (汉)司马迁:《史记·李斯列传》,第 527 页。
④ (汉)司马迁:《史记·李斯列传》,第 527 页。
⑤ (汉)司马迁:《史记·秦始皇本纪》,第 44 页。
⑥ (汉)司马迁:《史记·秦始皇本纪》,第 44 页。

僚制和郡县制,"分天下以为三十六郡"①。初分全国为三十六郡,以后随着土地的扩大增至四十六郡,定咸阳为首都。朝廷最高的官僚是丞相、太尉和御史大夫,亦称"三公",分掌行政权、军权和监督权,对君主负责。地方郡长相应置守、尉、监,县为令、尉、监,从而建立起从中央到地方的垂直官僚体系和君主集权制度。郡县制初步打破了血缘关系的身份制,地主阶级官僚制则代替了贵族的世袭制。"使秦无尺土之封,不立子弟为王、功臣为诸侯者,使后无战攻之患。"②

郡县制确立后,李斯还向秦始皇建议采取一系列维护国家统一的措施。"一法度衡石丈尺。车同轨。书同文字。"③这些措施促进了经济和文化的发展。还有一个重要措施,是统一思想,定法教一尊,"若有欲学者,以吏为师"④。为此,不惜采取了焚书之策。

郡县制代替分封制是历史的进步,官僚统治代替了身份统治,相对增加了天下的公共属性。以郡县制为核心的一整套中央集权制度的建立,不仅从根本上铲除了诸侯王国分裂割据的祸根,而且符合新兴地主阶级政权的需要。从长远看,对巩固国家统一,促进社会发展起了积极作用。所以,虽然秦朝很快灭亡了,但郡县制却保留了下来。这一制度在秦以后的封建帝制社会里一直沿用了两千余年,对中华大一统的延续做出了重要贡献。今天中国的国家制度也仍然受其影响。诚如柳宗元所说,郡县制是大势所趋,"势也",是公天下的需要,"公天下之端自秦始"⑤。虽然君主制仍然保留,但官僚职位取消世袭,得以向天下开放,使得贤能者有机会治理国家,这是应该肯定的。但是,郡县制的大公与君主家天下的一己之私有着不可调和的矛盾,这是秦朝速亡的一个重要原因,也是历代封建王朝更替的重要原因。天下为公是历史大势,民主制取代君主制也是历史大势。前一点柳宗元意识到了,后一点柳宗元是看不到的。

但短期看,完全废除分封制,并不有利于秦初政权的巩固。当农民起义的烽火点燃以后,各地旧贵族纷纷复国,一些地方郡守县令则摇摆不定,缺乏效忠秦政权的中坚力量,这可能是李斯和秦始皇所始料未及的。可以说,秦的迅速灭亡,除了秦的苛政激起民愤以外,关键时候没有藩王屏卫也是一

---

① (汉)司马迁:《史记·秦始皇本纪》,第44页。
② (汉)司马迁:《史记·李斯列传》,第522页。
③ (汉)司马迁:《史记·秦始皇本纪》,第44页。
④ (汉)司马迁:《史记·李斯列传》,第523页。
⑤ (唐)柳宗元:《封建论》,载(清)曾国藩编,佘础基整理《经史百家杂钞》,北京,中华书局,2013年,第63页。

个重要原因。分封制对于新生的君主政权是有巩固作用的,但时间一长,则造成藩镇割据的局面,使天下混乱,诸侯争霸。因此,分封制与郡县制孰短孰长,还是要视具体时期的情势辩证地看待。

第三节　韩非的法治理念：
君本位功利主义

战国末年,韩非吸收道家无为思想对法家理论进行了全面总结和阐发。虽然道家也批判法家,但晋法家在反儒的过程中不断向道家靠拢。黄老是道家与法家之间的桥,引法入道,提出"道生法",为法治提供了形而上的理论支持。韩非吸收道家思想论证其法治理论,解释了为什么要实行法治的问题。韩非主张"循天顺人而明赏罚"①,因道全法,以法治实现无为而治。循天,即因道;顺人即因人性;明赏罚,即实行法治。

一　智力有限论：无为而治

韩非为论证法治的合理性,研习道家思想,写作了《解老》《喻老》《主道》等文章,批判地改造道家学说,将道家无为而治的思想加以发挥,作为君主法治的基本理念之一。

（一）无为而治的哲学依据：因循天道

韩非法治学说首先从道出发,认为道是万物之源,承认"道"的宇宙本体地位。他说:"道者,万物之始,是非之纪也。是以明君守始以知万物之源,治纪以知善败之端。"②因而,道也是治国必须坚守的根本:"所谓'有国之母':母者,道也;道也者,生于所以有国之术。"③

其次,韩非将老子眼中虚静无为、变化莫测的"道"转化为可以认知的"理":

> 理者,成物之文也;道者,万物之所以成也。故曰:"道,理之者也。"④

韩非明确表述:"道,理之者也。"物各有理,道为万物之理,而理为物之

---

① 高华平等译注:《韩非子·用人》,第301页。
② 高华平等译注:《韩非子·主道》,第34页。
③ 高华平等译注:《韩非子·解老》,第200页。
④ 高华平等译注:《韩非子·解老》,第208页。

制。道与理具有高度的一致性，但韩非的理毕竟出自道家的道，"道者，万物之所然也，万理之所稽也"，因而还是有所不同，道是高度抽象的万物之源，而理则是从万物中可以探究的道的具体存在，表现为事物的因果关系，如冬雪夏雨是气候变化的结果。可见，韩非将高度抽象的不可道的万物之道转化成可以描述的具体事物的理，理是事物的内在规定性。

最后，韩非认为法自然就是理的体现。既然万物各有其理，治国有治国之理，即规矩法则：

> 理定而物易割也。故议于大庭而后言则立，权议之士知之矣。故欲成方圆而随其规矩，则万事之功形矣。而万物莫不有规矩，议言之士，计会规矩也。圣人尽随于万物之规矩，故曰："不敢为天下先。"①

可见，韩非由道入理、由理入法，从而在道与法之间架起了一道桥梁。韩非对道的理解充分体现了法家的理性精神，这是法家主张法治、反对人治的哲学基础。既然道是万物的源头，是法术的根本，是"有国之母"，因此韩非得出结论：治国要因循天道。韩非说：

> 夫缘道理以从事者，无不能成。无不能成者，大能成天子之势尊，而小易得卿相将军之赏禄。夫弃道理而妄举动者，虽上有天子诸侯之势尊，而下有猗顿、陶朱、卜祝之富，犹失其民人而亡其财资也。②

所以，韩非从道出发，主张无为而治，"守自然之道，行毋穷之令，故曰明主"③。君主要清静无为，守自然之道：

> 事大众而数摇之，则少成功；藏大器而数徙之，则多败伤；烹小鲜而数挠之，则贼其宰；治大国而数变法，则民苦之。④

因此，君主要做到无为而治，"治大国者若烹小鲜"⑤，即不折腾。

---

① 高华平等译注：《韩非子·解老》，第216页。
② 高华平等译注：《韩非子·解老》，第194页。
③ 高华平等译注：《韩非子·功名》，第309页。
④ 高华平等译注：《韩非子·解老》，第202页。
⑤ 高华平等译注：《韩非子·解老》，第202页。

（二）无为而治的认识论依据：智力有限论

韩非接受了申不害"君无为而臣有为"的观点，要求君主无为而治，但臣子则不能，君臣要分工："明君无为于上，君臣竦惧乎下。"①君主要使智者尽其虑，贤者尽其材。如此一来，有功则君有其贤，有过则臣任其罪。

君臣皆无为，国家无从治理，因此韩非要求臣子竭心尽力，积极有为，而君主只需对臣子赏功罚过就可以了。不仅如此，韩非还要求君主善于用术，隐藏自己，令臣子不知其所好，从而不敢妄为：

> 权不欲见，素无为也。事在四方，要在中央。圣人执要，四方来效。虚而待之，彼自以之。……上有所长，事乃不方。矜而好能，下之所欺；辩惠好生，下因其材。上下易用，国故不治。②

韩非从认识论角度阐释君主无为而治的道理。他认为个人的智力是有限的。"古之人目短于自见，故以镜观面；智短于自知，故以道正己。"③又说：

> 天下有信数三：一曰智有所不能立，二曰力有所不能举，三曰强有所不能胜。……因可势，求易道，故用力寡而功名立。④

因此，韩非要求君主"一听而公会"⑤，借助众人的智力治理好国家。他说：

> 力不敌众，智不尽物。与其用一人，不如用一国，故智力敌而群物胜。揣中则私劳，不中则任过。下君尽己之能，中君尽人之力，上君尽人之智。⑥

这与古希腊思想家亚里士多德的看法基本一致：众人之智优于一人之智。"许多人出资举办的宴会可以胜过一人独办的宴席；相似地，在许多事

---

① 高华平等译注：《韩非子·主道》，第35页。
② 高华平等译注：《韩非子·扬权》，第59页。
③ 高华平等译注：《韩非子·观行》，第285页。
④ 高华平等译注：《韩非子·观行》，第286页。
⑤ 高华平等译注：《韩非子·八经》，第682页。
⑥ 高华平等译注：《韩非子·八经》，第682页。

例上,群众比任何一人又可能做较好的裁断。"①

（三）因道全法,实行法治

韩非从大道无为、人力有限的角度出发,主张"以道为常,以法为本"②,因道全法,实行法治:

> 不以智累心,不以私累己;寄治乱于法术,托是非于赏罚,属轻重于权衡……守成理,因自然……因道全法,君子乐而大奸止。③

韩非进而认为,要做到任法而治,就必须反对任智和行私。人治的两个突出表现是任智和行私,任智和行私都是对法治的破坏。

首先,韩非要求任法而不任智:

> 道法万全,智能多失。夫悬衡而知平,设规而知圆,万全之道也。明主使民饰于道之故,故佚而有功。释规而任巧,释法而任智,惑乱之道也。④

因为人的智力有限,难免有失误,所以在韩非看来,人治的效果是不好的,"道法万全,智能多失"。因此要去巧,去智,"使法择人,不自举也;使法量功,不自度也"⑤。就像木匠用规矩代替目测,治国要垂法而治。

其次,韩非要求行公而去私:

> 明主之道,必明于公私之分,明法制,去私恩。……私义行则乱,公义行则治,故公私有分。⑥

因为人性自利,免不了有私情,所以韩非认为,人治是靠不住的,必须显明法制。法制是公义的保障,只有显明法制,实行法治,才能去私,排除私情的干扰。

最后,韩非认为只有实行法治才能有效杜绝奸佞。韩非说,如果人主手

---

① 〔古希腊〕亚里士多德著,吴寿彭译:《政治学》,北京,商务印书馆,1965 年,第 163 页。

② 高华平等译注:《韩非子·饰邪》,第 180 页。

③ 高华平等译注:《韩非子·大体》,第 312—313 页。

④ 高华平等译注:《韩非子·饰邪》,第 181 页。

⑤ 高华平等译注:《韩非子·有度》,第 45 页。

⑥ 高华平等译注:《韩非子·饰邪》,第 183—184 页。

握权柄,修明法治,重赏严诛,奸臣不敢欺也。天下信义之士少,人治不可靠,必须靠法治:

> 故明主之道,一法而不求智,固术而不慕信,故法不败,而群官无奸诈矣。①

二　功利主义人性论: 因人情

韩非可谓古代功利主义大师、古典功利主义的鼻祖。不知西方近现代功利主义者斯密、边沁等有没有看过韩非的书,但韩非早他们两千年提出了人的行为的功利原则,进而构建了古代功利主义法治学说,可见韩非的非凡智慧。

（一）韩非的功利主义人性论: 自为心

韩非持功利主义人性论,他说:"夫民之性,恶劳而乐佚。"②韩非吸收了前辈法家的功利论以及其师荀子的性恶论,将功利主义人性论朝性恶论方向发挥。

与孟子将"恻隐之心"视为人的本性不同,韩非将自私自利的"自为心"视为人的本性:

> 此其养功力,有父子之泽矣,而心调于用者,皆挟自为心也。③

所谓自为心,就是利己之心,即人的行为服从功利原则,"利之所在民归之"④。因为人有自为心,所以人性好逸恶劳,好利恶害。韩非是在分析大量观察事例的基础上得出这一结论的。

首先,韩非认为家庭关系服从功利原则。韩非举父母子女之爱也出自私利考量的例子:

> 人为婴儿也,父母养之简,子长人怨。子盛壮成人,其供养薄,父母怒而诮之。⑤

---

① 高华平等译注:《韩非子·五蠹》,第 712 页。
② 高华平等译注:《韩非子·心度》,第 759 页。
③ 高华平等译注:《韩非子·外储说左上》,第 408 页。
④ 高华平等译注:《韩非子·外储说左上》,第 417 页。
⑤ 高华平等译注:《韩非子·外储说左上》,第 408 页。

> 且父母之于子也,产男则相贺,产女则杀之。此俱出父母之怀衽,
> 然男子受贺,女子杀之者,虑其后便,计之长利也。①

天下之爱莫过于父母子女之爱,这是儒家仁义思想的基础。然而韩非以法家冷峻的眼光撕破这层亲情之爱的面纱,认为父子之爱也出自私利考量,指出当时社会的弃女婴现象正是出自父母求利之心。父母子女之爱尚且如此算计,没有血缘关系的世人之爱更不必说。

其次,社会关系也服从功利原则。韩非接着指出,社会上各种所谓爱,更是出自利。韩非举出许多例子加以分析,王良爱马为驰骋,勾践爱人为战斗。医生吮吸人的伤口,不是骨肉之亲,而是这样做才能得利。雇佣人工耕田,主人除了工钱外还用美食招待,佣工努力干活,不是相互友爱,而是各有所图。制作马车的人希望人富贵,制作棺材的人希望人死亡。并不是因为制作马车的人仁慈而制作棺材的人邪恶,而是因为人贵车易售,人死棺好卖。

最后,政治领域也同样适用功利原则。韩非指出君臣相市:"臣尽死力以与君市,君垂爵禄以与臣市。"②所以,君臣之间所谓忠诚的背后也是利害算计:"君臣之交,计也。害身而利国,臣弗为也;害国而利臣,君不为也。"③

对于后宫之乱,韩非也以争权夺利解释:

> 故后妃、夫人太子之党成而欲君之死也,君不死,则势不重。情非
> 憎君也,利在君之死也。④

总之,在韩非看来,从家庭、社会到国家各领域普遍适用于功利原则,即"皆挟自为心也",所以,"相为则责望,自为则事行。"⑤韩非总结说:

> 故人行事施予,以利之为心,则越人易和;以害之为心,则父子离
> 且怨。⑥

可见,韩非认为,这种自为心并不必然有害,相反,它促进了社会交易。

---

① 高华平等译注:《韩非子·六反》,第657页。
② 高华平等译注:《韩非子·难一》,第533页。
③ 高华平等译注:《韩非子·饰邪》,第184页。
④ 高华平等译注:《韩非子·备内》,第161页。
⑤ 高华平等译注:《韩非子·外储说左上》,第407页。
⑥ 高华平等译注:《韩非子·外储说左上》,第408页。

人的行为交往,如果以互利为准则,则能够和平相处;如果以损害为算计,父子也反目成仇。(从这点看,韩非已意识到"自私即公益",可谓古典经济学的先驱。)那么以此看来,儒家要求君主以仁义忠孝治国岂不是愚诬之谈?

韩非甚至认为,一个官员之所以廉洁不贪,并非不好利,实际上也是出于自利自为的考量。他举出鲁相公仪休拒收鱼的典故:

> 公仪休相鲁而嗜鱼,一国尽争买鱼而献之,公仪子不受。其弟谏曰:"夫子嗜鱼而不受者,何也?"对曰:"夫唯嗜鱼,故不受也。夫即受鱼,必有下人之色;有下人之色,将枉于法;枉于法,则免于相。虽嗜鱼,此不必能致我鱼,我又不能自给鱼。即无受鱼而不免于相,虽嗜鱼,我能长自给鱼。"①

公仪休是宰相,位高权重。他嗜鱼而不收鱼,并不是因为不好利,而是考虑到收鱼之罚给自己带来的危害大于收鱼之利。可见他不收鱼仍然是出自利害之心而非廉洁之德。所以韩非说:"奉足以给事,而私无所生。"②这与现代高薪养廉的思想有些类似。

虽然人性问题不能简单化,但不能否认,韩非对人性的透视是非常理性而又深刻的。固然有高风亮节的官员,但不能因此否认有相当的官员在面对贿赂时,乃出自利害衡量,两害相权取其轻,如果利益大于风险,可能就会铤而走险。因此,所谓道德教育对善人是多余的,对恶人如果说起作用的话,也是通过说之以害来达到目的的。既然如此,韩非认为不如放弃道德教育而专任法治。

(二)韩非主张治国要因人情,实行法治

治理国家实际上是治理人,要治理人必须依据人性;而人性好利恶害,所以要实行法治。韩非说:"凡治天下,必因人情。人情者,有好恶,故赏罚可用;赏罚可用,则禁令可立,而治道具矣。"③君主利用人民的好恶就可以治理人民:"好恶者,上之所制也,民者好利禄而恶刑罚。上掌好恶以御民力,事实不宜失矣。"④赏罚的作用就是劝禁,故"明赏以劝之,严刑以威之"⑤。所以,法家的法治就是以赏罚为工具驾驭臣民的治国艺术,依据功

---

① 高华平等译注:《韩非子·外储说右下》,第 509 页。
② 高华平等译注:《韩非子·八经》,第 693 页。
③ 高华平等译注:《韩非子·八经》,第 681 页。
④ 高华平等译注:《韩非子·制分》,第 761 页。
⑤ 高华平等译注:《韩非子·饰邪》,第 184 页。

利原则,以赏劝,以罚禁,驱使民众为国家效劳。

韩非认为,当今世道没有大善之人,而奸人不绝于世,只有实行法治才能治理好国家:"今天下无一伯夷,而奸人不绝世,故立法度量。"①"按法以治众,众端以参观。士无幸赏,无逾行,杀必当,罪不赦,则奸邪无所容其私。"②

韩非认为,"民者固服于势,寡能怀于义"③,因而礼治行不通。韩非举孔子周游列国游说礼治而鲜为接受为例:

> 仲尼,天下圣人也,修行明道以游海内,海内说其仁、美其义而为服役者七十人。……鲁哀公,下主也,南面君国,境内之民莫敢不臣。④

以仲尼之德,所臣服的也不过七十子;而鲁哀公虽然是一个品德低下的君主,但居君位,国内之民不敢不从。

韩非又说,"民固骄于爱、听于威矣"。礼治行不通,只能实行法治。"故明王峭其法而严其刑也"。所以,韩非主张治国必须厚赏重罚:"是以赏莫如厚而信,使民利之;罚莫如重而必,使民畏之。"⑤

总之,韩非以人性恶为立论基础,指出礼治行不通,只有实行法治才能治理好国家。性恶论是韩非法治论的理论基础。这里也可以看出韩非人性论相较荀子人性论的彻底性,因而其法治理论具有很强的逻辑力量。这也许是青出于蓝而胜于蓝吧。

三 历史进化观:因时变法

老子从其道论出发,持历史循环论。老子认为天行有常,最高的道是周行不变的,而万事万物是变化不居的。物极必反,一治一乱。如果需要熨平治乱的波动,就要因循大道,静为本,"动善时",无为而治。黄老道家强调"因时变",持历史进化论。面对乱世,老子主张回到过去愚朴蒙昧的时代;黄老道家则顺应时代潮流,主张因时变。在黄老道家看来,社会发展的时势所趋就是道,顺之则兴,逆之则亡。儒家强调天不变道也不变,持不变史观,反对变法,要求恢复礼制。在老子那里,道本虽然不变,但道用还是变化的,

---

① 高华平等译注:《韩非子·守道》,第297页。
② 高华平等译注:《韩非子·备内》,第161页。
③ 高华平等译注:《韩非子·五蠹》,第704页。
④ 高华平等译注:《韩非子·五蠹》,第705页。
⑤ 高华平等译注:《韩非子·五蠹》,第707页。

万事万物因受道的作用而变化不居,因此而有朝代更替,这正是天道作用的表现。儒家从道不变出发,进而反对历史变化,反对一切犯上作乱,维护君主世世代代的统治下去。这是混淆了道恒不变与万物变化的对立统一。

韩非继承黄老道家"因时变"的思想,主张因时变法,反对礼治,实行法治。韩非认为"世异则事异,事异则备变"①,历史是进化的,因而治国方式也要随之改变。

韩非认为,不同时代的世情是不同的,"古人亟于德,中世逐于智,当今争于力"②。古今社会的重大差别是货物与人口的差别。古代民少货多,故民不争;今天民多货少,故民争。随着人口增长,财物的争夺日益激烈。因为世情不同,治国方式就应该改变:

> 当大争之世,而循揖让之轨,非圣人之治也。故智者不乘推车,圣人不行推政也。③

古人不争,故可以实行德治;今人相争,只能实行法治。世情已经变了,如果治国方式不改变的话就会使国家削弱甚至灭亡。韩非列举徐亡鲁削的两个例子加以论证。周文王行仁义而得天下;徐偃王效仿文王行仁义,结果被楚国所灭;子贡以儒家智辩来劝阻齐国大军,而齐人不予理睬。说明以仁义治国已经不合诸侯争霸的战国世情,只有实行法治,故富国强兵才能保卫国家。

韩非强烈批判儒家"法先王"的思想。韩非历数历代先王之治,乃是因时立法的缘故。如果他们盲目"法先王",必为后人耻笑,就像宋国农夫"守株待兔"那样可笑。

因此,韩非得出必须因时变法的结论:"是以圣人不期修古,不法常可,论世之事,因为之备。"④古今社会情势不一样,治国方式只有因时而变,才能取得成功:"法与时转则治,治与世宜则有功。"⑤

四 君本位价值观:尊君抑民

道、儒、法的价值追求有所不同。道家主张民本位,崇尚自由无为,"我

---

① 高华平等译注:《韩非子·五蠹》,第 702 页。
② 高华平等译注:《韩非子·八说》,第 672 页。
③ 高华平等译注:《韩非子·八说》,第 672 页。
④ 高华平等译注:《韩非子·五蠹》,第 698 页。
⑤ 高华平等译注:《韩非子·心度》,第 759 页。

无为而民自化"①。儒家主张尊君爱民，关怀民生，孟子甚至提出"民为贵，社稷次之，君为轻"②的民本主义。而唯有法家主张国本位，"弱民强国"，国家利益至上，轻视民众利益。

韩非继承了商鞅的功利主义思想，即利用好利恶害的人性，通过赏罚来驱使民众为国家效力，实现富国强兵的价值追求；并且将国家本位功利主义发展成为君主本位功利主义，君主成为国家至高无上、不可侵犯的代表。商鞅的国本位尚法，所以要求君主带头守法；韩非的君本位尊君第一，君主俨然就是法律化身。

首先，韩非反对减轻赋税的足民政策：

> 凡人之生也，财用足则隳于用力，上治懦则肆于为非。……君人者虽足民，不能足使为天子，而桀未必以天子为足也，则虽足民，何可以为治也？③

韩非反对足民的轻税政策是与商鞅弱民思想一脉相承的。在法家看来，人富则不勤，弱民则力富。国家通过税收及奖赏政策使贫者富，使富者贫，"故明主之治国也，适其时事以致财物，论其税赋以均贫富"④，调节贫富差距，使国家富强。

其次，韩非法治学说以追求富国强兵为根本目的：

> 是境内之民，其言谈者必轨于法，动作者归之于功，为勇者尽之于军。是故无事则国富，有事则兵强，此之谓王资。⑤

韩非认为君不必爱臣、臣无须忠君，只要以法治国，就可以富国强兵，称霸天下：

> 圣人之治也，审于法禁，法禁明著，则官法；必于赏罚，赏罚不阿，则民用。官治则国富，国富则兵强，而霸王之业成矣。⑥

---

① 饶尚宽译注：《老子》第五十七章，第138页。
② 方勇译注：《孟子·尽心下》，第289页。
③ 高华平等译注：《韩非子·六反》，第663页。
④ 高华平等译注：《韩非子·六反》，第663页。
⑤ 高华平等译注：《韩非子·五蠹》，第714页。
⑥ 高华平等译注：《韩非子·六反》，第657页。

　　韩非法治学说的最终目标是称霸天下,"能越力于地者富,能起力于敌者强,强不塞者王。"①在他看来,君主的大利是称霸天下,为此大利必须实行法治。信赏必罚,奖励耕战,士民才会为了利禄而不惜战死,人臣为了富贵会竭尽全力。君臣之间相互需要,各得其利,才能把国家治理好。"此谓君不仁,臣不忠,则可以霸王矣。"②

　　最后,国富兵强也好,称霸天下也好,最终都落实到家天下,要保住一家一姓之天下,是韩非法治学说追求的终极价值。他批判商鞅法治学说的缺陷,"其国富而兵强;然而无术以知奸,则以其富强也资人臣而已矣。"③可见,韩非学说替君主谋划,否则国家富强了也毫无意义。在"朕即国家"的古代,国本位与君本位总体上是一致的,但二者之间也会发生矛盾。二者的一致有赖于明君或贤君,而一旦遇到昏君或暴君,二者常常不一致,昏君或暴君往往将其个人专断置于国家法律之上,从而破坏了法治。

　　从君本位出发,韩非强调君臣上下关系为法之根本,不可违背:

　　　　臣事君,子事父,妻事夫。三者顺则天下治,三者逆则天下乱,此天下之常道也。④

　　乍一看韩非与儒家一样主张尊君,但实际上有很大不同。儒家尊君以"贤君"为前提条件,要求君爱民;而韩非的法治学说要求维护君主的绝对权威,所谓法术都不过是治民御臣的工具,重在打击权臣。在他的眼里,国家就是君主一人的国家,"人主虽不肖,臣不敢侵也"⑤。君主就是国家的代表,是国家秩序的象征,反对君主就是反对国家,弑君犯上是绝对不允许的,将君主利益等同于国家利益。因此,韩非极力批评儒家的"禅让说",认为此乃犯上作乱的根源:

　　　　尧为人君而君其臣,舜为人臣而臣其君,汤、武为人臣而弑其主、刑其尸,而天下誉之,此天下所以至今不治者也。⑥

---

①　高华平等译注:《韩非子·心度》,第759页。
②　高华平等译注:《韩非子·六反》,第657页。
③　高华平等译注:《韩非子·定法》,第622页。
④　高华平等译注:《韩非子·忠孝》,第741页。
⑤　高华平等译注:《韩非子·忠孝》,第741页。
⑥　高华平等译注:《韩非子·忠孝》,第740页。

韩非是君主集权专制国家的代言人,所以韩非的学说深受秦始皇的欢迎,说到独裁者的心坎里去了。

第四节 韩非的法治方式:尊君法治

韩非主张法治。他说:"治民无常,唯治为法"①;"以法治国,举措而已矣"②;"寄治乱于法术,托是非于赏罚"③。至于如何进行法治,韩非综合了商鞅的法、申不害的术和慎到的势,系法、术、势于君主一身,提出了以权势为中心、以法术为工具的君主集权的法治方式。韩非一方面尚法,一方面重权术,将商鞅的形式法治转化为尊君法治,最终由法治走向权治。

一 法治之法:厚赏重罚

韩非之法,较多继承了商鞅的法治方式,但有所改造。与商鞅的重刑轻赏有所不同,韩非主张重刑厚赏,并强调立法的可行性和严格执法。

(一)韩非主张重刑厚赏

基于功利主义人性论,韩非主张重刑厚赏,赏罚并用:

> 圣王之立法也,其赏足以劝善,其威足以胜暴,其备足以必完。治世之臣,功多者位尊,力极者赏厚,情尽者名立。④

赏罚的作用在于劝禁,"重一奸之罪而止境内之邪","报一人之功而劝境内之众也"⑤。然而,在韩非看来,刑轻不足以禁乱,赏轻不足以劝勇。因此,韩非一方面主张重刑,"罚重,则所恶之禁也急";另一方面还主张重赏,"赏厚,则所欲之得也疾"⑥。

韩非继承了商鞅的"以刑去刑"的重刑思想,认为重刑是为了去刑,使民不敢犯法,并非害民;而轻刑的威慑作用有限,不足以止奸,不能去刑,反而害民。所谓重刑,利小害大,民惧其害而舍其利,故民不为而奸邪止;所谓轻

---

① 高华平等译注:《韩非子·心度》,第759页。
② 高华平等译注:《韩非子·有度》,第50页。
③ 高华平等译注:《韩非子·大体》,第313页。
④ 高华平等译注:《韩非子·守道》,第295页。
⑤ 高华平等译注:《韩非子·六反》,第660页。
⑥ 高华平等译注:《韩非子·六反》,第660页。

刑,利大害小,民慕其利而傲其害,故民为而奸邪不止。

与商鞅重刑而轻赏思想有所不同,韩非认为轻赏不足以使民尽力,因而主张重刑的同时强调厚赏。厚赏则民尽力,官尽心。

(二)韩非重视立法的可行性:立可为之法

韩非的立法思想与商鞅有所不同,商鞅强调立民之所恶,韩非认为立难为之法达不到效果,"人主立难为而罪不及,则私怨生;人臣失所长而奉难给,则伏怨结"①。因而提出立可为之法:"明主立可为之赏,设可避之罚。"②

要立可为之法,就要做到三条:

> 明主之表易见,故约立;其教易知,故言用;其法易为,故令行。三者立而上无私心,则下得循法而治,望表而动,随绳而斫,因攒而缝。如此,则上无私威之毒,而下无愚拙之诛。故上居明而少怒,下尽忠而少罪。③

立法要做到:"表易见","教易知","法易为"。也就是说,立法要公之于众,具有公开性;语言要明白易懂,具有明确性;法令容易实行,具有可为性。韩非关于法律的公开性、明确性以及可为性的论述与当代美国法学家富勒的法治八原则(一般性、公开性、不溯及既往、明确性、不矛盾、可行性、稳定性、官方行为与法律的一致性)有很多吻合之处,足见韩非立法思想有很高的成就。

(三)韩非强调严格执法、赏罚公正

与商鞅类似,韩非强调严格执法,"故明主使其群臣不游意于法之外,不为惠于法之内,动无非法"④。仅有法律还不行,必须严格执法才能实现大治:"度量信则伯夷不失是,而盗跖不得非;法分明则贤不得夺不肖,强不得侵弱,众不得暴寡。"⑤

要严格执法,首先要做到平等适用法律。韩非继承商鞅"刑无等级"的思想,明确提出"法不阿贵"的主张:

---

① 高华平等译注:《韩非子·用人》,第304页。
② 高华平等译注:《韩非子·用人》,第303页。
③ 高华平等译注:《韩非子·用人》,第304页。
④ 高华平等译注:《韩非子·有度》,第49页。
⑤ 高华平等译注:《韩非子·守道》,第298页。

> 法不阿贵,绳不挠曲。法之所加,智者弗能辞,勇者弗敢争。刑过不辟大臣,赏善不遗匹夫。①

其次,要杜绝徇私枉法。法律代表公利,行法的目的是杜绝一切与公利相违背的私道,使法律成为衡量一切行为的唯一标准,所以他说:"夫立法令者,以废私也。法令行而私道废矣。"②"所以治者,法也;所以乱者,私也。法立,则莫得为私矣。"③因此,就不能以私害法:

> 故当今之时,能去私曲就公法者,民安而国治;能去私行行公法者,则兵强而敌弱。④

最后,特别强调防止以情感喜怒影响法律适用:

> 释法制而妄怒,虽杀戮而奸人不恐。罪生甲,祸归乙,伏怨乃结。故至治之国,有赏罚而无喜怒。⑤

因此,君主要严格执法,不以私利和情感而废法,做到平等适用法律,有功必赏,有过必诛:"是故诚有功,则虽疏贱必赏;诚有过,则虽近爱必诛。疏贱必赏,近爱必诛,则疏贱者不怠,而近爱者不骄也。"⑥如此,才能树立法律的权威,实现大治。

二 法治之术:潜御群臣

臣子守法是推行法治的关键所在。因此,仅仅有法还不行,还要有一套判定臣子是否守法的察人之术,然后守法者赏,违法者罚,才能控制臣子;否则就会错赏错罚,毁坏法治。所以,术治是法治的技术性补充,相当于现代的行政问责和考核监督,必须查明事实,适用法律,才能做出正确裁决。韩非把申不害的"循名责实"之术发展为一整套君主"潜御群臣"之术,重在察人识奸,从而使臣下不敢为非。在一定程度上是将申不害治理官吏的"阳

---

① 高华平等译注:《韩非子·有度》,第50页。
② 高华平等译注:《韩非子·诡使》,第652页。
③ 高华平等译注:《韩非子·诡使》,第652页。
④ 高华平等译注:《韩非子·有度》,第44页。
⑤ 高华平等译注:《韩非子·用人》,第307页。
⑥ 高华平等译注:《韩非子·主道》,第39页。

术"朝控制臣子的"阴术"发展了。

（一）韩非丰富了申不害循名责实的阳术

所谓术治，是指君主御臣用人之术，依据臣子的功过予以赏罚。"有道之主听言，督其用，课其功，功课而赏罚生焉。"①具体做法就是审合刑名：

> 人主将欲禁奸，则审合刑名。……功当其事，事当其言，则赏；功不当其事，事不当其言，则罚。②

循名责实之术是君主实现无为而治的一套技术方法，包括以下几个步骤：第一步，正名之术。明正而事自定，因此正名是术治的基础：

> 用一之道，以名为首，名正物定，名倚物徙。……上以名举之，不知其名，复修其形。形名参同，用其所生。二者诚信，下乃贡情。③

第二步，审验之术。在充分观察臣子行为的基础上，审合刑名，看是否名实相符：

> 言已应，则执其契；事已增，则操其符。④

第三步，循名责实，予以赏罚。名实相符，予以奖赏提拔；名实不符，予以惩罚免职：

> 符契之所合，赏罚之所生也。……功当其事，事当其言，则赏；功不当其事，事不当其言，则诛。⑤

可见，君主御臣之术治就是指循名责实，通过考察臣子是否言行一致、名实相符，来对臣子进行赏罚任免，从而有效控制臣子的行为。

（二）韩非还提出察人识奸、潜御群臣的阴术

循名责实的关键是察人识奸之术。察人之术的要旨是无为，以静制动，

---

① 高华平等译注：《韩非子·八经》，第691页。
② 高华平等译注：《韩非子·二柄》，第54页。
③ 高华平等译注：《韩非子·扬权》，第60页。
④ 高华平等译注：《韩非子·主道》，第38页。
⑤ 高华平等译注：《韩非子·主道》，第38页。

君无为而臣有为。君主要隐藏自己，高深莫测，让臣子充分显露自己，以观臣子的行为。他说：

> 道在不可见，用在不可知；虚静无事，以暗见疵。……大不可量，深不可测，同合刑名，审验法式，擅为者诛，国乃无贼。①

韩非对术的论述非常丰富，提出了许多具体的察臣之术，如"七术""六微"等，用以考察臣子的行为是否与其言论及职责相符合。

韩非提出君主使用的七术："一曰众端参观，二曰必罚明威，三曰信赏尽能，四曰一听责下，五曰疑诏诡使，六曰挟知而问，七曰倒言反事。此七者，主之所用也。"②

韩非又提出君主察人的六微："一曰权借在下，二曰利异外借，三曰托于似类，四曰利害有反，五曰参疑内争，六曰敌国废置。此六者，主之所察也。"③

韩非认为要综合运用考察的方法："参伍之道：行参以谋多，揆伍以责失。"④要从天时、地利、物理、人情四方面加以验证："言会众端，必揆之以地，谋之以天，验之以物，参之以人。四征者符，乃可以观矣。"⑤

韩非强调在运用这些方法的时候要做到不动声色，高深莫测，这就使术蒙上了神秘色彩，同时也有了阴谋术的嫌疑。他说：

> 明主，其务在周密。是以喜见则德偿，怒见则威分。故明主之言隔塞而不通，周密而不见。⑥

君主的喜怒哀乐要深藏不露，行踪诡秘，谨言慎行，使臣下难以揣测其意，从而使臣下现出原形。所以韩非说："术者，藏之于胸中，以偶众端，而潜御群臣者也。"⑦

（三）韩非提出任人以能的择人之术

韩非认为用人之术是国家存亡治乱的关键所在，既不能任人以智，也不

---

① 高华平等译注：《韩非子·主道》，第36—37页。
② 高华平等译注：《韩非子·内储说上》，第318页。
③ 高华平等译注：《韩非子·内储说下》，第357页。
④ 高华平等译注：《韩非子·八经》，第687页。
⑤ 高华平等译注：《韩非子·八经》，第687页。
⑥ 高华平等译注：《韩非子·八经》，第689页。
⑦ 高华平等译注：《韩非子·难三》，第587页。

能任人以德,提出任人以能(或说任人以功)的用人原则:

> 计功而行赏,程能而授事,察端而观失,有过者罪,有能者得,故愚者不任事。智者不敢欺,愚者不得断,则事无失矣。①

任人以能,先要做到以法量功,"故明主使法择人,不自举也;使法量功,不自度也"②。然后循名责实,有功则赏,有过必罚,"明主听其言必责其用,观其行必求其功,然则虚旧之学不谈,矜诬之行不饰矣"③。

从功利主义出发,韩非认为,在用人上,忠诚是靠不住的,必须依靠法术,使臣子不敢欺骗和背叛君主:

> 故明主者,不恃其不我叛也,恃吾不可叛也;不恃其不我欺也,恃吾不可欺也。④

在韩非看来,善于使用权术的君主不会相信、也不看重臣下的道德操守,唯一可靠、可信的就是自己的权术。因此,君主要大胆任用有才能的人,而不必看重其道德品行;同时有效地控制臣下,用厚赏来使臣下拼死效命,用重刑来禁绝臣下的一切邪念。这样,臣下就不敢欺骗君主,更不敢背叛君主。因此,在韩非看来,有能力的奸臣也是可以重用的,只要君主能够运用法术控制他,奸臣也是不敢为非的;相反,一些无能力的所谓忠臣是不可以重用的,忠不仅靠不住,而且还可能有害。所以韩非说:

> 此其臣有奸者必知,知者必诛。是以有道之主,不求清洁之吏,而务必知之术也。⑤

三 法治之势: 君主集权

势的含义是权势,韩非的势治实际上是指君主集权政治体制。法治要与一定的政治体制安排相结合。古代法治与君主制结合,故有君主制法治;

---

① 高华平等译注:《韩非子·八说》,第669页。
② 高华平等译注:《韩非子·有度》,第45页。
③ 高华平等译注:《韩非子·六反》,第665页。
④ 高华平等译注:《韩非子·外储说左下》,第441页。
⑤ 高华平等译注:《韩非子·八说》,第674页。

现代法治与民主制结合,故有民主制法治。

势治是战国时代郡县制逐渐取代分封制的必然产物,是建立大一统国家的需要。在春秋分封制下,实行的是分权制。中央与地方分权,导致天子式微,没有权势,号令不从,诸侯争霸;诸侯与卿大夫分权,导致"政在私门"①,从而出现了弑君夺国的现象,如三家分晋、田氏代齐、戴氏夺宋等。可见,分封制下的层层分权,是造成春秋乱世的体制原因。因此,儒家主张恢复周礼来治理天下显然是看错病下错药了,而法家主张以郡县制代替分封制,加强君主集权,建立中央集权君主制国家,适应了时代发展的要求。韩非吸收和发展了慎到的势治思想,主张君主集权,强调君主权势的重要性,论述了君主集权的方法途径。如果说慎到的势思想指的是势的来源,强调的是"借势",那么韩非的势思想则是指势本身,更多强调"集势"。也就是说,韩非将慎到主张君主凭借大众支持来提升权威转换为直截了当地要求君主集权。因此,慎到的势治思想有朴素的民主成分,而韩非的势治思想则是极端专制的。

(一)韩非主张中央集权君主制

韩非虽然没有亲自为秦国具体设计政体,但其君主集权的势治思想则是秦始皇和李斯推行中央集权君主制的指导思想。《韩非子·扬权》从哲学的高度,以道论君,提出了君权至上的主张。韩非认为,"道无双,故曰一",不同于万物的多样性,道既是独一无二的,又是万物之源;君主是道在人世间的化身,"是故明君贵独道之容",君主不同于群臣,统领群臣,拥有至高无上的权力,是臣下权力的来源。

因此,韩非主张中央集权,进而认为国家的大权必须集中在君主一人手里:

　　　　事在四方,要在中央;圣人执要,四方来效。②

也就是说,地方的权力集中于中央,中央的权力集中于君主,从而形成了中央集权君主制,一反过去的地方分权君主制,成为秦政体的基础,也为汉以来封建社会的基本政体。

中央集权君主制包括两个方面:一是郡县制,即中央与地方的关系;二是官僚制,即君主与百官的关系。

---

① （汉）司马迁:《史记·晋世家》,第255页。
② 高华平等译注:《韩非子·扬权》,第59页。

在中央与地方的关系上,废除分封制,实行郡县制,加强中央集权。郡县制自商鞅变法以来开始在秦国实行,但全面确立是在秦统一六国以后。以丞相王绾为首的一批秦国旧贵族、旧官吏,主张效法周公实行分封制,"不为置王,毋以填之。请立诸子"①。李斯则反对分封制,认为周朝的灭亡恰恰是由于"封子弟同姓甚众,然后属疏远,相攻击如仇雠"②,因而主张实行郡县制。秦始皇赞成李斯的建议,"天下初定,又复立国,是树兵也"③,遂分天下为三十六郡。郡县制是中央集权的必然要求,目的是废除世卿世禄制,防止藩镇坐大,巩固君主集权的统一国家,也是韩非势治思想的体现。

在君主与百官的关系上,建立三公九卿制,加强对百官的控制,维护君主专制集权。在郡县制代替分封制的同时,官僚任免制代替了身份世袭制。君主作为中央集权制度的核心,必须集中权势。"万乘之主,千乘之君,所以制天下而征诸侯者,以其威势也。"④为此,必须打击世袭旧贵族的势力,"散其党,收其余,闭其门,夺其辅,国乃无虎"⑤;同时取用民间出身的有实际才干的人来取代他们,"宰相必起于州部,猛将必发于卒伍"⑥。出身民间的士人阶层取代贵族充当官吏,任免权掌握在君主手里,有力地集中了君主的权势,有利于大一统帝国的建立,为秦统一天下奠定了制度基础。秦王政统一全国后,自认为其伟大功业虽三皇五帝亦不能及,于是更改名号,号称"皇帝"⑦,以显示其至高无上的地位和权势。秦始皇同时还废除"谥法",认为按照谥法,"则子议父,臣议君也,甚无谓,朕弗取焉"⑧。并规定皇帝按照世代排序,"朕为始皇帝。后世以计数,二世三世至于万世,传之无穷"⑨。这些规定进一步确立了家天下和君主集权。皇帝独享统治权,三公九卿都对皇帝负责,建立起权力的金字塔结构。那居于权力金字塔塔尖的正是无限的皇权,即韩非所谓的"势"。

(二)韩非强调君主权势的重要性

韩非认为君主之所以能制服民众,是因为他有权势,而不是贤德:"夫有材而无势,虽贤不能制不肖。"⑩夏桀为天子,能统治天下,不是因为贤,而是因为

---

① (汉)司马迁:《史记·秦始皇本纪》,第44页。
② (汉)司马迁:《史记·秦始皇本纪》,第44页。
③ (汉)司马迁:《史记·秦始皇本纪》,第44页。
④ 高华平等译注:《韩非子·人主》,第749页。
⑤ 高华平等译注:《韩非子·主道》,第37页。
⑥ 高华平等译注:《韩非子·显学》,第731页。
⑦ (汉)司马迁:《史记·秦始皇本纪》,第43页。
⑧ (汉)司马迁:《史记·秦始皇本纪》,第43页。
⑨ (汉)司马迁:《史记·秦始皇本纪》,第43页。
⑩ 高华平等译注:《韩非子·功名》,第310页。

权势重;尧如果是平民,三家都管理不了,不是因为不肖,而是因为位卑。君主有权势,则国家治理起来就很容易,"得势位则不进而名成。若水之流,若船之浮"①。如果君主一旦失去权势,不仅不能治理好国家,还可能身死国亡:

> 威势者,人主之筋力也。今大臣得威,左右擅势,是人主失力;人主失力而能有国者,千无一人。②

韩非认为法治的有效实行,也维系于君主权势:

> 国无常强,无常弱。奉法者强,则国强;奉法者弱,则国弱。③

因此,韩非要求君主要牢牢掌握权势,不可让大权旁落。

(三)君主掌握权势的方法:集权

第一,君主集权就要紧紧抓住赏、罚两个大权,即"二柄"。韩非说,"明主之所导制其臣者,二柄而已矣。二柄者,刑、德也"④。

第二,君主要防止赏、罚这两个大权旁落他人之手,否则就失去了权势。韩非强调"权势不可以借人"⑤,"威不贰错,制不共门",反对分权于人。他举齐简公失赏于田常、宋君失刑于子罕导致身死国败的例子来论证:

> 田常徒用德而简公弑,子罕徒用刑而宋君劫。⑥

第三,韩非认为,要维护君主权势,必须大力打击权贵和朋党。他指出,大臣权力太重必然削弱君主权威,损害法治,危害社稷。"人臣太贵,必易主位。"⑦重臣擅权使得群臣为自身利益考虑都趋而附之,不敢对君主尽忠效力,君主就必然被蒙蔽:

> 国有擅主之臣,则群下不得尽其智力以陈其忠,百官之吏不得奉法

---

① 高华平等译注:《韩非子·功名》,第309页。
② 高华平等译注:《韩非子·人主》,第749页。
③ 高华平等译注:《韩非子·有度》,第41页。
④ 高华平等译注:《韩非子·二柄》,第52页。
⑤ 高华平等译注:《韩非子·内储说下》,第358页。
⑥ 高华平等译注:《韩非子·二柄》,第53页。
⑦ 高华平等译注:《韩非子·爱臣》,第30页。

以致其功矣。①

韩非认为,趋利避害是人的本性,奸臣当道,忠君必受祸害,弊主而事权贵者身尊家富,人怎么能尽忠而不事奸呢? 他说:"人焉能去安利之道而就危害之处哉!"

因此,为了维护君权的权势,防止大权旁落,韩非继承子夏"蚤绝奸之萌"的思想,主张打击朋党,削弱权贵势力,防患于未然。"欲为其国,必伐其聚;不伐其聚,彼将聚众。"②打击朋党、权贵的方式是"厚者亏之,薄者靡之"。朋党就像树木一样,任其生长就会枝叶繁茂,所以要"数披其木":

> 止之之道,数披其木,毋使枝茂。木数披,党与乃离。③

第四,韩非认为在打击权贵的同时,也要奖赏贤能有功之臣。"明主之为官职爵禄也,所以进贤材,劝有功也。"④韩非建议君主尤其要起用像他这样一心为主的法术人士,以巩固君主权势:

> 夫有术者之为人臣也,得效度数之言,上明主法,下困奸臣,以尊主安国者也。⑤

第五,与慎到相同,韩非也承认君主的权势有赖于民众的支持:

> 人主者,天下一力以共载之,故安;众同心以共立之,故尊。……故古之能致功名者,众人助之以力。⑥

如果失去了民众的支持,君主就失去了权势。"人主之患在莫之应。"⑦因此,君主要获得、维持和巩固其权势,都需要得到众人的支持。承认权势有赖于众人的支持,这是法家的进步性,但韩非还没有真正认识到民众的力量。韩非所谓的众人不过是士人阶层,他对底层民众是轻视

---

① 高华平等译注:《韩非子·奸劫弑臣》,第130页。
② 高华平等译注:《韩非子·扬权》,第65页。
③ 高华平等译注:《韩非子·扬权》,第68页。
④ 高华平等译注:《韩非子·八奸》,第75页。
⑤ 高华平等译注:《韩非子·奸劫弑臣》,第132页。
⑥ 高华平等译注:《韩非子·功名》,第310—311页。
⑦ 高华平等译注:《韩非子·功名》,第310页。

的。韩非说：

> 民智之不可用，犹婴儿之心也。①

这是明确主张君主专制独裁了。韩非认为民智有限，目光短浅，缺乏远见，"不知犯其所小苦致其所大利"②，往往不知其真正利益之所在，所以民智不足师用。因此，韩非反对儒家提出的"得民之心"的治国主张。民智有限虽有一定道理，但君智又何尝不有限？让君主做民众利益的代言人，发号施令，而又不必"得民之心"，韩非主张赤裸裸的君主专制了。韩非在主张法治的时候承认君主智力有限，因此要"尽人之智"，现在却又认为民智如婴儿不足用，君主可以独断，可见，他的法治思想与势治思想自相矛盾。

总之，韩非所说的"势治"是指人为的"集势"，而非慎到所谓借助自然的"借势"。韩非自己也承认他所讲的势非自然之势，而是人为之势。他说："吾所为言势者，言人之所设也。"借势强调权势的来源与支持，集势强调权力的集中。虽然只有一字之差，却是朴素民主与君主专制的分水岭。在韩非看来，君主只要独揽赏罚大权这一人设之势，就可以号令天下，而无须民众的支持。韩非主张君主集权、反对君臣分权的出发点本是为了防奸，然而如何防范高度集权的君权滥用，他就无暇顾及了。

四　法、术、势相结合：集权法治

韩非是法家的集大成者，集中了商鞅的法、申不害的术和慎到的势思想，将三者相结合并加以改造，发展了一套封建君主集权法治的理论和技术。

（一）法与术的结合

在《韩非子·定法》中，韩非说："今申不害言术而公孙鞅为法。"③在这篇文章中，他对申不害的术和商鞅的法进行了比较分析。

首先，韩非明确了法与术的概念以及它们之间的区别：

> 术者，因任而授官，循名而责实，操杀生之柄，课群臣之能者也。此

---

① 高华平等译注：《韩非子·显学》，第737页。
② 高华平等译注：《韩非子·显学》，第737页。
③ 高华平等译注：《韩非子·定法》，第620页。

人主之所执也。

可见，术是指治官的法和技术（类似行政问责法），即循名责实。又说：

> 法者，宪令著于官府，刑罚必于民心，赏存乎慎法，而罚加乎奸令者也。此臣之所师也。①

可见，法主要是指治民的法，即赏罚之法。所以，术由君主操作，而法由官吏执行。君主用术治理百官，而百官用法治理百姓。"法莫如显，而术不欲见"②，两者结合，则实现法治。

其次，韩非认为法与术缺一不可。徒术而无法，徒法而无术，都不能实现法治："君无术则弊于上，臣无法则乱于下，此不可一无，皆帝王之具也。"③他举申不害独用术和商鞅独用法的弊端加以论证。

申不害有术无法，未能使韩国强大：

> 申不害不擅其法，不一其宪令，则奸多。④

商鞅有法无术，虽然国富兵强，但未能成就帝业：

> 公孙鞅之治秦也，设告相坐而责其实，连什伍而同其罪，赏厚而信，刑重而必。……故其国富而兵强；然而无术以知奸，则以其富强也，资人臣而已矣。⑤

最后，韩非认为不能简单地采用申不害的术和商鞅的法，"申子未尽于术，商君未尽于法也"。因此，申不害的术和商鞅的法都要加以完善。

> 商君之法曰："斩一首者爵一级……"，官爵之迁与斩首之功相称

---

① 高华平等译注：《韩非子·定法》，第 620 页。
② 高华平等译注：《韩非子·难三》，第 587 页。
③ 高华平等译注：《韩非子·定法》，第 620 页。
④ 高华平等译注：《韩非子·定法》，第 621 页。
⑤ 高华平等译注：《韩非子·定法》，第 622 页。

也。今有法曰:"斩首者令为医、匠。"则屋不成而病不已。①

　　韩非认为功与赏要相称,反对类似"斩首者令为医、匠"的不当法令,赏人不当其能,使得屋不成而病不已。由此他认为商鞅的法还不够完善,用今天的话说,就是有不科学的地方。有功予赏没错,但也不能乱赏,要按照功劳的大小和个人的能力赏给恰当的职位。

　　他又举例说,申子主张"治不逾官,虽知弗言",要求官吏在法律授权范围内履行职责,法无授权不可为。韩非同意"治不逾官",但反对"知而弗言"。因为:

　　今知而弗言,则人主尚安假借矣?②

　　韩非赞成官员要依法履职,恪尽职守,但也反对官员对职权外的事知道了也不说的做法,因为这使得君主塞听,相当于蒙蔽了君主,所以说申不害的术还不够完善。

　　申不害"术"的概念的提出,是对商鞅法治概念的一大提升。商鞅法治的重点是官员以法治民,严刑峻法,迫使民众遵守法律。而申不害的术治则是君主以法治官,循名责实,迫使官员恪尽职守。

　　韩非主张法、术的结合,使得法治的重点从治民的层次上升到治官的层次,发展了古代法治概念,但由于韩非将申不害技术性的术治向操弄权术的方向发展了,这与法治的公开性精神相矛盾,必然激发权力斗争,构成了对法治的破坏。法治要求权力在阳光下依法运行,而阴谋术是见不得阳光的。因此,韩非的术治具有君主人治的因素。秦始皇及二世迷信权术之治,神龙见首不见尾,隐藏行踪,增加了与群臣的隔阂,君臣相互猜忌,争权夺利,难以勠力同心,这是加速秦亡的一个重要原因。

　　(二)法与势的结合:中主治国的悖论

　　韩非将慎到的势治理论发展成为"抱法处势"的君主集权统治理论,进一步丰富了古代法治概念。

　　君主发号施令而天下服从,换成普通人则不能号令天下,这是权势,所以治国离不开权势,这一点儒、法两家都是认可的。只是法家强调权势的集中,而儒家出于担忧权力的滥用更关注行使权势的人的道德品质。

① 高华平等译注:《韩非子·定法》,第624—625页。
② 高华平等译注:《韩非子·定法》,第624页。

儒家认为,权势是治国工具,贤者可用,不肖者也可用,"贤者用之则天下治,不肖者用之则天下乱"①。因此,儒家认识到单纯主张势治是很危险的,它是治乱的根源,"势之于治乱,本末有位也"②。儒家难能可贵地认识到,虽然治国离不开权力,然而权力又必须由君主这样一个具体的人来行使,这就势必造成君主之位的正当权势与君主个人意志的紧张关系。所以,为了消除权位与君主之间的紧张关系,儒家认为徒势不足以治国,治国必待贤人。如果把权位比作马车,则必须由善御的王良来驾车才能日行千里,"夫尧、舜亦治民之王良也"③。也就是说,为了防止君主滥权,儒家主张用道德来约束君主,要求君主按儒家的仁义原则来治国。

韩非认为儒家"必待贤乃治"的观点是错误的。第一,贤人不常有。"世之治者不绝于中"④,君主之中,中才居多,像尧、舜这样的贤人千年一遇,如果治国必待尧、舜,是千年才有一治。第二,离开了权势,尧、舜这样的贤人也不能治国。"释势委法,尧、舜户说而人辩之,不能治三家。"⑤因此,韩非提出,只要权力和法结合,无待尧、舜,中人亦可治国:

> 中者,上不及尧、舜,而下亦不为桀、纣。抱法处势则治,背法去势则乱。⑥

可见韩非要求势治与法治相结合,反对儒家贤人治国的观点,主张君主"抱法处势"治理国家。这就降低了对君主的道德要求,强调了法与势在治国中的作用,要求君主集中权势守法而治。如此,即便是中主,亦可实现天下大治。

然而韩非没有看到君主"抱法处势"有一个内在矛盾,法与权(势)的矛盾,或者说法家尚法与尊君的矛盾,即要求君主守法与主张君主集权的内在矛盾。尚法要求一切人都守法,特别是要求权力依法行使,即约束恣意的权力,包括君主的权力在内;尊君则君主超然于法律之上,其权力不受法律约束。法家尊君,君主是最高立法者,君主一言兴法,也可一言废法,君主就是

① 高华平等译注:《韩非子·难势》,第605页。
② 高华平等译注:《韩非子·难势》,第605页。
③ 高华平等译注:《韩非子·难势》,第605页。
④ 高华平等译注:《韩非子·难势》,第608页。
⑤ 高华平等译注:《韩非子·难势》,第608页。
⑥ 高华平等译注:《韩非子·难势》,第608页。

法，君主守法全凭心情，所以要求君主守法只不过是法家的一厢情愿罢了。

因此，势治不能防范暴君的出现从而破坏法治。韩非承认"抱法处势"也防范不了夏桀、商纣这样的暴君，但他似乎心存侥幸，指出这种暴君毕竟很少见：

> 抱法处势而待桀、纣，桀、纣至乃乱，是千世治而一乱也。

韩非说，"桀、纣千世而一出"①，认为桀、纣这样的暴君是稀罕物，所以也就无须防备。这种看法是严重错误和矛盾的。其一，虽然人中大善大恶者少，中人多，但桀、纣也绝非天生大恶之人；其二，使桀、纣变成大恶的，正是手中无限的权力。试想，如果没有权势，桀、纣这样的大恶人也做不了大恶；有了权势，桀、纣的恶就要放大一万倍不止。可见权势比恶德更具破坏力。因此，如果没有制度的防范、贤臣的辅佐及民众的反抗，恐怕多数国君在权力欲下都将变成桀、纣，而尧、舜倒是真正的稀罕物。因此，韩非所谓的中主治国实际上是不可能的。可见，韩非所谓的法与势都是用来治理臣民的，君主居于法外，无所束缚，无法防范暴君的出现而毁坏法治本身。韩非仅就权力本身来考虑权势，虽然他曾认识到众人支持对权力的重要性，但未考虑权势的来源问题，更没有考虑权力的制约问题。正是不受限制的权力才会导致暴政和失去民心，正是失去民心而得不到民众支持的权力才失去了其权威，才会导致天下大乱。

韩非法家学说的矛盾之处是没有正确处理好法与权（势）的关系。在谈论法治的时候，他要求明君尽人之智，因道全法，无为而治，为此又提出"君无为而臣有为"，即主张君臣分工，给大臣一定的权力；而在谈论势治的时候，他强调君主集中权势的重要性，势不可借人，从而将君臣分工抛在脑后。所以，法与势的矛盾，集中表现为分权与集权的矛盾，将权力集中于一身，势必破坏法治，最终陷入人治。君臣分权是推行法治的必要权力机制，君主行使立法权和用人权，宰相行使执行权，御史大夫行使监督权，这样的分工是必要的。秦孝公和商鞅这一对君臣搭档是君臣分工的典范，孝公英明，故不干预商鞅执法，商鞅尽职，严格执法，因而变法取得成功。而到了秦始皇，偏爱韩非的势治学说，大权独揽，刚愎自用，损害了法治，埋下秦亡的隐患。

在法家无法提出用制度防范君主滥用权力的封建社会，反观儒家提出用道德约束君主的权力的主张，也就有其一定的历史合理性了。请看儒家

---

① 高华平等译注：《韩非子·难势》，第 608 页。

对过度集权的批评：

> 夫势者，非能必使贤者用已，而不肖者不用已也。贤者用之则天下治，不肖者用之则天下乱。……夫势者，便治而利乱者也。①

可见，儒家看到了过度集权的危害，主张用道德约束君主的权力。不过这种约束的效力如何，则是儒家无暇顾及的了。儒家不可能主张用法律代替道德来约束君主权力（那样就不是儒家了），法家只说用法律来维护君主权力，而不说用法律来约束君主的权力（否则也不是法家了）。因此，在维护君主权力这一点上，儒、法两家是一致的，面对桀、纣这样的暴君，儒、法两家也就都无能为力了，只能任由天下大乱了。面对暴君在位，孔子的方法是归隐，"乘桴浮于海"；韩非的方法是忍耐，千年等一回。只有孟子说暴君可弑，但这也是极端的办法。他们都没有从制度安排的顶层设计来思考如何防范暴君的出现。

（三）法、术、势相结合的君主集权法治

韩非认为，"奉法者强，则国强；奉法者弱，则国弱"②。他将法治国家的希望寄托在君主身上，要求君主集法、术、势于一身，从而提出法、术、势相结合的法治主张：

> 凡治天下，必因人情。人情者，有好恶，故赏罚可用；赏罚可用，则禁令可立而治道具矣。君执柄以处势，故令行禁止……故明主之行制也天，其用人也鬼。③

可见，韩非的法治就是以法治民，以术制臣，以势使用法、术，将法、术、势系于君主一身的集权法治。三者的结合以势为统领，法为工具，术为方法。势为"人主之渊"④，是操法的主人，不可以借人；法为"国之利器"⑤，是控制臣民的工具，不可落入臣子之手；术为使用法的神秘方法，"不可以示人"⑥。可见，韩非的法治理论就是关于君主如何正确使用赏

---

① 高华平等译注：《韩非子·难势》，第605页。
② 高华平等译注：《韩非子·有度》，第41页。
③ 高华平等译注：《韩非子·八经》，第681页。
④ 高华平等译注：《韩非子·内储说下》，第359页。
⑤ 高华平等译注：《韩非子·内储说下》，第359页。
⑥ 高华平等译注：《韩非子·内储说下》，第359页。

罚的治国方法,简言之,就是法、术、势相结合,抱法,处势,用术,牢牢地控制赏罚大权。

在韩非看来,君主要牢牢地抓住权柄,掌握用人之术,坚守法律,三者相结合就能实现法治。固然,君主如听从他的要求,法治并不难实现。然而法家既然主张人性的不可靠,那么君主其人也就不能成为例外,要求君主守法只不过是法家的一厢情愿罢了。君主往往有个人偏好,用智用情而不任法,随时构成对法治的破坏,而韩非对此却无能为力。由于韩非过度强调权势,而忽视对君主权势的约束,从而造成权大于法,成为法治的潜在威胁。因此,他的君主集权法治理论,其前提只能是一个明君,若缺此前提,法治无法推行。所以,韩非自己不得不承认,其法治并不能阻止桀、纣这样的暴君乱国。

五　势治案例：蕞黎谏士、焚书坑儒、李斯之死

秦王政是韩非势治思想的践行者,是综合运用韩非法、术、势相结合统治术的典范,从蕞黎谏士和焚书坑儒可见其法家本色,大权独揽,重刑轻德,反儒尚法,志在兼并天下。

（一）蕞黎谏士

据《说苑·正谏》记载,秦王政的母亲赵姬不检点,"幸郎嫪毐"①,封嫪毐为长信侯,有了两个私生子,太后对嫪毐言听计从,嫪毐私结党羽,甚至狂言"吾乃皇帝之假父也"②。年轻的秦王闻之大怒,欲除掉嫪毐,嫪毐借机发动叛乱,被秦王发兵打败。"始皇乃取毐四肢车裂之,取其两弟囊扑杀之,取皇太后迁之于萯阳宫。"③年轻秦王显示了他权力独尊和严酷寡恩的法家作风。

为防止人们议论此事,秦王下令:"敢以太后事谏者,戮而杀之,从蕞黎其脊。"④然而违令进谏的人络绎不绝,"谏而死者二十七人矣"⑤。秦王将他们的尸体钉在墙上,以儆效尤。

偏偏有个齐客茅焦仍然不怕死,说什么天上有二十八星宿,今死者已有二十七人,他想凑齐这个数,所以继续跑去劝谏秦王。茅焦对秦王说:"陛下车裂假父,有嫉妒之心;囊扑两弟,有不慈之名;迁母萯阳宫,有不孝之行;从

①　（汉）刘向撰,王天海、杨秀岚译注:《说苑·正谏》,第456页。
②　（汉）刘向撰,王天海、杨秀岚译注:《说苑·正谏》,第456页。
③　（汉）刘向撰,王天海、杨秀岚译注:《说苑·正谏》,第456页。
④　（汉）刘向撰,王天海、杨秀岚译注:《说苑·正谏》,第456页。
⑤　（汉）刘向撰,王天海、杨秀岚译注:《说苑·正谏》,第456页。

蔽藜于谏士,有桀、纣之治。今天下闻之,尽瓦解无向秦者,臣窃恐秦亡,为陛下危之,所言已毕,乞行就质。"①

茅焦指出秦王的不是,批评他不慈不孝,甚至说他是桀、纣一样的暴君,谁料秦王却没有杀他,反而赦免了他,"爵之为上卿"②,并听从茅焦之言,"迎太后萯阳宫,归于咸阳"③。

《说苑》的记载可能有文学演绎的成分,但秦王政杀嫪毐和两弟,迁母后又迎归,以及茅焦劝谏,《史记》都有记载。《战国策》将劝谏的主角由茅焦换成了顿弱,顿弱批评秦王不孝,"秦王悖然而怒"④。顿弱接着说:"山东战国有六,威不掩于山东而掩于母,臣窃为大王不取也。"⑤秦王才息怒而问统一六国之计。

至于蔽藜谏士,《史记》没有记载。但秦始皇震怒之下杀了几个谏士也有可能,只是二十七这个数目不可信,乃夸张附会之说。

蔽藜谏士,说明秦王政信奉韩非的严刑威势学说,不杀不足以立威,因此借嫪毐案大开杀戒,树立自己的至高无上的权威,起到"群臣竦惧乎下"⑥的势治作用。至于为什么没有杀茅焦,应该不是因为秦王政因茅焦批评自己违反儒教教义而幡然悔悟,而是茅焦所说的秦王囚母杀谏士的行为有损于其名声,进而引起诸侯背秦,说动了秦王。为了秦国统一天下的大计,再加上母子的天然亲情,秦王冷静思考以后就借茅焦之言下了台阶,迎回母亲,了结了嫪毐一案,达到夺权的目的。

(二) 焚书坑儒

秦统一后,秦始皇为笼络人心,将天下方士、儒生收之咸阳,以造文化繁荣之景象。咸阳街头一时再现昔日齐国稷下之盛况,天下名士云集,百家竞说,议论新兴王朝的治国大策。由于秦始皇采纳李斯的建议,政治上采用郡县制巩固中央集权,思想上以法为教,以实现思想统一,招致儒生及秦贵族的不满,纷纷借机批评朝政。为打击复古势力,中国历史上著名的"焚书坑儒"事件便在这样的背景下产生。

在向秦始皇祝寿的宴会上,出现了有名的寿宴议政。儒生淳于越等向秦始皇提议效法殷周古制,分封子弟为诸侯,恢复分封制。淳于越说:

---

① (汉)刘向撰,王天海、杨秀岚译注:《说苑·正谏》,第456—457页。
② (汉)刘向撰,王天海、杨秀岚译注:《说苑·正谏》,第457页。
③ (汉)刘向撰,王天海、杨秀岚译注:《说苑·正谏》,第457页。
④ (汉)刘向:《战国策·秦四》,第50页。
⑤ (汉)刘向:《战国策·秦四》,第50页。
⑥ 高华平等译注:《韩非子·主道》,第35页。

臣闻之,殷周之王千余岁,封子弟功臣自为支辅。今陛下有海内,而子弟为匹夫,卒有田常、六卿之臣,无辅弼,何以相救哉? 事不师古而能长久者,非所闻也。①

主张郡县制的丞相李斯加以驳斥:

五帝不相复,三代不相袭,各以治,非其相反,时变异也。……今天下已定,法令出一,百姓当家则力农工,士则学习法令辟禁。今诸生不师今而学古,以非当世,惑乱黔首。②

李斯进而主张焚书,禁止儒生以古非今,以私学诽谤朝政。他说:

臣请史官非秦记皆烧之。非博士官所职,天下敢有藏诗、书、百家语者,悉诣守、尉杂烧之。③

儒家思想是秦国推行法家政策的重大阻力。李斯认为儒生道古害今,非议法教,以文乱法,扰乱人心,如不加以禁止,必然损害君主权威,损害法治,进而导致天下散乱。因此,焚书是为了统一思想,即"以法为教""以吏为师",统一到法家思想上来。秦始皇采纳李斯的建议,下令焚书,史称"焚书"。"始皇可其议,收去诗、书、百家之语以愚百姓,使天下无以古非今。"④进而明法度,定律令,同文书,以作为统一思想和行动的准绳。

次年,即秦始皇三十五年(前 212 年),方士卢生、侯生等替秦始皇求仙失败后,私下谈论秦始皇的为人、苛政以及妄求仙药等各个方面,然后出逃。秦始皇知道后大怒,故而迁怒于方士,下令在京城搜查审讯,殃及儒生,抓获四百六十余人并全部活埋。史称"坑儒"。

《史记·秦始皇本纪》记载,始皇闻侯生、卢生逃亡,感觉受到了欺骗愚弄,非常震怒:"卢生等吾尊赐之甚厚,今乃诽谤我,以重吾不德也。诸生在咸阳者,吾使人廉问,或为妖言以乱黔首。"于是派御史将诸生抓捕归案,诸生又互相揭发,共抓获四百六十余人,然后将他们都坑埋于咸阳,公告天下,以示惩戒。始皇长子扶苏反对这样做,劝诫始皇说:"天下初定,远方黔首未

---

① (汉) 司马迁:《史记·秦始皇本纪》,第 47 页。
② (汉) 司马迁:《史记·秦始皇本纪》,第 47 页。
③ (汉) 司马迁:《史记·秦始皇本纪》,第 47 页。
④ (汉) 司马迁:《史记·李斯列传》,第 523 页。

集,诸生皆诵法孔子,今上皆重法绳之,臣恐天下不安。唯上察之。"①始皇怒而不听,反而让扶苏北上监蒙恬大军。

焚书和坑儒为前后相继的重要事件,指秦始皇在前 213 年和前 212 年焚毁书籍、坑杀"犯禁者四百六十余人"。又称"焚诗、书,坑术士",语出《史记·儒林列传》:"及至秦之季世,焚诗、书,坑术士,六艺从此缺焉。"②西汉之后称"焚书坑儒"。西汉刘向《〈战国策〉序》:"任刑罚以为治,信小术以为道。遂燔烧诗、书,坑杀儒士。"③

焚书坑儒是秦始皇为建立中央集权君主制而采取的一个重大举措,巩固了法教,扫除了思想障碍,打击了儒生背后的贵族复辟势力,树立了皇权的权威。然而,"独夫之心,日益骄固",秦始皇的专制独裁也为秦朝的速亡埋下了伏笔。

（三）李斯之死

韩非的势治学说只有明君能用,昏君、暴君皆不能用,否则走火入魔,危害甚大。秦始皇膜拜韩非的教义,崇尚势治,玩弄权术,专制独裁,但他有一个明确的目的和伟大事业——统一天下,目的之正当掩盖了他手段的恶。权力的高度集中有利于兼并战争,但天下一统后,秦始皇失去了明确目标,权力就引向自我享受,个人欲望无限膨胀,营造骊山墓和阿房宫,劳民伤财,焚书坑儒,打压言论自由,不惜将个人利益与人民利益相对立,天下苦之,埋下了秦亡的隐患。二世即位,同样崇尚韩非学说,但昏庸无能,受奸臣赵高蒙蔽,滥杀无辜,盘剥百姓,终于激起天下共愤,秦朝遂亡。

由于奸臣赵高视李斯为其篡权道路上的最大障碍,必欲除李斯而后快。赵高利用二世的昏庸,滥杀公子大臣,这时李斯明哲保身,不加阻拦。待到赵高构陷李斯谋反,夺权之心日益暴露,这时李斯才想到要除赵高。可惜他却以愚忠的方式劝谏二世除掉赵高,反为赵高所除。为国家及自身计,李斯本可以采取非常方式果断除掉赵高,先斩后奏,甚至可以直接杀掉二世,更立子婴为皇帝,必然为众臣所认可。这些赵高可以采取的手段他都没采用,而是向昏庸无道的二世皇帝进言赵高的不是,二世又将这些话传于赵高,赵高遂先下手为强,污其谋反,刑讯逼供,夷其三族。

李斯之死在于他迷信韩非的势治学说。李斯自认忠于二世而死。他说:

---

① （汉）司马迁:《史记·秦始皇本纪》,第 48 页。
② （汉）司马迁:《史记·儒林列传》,第 700 页。
③ （汉）刘向:《〈战国策〉序》,载（清）曾国藩编,佘础基整理《经史百家杂钞》,第 304 页。

昔者桀杀关龙逢,纣杀王子比干,吴王夫差杀伍子胥。此三臣者,岂不忠哉,然而不免于死,身死而所忠者非也。……吾以忠死,宜矣。①

乍一看,还以为李斯变成儒家谈起忠孝来了,然而李斯所谓的"忠君"绝非儒家所说的"忠君",而是韩非所主张的绝对服从君主的所谓"常道"。韩非说:"臣事君,子事父,妻事夫。……此天下之常道也。"②儒家所说的忠君有一个前提,就是君乃贤君;对于暴君,不仅不可以愚忠,孟子甚至认为可以杀之。韩非从维护君主至上的角度出发,坚决反对弑君,将儒家所歌颂的汤武革命斥为乱臣贼子,将尧、舜禅让视为乱了君臣之道。李斯奉行韩非学说,昏君亦君,忠于昏君。李斯明知二世之乱政:"日者夷其兄弟而自立也,杀忠臣而贵贱人,作为阿房之宫,赋敛天下。"③对此,李斯并无制止,实属纵容,李斯为自己辩解说,"吾非不谏也,而不吾听也"④,以示其忠,并以关龙逢、王子比干、伍子胥自比。"此三臣者,岂不忠哉,然而不免于死,身死而所忠者非也。"⑤虽然所忠者非,但也要以死效忠。可见法家尊君,混淆了君主个人利益与国家利益的区别,甚至将君主利益凌驾于国家利益乃至人民利益之上。

李斯临死前终于认识到:"不道之君,何可为计哉!"⑥却无可奈何。秦二世受奸臣赵高蒙蔽,残杀朝中大臣无度,终于要杀李斯,诬其谋反,灭其三族。李斯临死前哭着对儿子说:"吾欲与若复牵黄犬俱出上蔡东门逐狡兔,岂可得乎!"⑦到最后,他还是不甘心,可是为时已晚。李斯到死方才明白,"不道之君"是韩非学说的死结,无解。

不过,古人的思维往往容易从一个极端走向另一个极端。因韩非势治学说存在专制独裁的弊端,就否定法治,主张人治(汉儒的思维就是这样),这也是不对的。贤人是难得的,说到底没有制度的保障,贤人也是不可靠的,因此治国还须理性,要依靠法治。只要找到商鞅所说的必行之法,则韩非所说的中主守法而治亦不难实现,无待圣贤。治国无须圣贤,这是韩非学说最深刻的地方;但法治又系于一君,这是韩非学说最矛盾的地方——韩非法治的"阿喀琉斯之踵"。

---

① (汉)司马迁:《史记·李斯列传》,第 528 页。
② 高华平等译注:《韩非子·忠孝》,第 741 页。
③ (汉)司马迁:《史记·李斯列传》,第 528 页。
④ (汉)司马迁:《史记·李斯列传》,第 528 页。
⑤ (汉)司马迁:《史记·李斯列传》,第 528 页。
⑥ (汉)司马迁:《史记·李斯列传》,第 528 页。
⑦ (汉)司马迁:《史记·李斯列传》,第 529 页。

第五节　后期晋法家的特征、贡献及倾向

韩非主张以法为教,极端反儒,尚法扬权。在反儒的同时还吸收道家思想,其吸收道家思想一是出自批儒的需要,二是为其法治主张增强理论依据。韩非一方面深化了商鞅的法治思想,提出了中主治国的理念;另一方面又将法家的法治引向势治(权治),导致君主集权的法治。

一　后期晋法家的特征：反儒融道

后期晋法家强烈反儒,在反儒的同时有选择地吸收道家的部分思想来增强自身的理论说服力,用以反对儒家的人治。

(一)极端反儒：以法为教,清除儒家

韩非不仅从人性论、历史进化论等方面批判儒家的德治思想,还从怀疑主义认识论、国本位价值观、德教的无效性等方面对儒家展开批评,是彻底的反儒学者。他说,"故有道之主,远仁义,去智能,服之以法"①,显示与儒家势不两立的决绝。

1. 从认识论上批评儒学为愚诬之学、杂反之辞

韩非从认识论角度指出儒学的主观臆想性,表现了他的怀疑主义认识观。所谓尧、舜、禹之道都是未经实际检验的古代论断,因此不能说是必然的真理;不是必然的真理却拿来作为理论依据,因此得出的就是相互矛盾的谬论,即"愚诬之学,杂反之行"。韩非说:

> 无参验而必之者,愚也;弗能必而据之者,诬也。故明据先王,必定尧、舜者,非愚则诬也。②

韩非抓住儒家尚贤与忠孝的内在矛盾,猛烈批判儒家尚贤思想违反了忠孝之道,从而主张尚法而不尚贤。韩非认为君主不可侵犯,也不能以君主不肖为借口犯上作乱。他说:"臣事君,子事父,妻事夫"是天下的常道。按此常道,"则人主虽不肖,臣不敢侵也"③。以下犯上是违反君臣大义的。

对于"臣弑其君,可乎"④这一齐宣王之问,儒家的孟子对商汤放逐夏

---

① 高华平等译注:《韩非子·说疑》,第 627 页。
② 高华平等译注:《韩非子·显学》,第 725 页。
③ 高华平等译注:《韩非子·忠孝》,第 741 页。
④ 方勇译注:《孟子·梁惠王下》,第 33 页。

桀,武王讨伐纣王,均予以肯定的评价。孟子回答说:"闻诛一夫纣矣,未闻弑君也。"①孟子的逻辑是,暴君非君,因此,商汤王、周武王讨伐暴君不是弑君,相反,是替天行道,实行天罚。可见,在孟子看来,君主应该以仁义治国,仁义是君主应该具有的本性,残暴之君违背仁义,已失去君主的本性,也就不能称之为君主了,因此人民诛杀暴君就不叫弑君,而是诛杀独夫。

韩非对儒家所颂扬的古代圣贤尧、舜、汤、武都做了相反的评价,认为他们都违反了君臣之义。他说:

> 尧为人君而君其臣,舜为人臣而臣其君,汤、武为人臣而弑其主,刑其尸,而天下誉之,此天下所以至今不治者也。②

春秋乱世,臣弑君的现象颇多,也是构成春秋动乱的重要原因之一。韩非和法家都是君主专制的强力拥趸,当然要反对弑君。韩非指出,舜、汤、武都是以贤害主,算不上忠臣:"所谓忠臣,不危其君;孝子,不非其亲。今舜以贤取君之国,而汤、武以义放弑其君,此皆以贤而危主者也。"③因此,尚贤任智必将导致天下大乱:

> 是废常上贤则乱,舍法任智则危。故曰:上法而不上贤。④

韩非指责儒家"法先王"是对后王的诽谤。经常称誉先王之德是对后王的不忠,因此也是杂反之辞:

> 为人臣常誉先王之德厚而愿之,诽谤其君者也。非其亲者知谓不孝,而非其君者天下此贤之,此所以乱也。⑤

2. 批判儒家德治、人治不可行

(1)韩非指出道德的内在性与德教的无用性。韩非认为德是人的内在品质,而礼是外在文饰:"德者,内也。得者,外也。"⑥他认为人性善恶是天

---

① 方勇译注:《孟子·梁惠王下》,第33页。
② 高华平等译注:《韩非子·忠孝》,第740页。
③ 高华平等译注:《韩非子·忠孝》,第743页。
④ 高华平等译注:《韩非子·忠孝》,第741页。
⑤ 高华平等译注:《韩非子·忠孝》,第743页。
⑥ 高华平等译注:《韩非子·解老》,第187页。

生的属性,很难改变,因而德教无效:"性命者,非所学于人也,而以人之所不能为说人,此世之所以谓之为狂也。"①礼繁德衰,因而礼治无效。"礼繁者,实心衰也。"②因为失德而后礼,韩非反对外在的礼,但并不反对内在的德:"有道之君,外无怨仇于邻敌,而内有德泽于人民。……人君无道,则内暴虐其民而外侵欺其邻国。"③

（2）从功利主义人性论的角度,韩非认为德治、人治不可行。韩非认为要求人为善较难,但要求人不得为非相对容易:"夫圣人之治国,不恃人之为吾善也,而用其不得为非也。"治国不依靠人之行善,而要使人不得为非。依靠人之行善,国内找不到几十人;使人不得为非,可以使全国人民都遵守。所以德治是不可行的,"故不务德而务法"④。

韩非分析了以仁义治国的危害。以仁义治国往往导致国家非亡则削,这是为什么呢? 他认为仁义不能止奸,反而助长了奸邪:"夫有施与贫困,则无功者得赏;不忍诛罚,则暴乱者不止。"⑤看来,韩非也是反对福利政策的,且只有严刑才能禁奸邪。

韩非认为重儒商、轻耕战违反功利主义,必然导致国贫兵弱。"耕者则重税,学士则多赏,……所养者非所用,所用者非所养,此所以乱也。"⑥在他看来,商贾学士不垦而食,这种人多了,必然使国家削弱。所以法家重农抑商。

韩非认为儒家文学之言是浮夸不实的"劝饭之说":"不能具美食而劝饿人饭……不务本作而好末事,知道虚圣以说民,此劝饭之说。"⑦

因此,韩非反对以仁义治国,"故明主举实事,去无用,不道仁义者故,不听学者之言"⑧。治国以严不以爱,德爱软弱无用,并以慈母多败子为例来论证:

> 母之爱子也倍父,父令之行于子者十母;吏之于民无爱,令之行于民也万父。母积爱而令穷,吏威严而民听从,严爱之策亦可决矣。……

① 高华平等译注:《韩非子·显学》,第735页。
② 高华平等译注:《韩非子·解老》,第190页。
③ 高华平等译注:《韩非子·解老》,第204—205页。
④ 高华平等译注:《韩非子·显学》,第735页。
⑤ 高华平等译注:《韩非子·奸劫弑臣》,第140页。
⑥ 高华平等译注:《韩非子·显学》,第729页。
⑦ 高华平等译注:《韩非子·八说》,第676页。
⑧ 高华平等译注:《韩非子·显学》,第737页。

故母厚爱处,子多败,推爱也;父薄爱教笞,子多善,用严也。①

（3）从认识论角度批判人治不可行。除了性恶论以外,韩非还从认识论角度来批判儒家的人治思想。韩非提出人的认识能力是有限的。他说:"天下有信数三:一曰智有所不能立,二曰力有所不能举,三曰强有所不能胜。"②既然人的认识能力有限,那么人治是靠不住的,因此,要求君主清静无为,守法而治。韩非说:"不以智累心,不以私累己;寄治乱于法术,托是非于赏罚,属轻重于权衡。"③同时,因为个人智力有限,韩非不仅要求君主"无为",而且要求君主"尽人之智"。

韩非并以田氏代齐、戴氏夺宋为例,反对任智任贤。"是故田氏夺吕氏于齐,戴氏夺子氏于宋。此皆贤且智也,岂愚且不肖乎？是废常上贤则乱,舍法任智则危。故曰:上法而不上贤。"④

3. 指出儒家德治、人治的危害性

韩非说,依据儒家仁义行事,任贤和妄举是君主的两大祸害:"任贤,则臣将乘于贤以劫其君;妄举,则事沮不胜。"⑤君主释法而用仁慈,必然损害君主和法律的权威:"行义示则主威分,慈仁听则法制毁。"⑥

韩非认为君主尚贤,奸臣会迎合君主而隐藏自己,危害甚大:

> 故越王好勇,而民多轻死;楚灵王好细腰,而国中多饿人……故曰:"去好去恶,群臣见素。"群臣见素,则大君不蔽矣。⑦

韩非列举若干历史事例批判孔子赏贤不赏能的思想的危害性,具有很强的说服力。

其一,韩非辩说晋文公行赏之事。在晋文公与楚国的城濮之战中,敌众我寡,形势对晋军十分不利。晋文公先招来舅犯问计,舅犯教晋文公用诈术,"战阵之间,不厌诈伪。君其诈之而已矣"。接着,文公又招来雍季商量计策,雍季反对用诈术,"以诈遇民,偷取一时,后必无复"。晋文公以按照舅犯的计谋与楚军开战,打败了楚军。得胜归来后晋文公赏赐功臣:

① 高华平等译注:《韩非子·六反》,第 658 页。
② 高华平等译注:《韩非子·观行》,第 286 页。
③ 高华平等译注:《韩非子·大体》,第 313 页。
④ 高华平等译注:《韩非子·忠孝》,第 741 页。
⑤ 高华平等译注:《韩非子·二柄》,第 56 页。
⑥ 高华平等译注:《韩非子·八经》,第 694 页。
⑦ 高华平等译注:《韩非子·二柄》,第 56 页。

归而行爵,先雍季而后舅犯。群臣曰:"城濮之事,舅犯谋也。夫用其言而后其身,可乎?"文公曰:"此非君所知也。夫舅犯言,一时之权也;雍季言,万世之利也。"仲尼闻之,曰:"文公之霸也,宜哉! 既知一时之权,又知万世之利。"①

对于晋文公城濮之战的行赏一事,孔子从维护儒家仁义原则的角度,对晋文公先赏主张坚守忠信、反对欺诈用兵的雍季大加赞赏。而韩非从功利主义出发,认为雍季无功受赏领了头功,而对实际立下战功的舅犯后赏,是对法治的破坏,不符合国家利益,而法治才是万世之利。因此,韩非认为孔子不懂什么是善赏:

舅犯前有善言,后有战胜,故舅犯有二功而后论,雍季无一焉而先赏。"文公之霸,不亦宜乎?"仲尼不知善赏也。②

其二,韩非辩说赵襄子行赏之事。赵襄子晋阳之围,非常惨烈,将士拼命搏杀,得以解围。战后,赵襄子行赏,赏了五个人,高赫无大功,却为赏首。有人不服,赵襄子解释了一番:

晋阳之事,寡人国家危,社稷殆矣。吾群臣无有不骄侮之意者,唯赫不失君臣之礼,是以先之。③

赵襄子认为,封国危难之中,群臣对他多有不敬,唯有高赫能够恪守君臣之礼,所以先赏高赫。对于赵襄子晋阳解围后的行赏之事,孔子从维护礼治出发,对赵襄子先赏虽无功但守礼的高赫表示称赞。"善赏哉,襄子! 赏一人而天下为人臣者莫敢失礼矣。"对此,韩非批评说,无功而赏是失赏,赵襄子赏罚不公,而孔子还加以赞扬是不知赏:

明主赏不加于无功,罚不加于无罪。今襄子不诛骄侮之臣,而赏无功之赫,安在襄子之善赏也? 故曰:"仲尼不知善赏。"④

———————

① 高华平等译注:《韩非子·难一》,第 527 页。
② 高华平等译注:《韩非子·难一》,第 528 页。
③ 高华平等译注:《韩非子·难一》,第 536 页。
④ 高华平等译注:《韩非子·难一》,第 537 页。

其三,韩非辩说舜在历山躬耕德化之事。历山的农民互相侵占农田,舜听说后,就去历山和他们一起耕种,一年后,田亩问题就解决了。河滨的渔夫相争,舜听说后,就去河滨和他们一起捕鱼,一年后,大家就相互推让了。东夷人制造的陶瓷质量伪劣,舜听说了,就去东夷和他们一起制陶,一年后,东夷的陶瓷非常牢固。儒家赞赏舜以德化民:

> 仲尼叹曰:"耕、渔与陶,非舜官也,而舜往为之者,所以救败也。舜其信仁乎! 乃躬藉处苦而民从之。故曰:圣人之德化乎!"①

对于舜在历山躬耕等事,孔子从圣人德治的高度大加推崇。而韩非一方面指出孔子同时推崇尧、舜二圣的逻辑矛盾:"贤舜,则去尧之明察;圣尧,则去舜之德化:不可两得也。"另一方面,又批判德治的低效性:"且舜救败,期年已一过,三年已三过。舜有尽,寿有尽,天下过无已者,有尽逐无已,所止者寡矣。"从而肯定唯有法治是治理天下的康庄大道:

> 赏罚使天下必行之,令曰:"中程者赏,弗中程者诛。"令朝至暮变,暮至朝变,十日而海内毕矣,奚待期年? 舜犹不以此说尧令从己,乃躬亲,不亦无术乎? 且夫以身为苦而后化民者,尧、舜之所难也;处势而骄下者,庸主之所易也。将治天下,释庸主之所易,道尧、舜之所难,未可与为政也。②

其四,韩非辩说鲁人战场"三战三逃"之事。一个在战场上三战三逃的鲁国逃兵,孔子却为何向国君举荐了他。孔子先问逃跑的原因,逃兵告诉孔子,因为他家有老父而不敢战死。"仲尼以为孝,举而上之。"③儒家以孝为先,孔子认为这个逃兵是个大孝子,所以举荐了他。

韩非批判孔子言论中忠与孝之间的矛盾,父亲的孝子,却是君主的背臣。"夫父之孝子,君之背臣也。"④令尹杀死了告密者,楚国的坏人坏事就没有人向上举报了;孔子奖赏了逃兵,鲁国人在战场上就容易投降敌人了。这是儒家以孝道乱法,损害了国家利益,必然惑乱国家。

4. 主张思想控制、清除儒家

韩非认为儒、墨等杂学并立,导致思想混乱,是造成国家乱亡的原因:

---

① 高华平等译注:《韩非子·难一》,第530页。
② 高华平等译注:《韩非子·难一》,第530页。
③ 高华平等译注:《韩非子·五蠹》,第709页。
④ 高华平等译注:《韩非子·五蠹》,第709页。

杂反之学不两立而治。今兼听杂学缪行同异之辞,安得无乱乎?①

韩非认为儒家以文乱法,损害法治,为祸乱之首:

儒以文乱法,侠以武犯禁,而人主兼礼之,此所以乱也。②

韩非因而主张思想控制。"且夫人主于听学也,若是其言,宜布之官而用其身;若非其言,宜去其身而息其端。"③并明确提出打压儒墨,独尊法教:"息文学而明法度,塞私便而一功劳,此公利也。"④对言行不合于法令者一律禁止:

言无二贵,法不两适,故言行而不轨于法令者必禁。⑤

韩非同时提出以"功用"作为衡量言行取舍的唯一标准:"夫言行者,以功用为之的彀者也。……今听言观行,不以功用为之的彀,言虽至察,行虽至坚,则妄发之说也。"⑥

为了加强思想控制,韩非明确主张禁言,全面打压言论自由。他说:

是故禁奸之法,太上禁其心,其次禁其言,其次禁其事。⑦

这个"三禁"可谓专制主义的三纲领,将彻底消灭政治上的反对者,其本义是推行法治,实际上为专制独裁铺平了道路。所以,韩非的反儒走向极端,最后竟赤裸裸地要求清除以儒家为首的"五蠹":学者(儒家)、言谈者(纵横家)、带剑者(游侠)、患御者(逃避公役者)、商工之民(商人、手工业者)。

此五者,邦之蠹也。人主不除此五蠹之民,不养耿介之士,则海内虽有破亡之国,削灭之朝,亦勿怪矣。⑧

---

① 高华平等译注:《韩非子·显学》,第727页。
② 高华平等译注:《韩非子·五蠹》,第709页。
③ 高华平等译注:《韩非子·显学》,第729页。
④ 高华平等译注:《韩非子·八说》,第670页。
⑤ 高华平等译注:《韩非子·问辩》,第612页。
⑥ 高华平等译注:《韩非子·问辩》,第613页。
⑦ 高华平等译注:《韩非子·说疑》,第627页。
⑧ 高华平等译注:《韩非子·五蠹》,第722页。

除去这五种人以维护韩非所说的独尊一教,即以法为教,以吏为师:

> 故明主之国,无书简之文,以法为教;无先王之语,以吏为师;无私剑之捍,以斩首为勇。①

以吏为师、以法为教和禁言、清除儒家的主张,为秦始皇和李斯所接受并大力推行,以至于后来发生了"焚书坑儒"这样的极端事件,终结了战国百家争鸣的文化繁荣时代。这是民族文化史上的第一场灾难,并造成了极坏的历史影响。

(二)融合道家:因道全法

在老子哲学里,道既是一个本体论概念,又是一个目的论概念,人来自道,要过符合道性的生活,最终与道同一。在法家这里,道成了一个规则概念,一个工具概念,法是道的定在,是人类社会的道,就是人类社会的行为规则。人们遵守法则,社会才能大治。因而法家提出"因道全法"的法治主张。

韩非将老子的弃智发挥为啬智,主张啬智从道,认为体现客观事理的道高于人的主观智慧,因此要摒弃主观意志的礼治而采用遵循客观事理的道术:

> 啬之者,爱其精神,啬其智识也。……夫能啬也,是从于道而服于理者也。②

> 圣人之道,去智与巧。智巧不去,难以为常。民人用之,其身多殃;主上用之,其国危亡。因天之道,反形之理。督参鞠之,终则有始。虚以静后,未尝用己。③

然而,体悟道还是需要智慧的,因此韩非并没有完全放弃智慧:

> 夫能有其国、保其身者,必且体道。体道,则其智深;其智深,则其会远;其会远,众人莫能见其所极。④

---

① 高华平等译注:《韩非子·五蠹》,第714页。
② 高华平等译注:《韩非子·解老》,第197—198页。
③ 高华平等译注:《韩非子·扬权》,第60页。
④ 高华平等译注:《韩非子·解老》,第200页。

韩非认为个人的能力和智慧是有限的,因此君主要尽人之智,无为而治。他说:

> 力不敌众,智不尽物。与其用一人,不如用一国,故智力敌而群物胜。①

这段话说得非常好。有助于我们正确理解韩非的啬智观点。韩非持认识有限论,个人的智慧是有限的,"智不尽物",所以治国要用众人的智慧,"与其用一人,不如用一国",②下等的君主用自己一人的才能治国,中等的君主善于用别人的力量来治国,而上等的君主则善于集中众人的智慧来治国,"一听而公会"③。集中众人的智慧来治国,也就是法家所主张的以法治国。可见,韩非所说的以法治国是集中众人的智慧来治国,反对以君主个人智慧来治国,即"任法而不任智",做到无为而治。

不过,韩非的无为而治与齐法家的无为而治还是存在很大差别的。韩非的无为而治更多是技术层面的,即其术治理论;而齐法家的无为而治是价值观层面的,即因道任法。韩非学说的目的是追求富国强兵,为此必须加强君主集权,因此决定了其与道家背道而驰的价值观。道家追求小国寡民,要求君主无为,放权于民。所以说,韩非对道家的吸收是非常有限的,其根本思想是法家的而不是道家的。

二　后期晋法家的理论贡献:中主治国

后期晋法家继续发展了形式法治的理论,提出了中主治国论,要求君主无为守法。要坚持法治,就必须反对人治,排除一切人为因素的干扰。可是,法律不是自动售货机,法律的执行也离不开人的能动性,但这种主观能动性(自由裁量权)必须限制在最低程度内,否则必然构成对法治的破坏。所以从法治出发,韩非提出"中主治国",反对儒家的圣贤治国。他认为,只要采取法家政策,任法而不任智,行公而去私,无为而治,治国将变成一件轻松的事,无须劳心劳力,不待圣贤,中人之智即可为之。

韩非的"中主治国"论一反儒家倡导的"圣贤治国",具有深刻的思想内涵。说明他将国家大治寄托于法制的完善上,而不是寄托在所谓的圣

---

① 高华平等译注:《韩非子·八经》,第682页。
② 高华平等译注:《韩非子·八经》,第682页。
③ 高华平等译注:《韩非子·八经》,第682页。

明君主身上。"圣人之治也,审于法禁,法禁明著,则官法;必于赏罚,赏罚不阿,则民用。"①因此,要求中主守法,抬高法律地位,实行法治。中主治国思想是对形式法治的理论贡献,有利于破除儒家的圣贤崇拜,有利于将道德情感等主观性因素最大限度地排除在法律裁决之外,从而推进形式法治。

但中主法治在法自君出、朕即国家的君主专制社会是难以做到的。法家推行法治的目的之一就是巩固君主集权,又怎么能要求君主守法? 君主可以一言兴法,也可以一言废法,君主守不守法全在自己的一念之间。没有对君主绝对权力的约束机制,要求君主无为守法就不过是法家的一腔愿望而已,这正是韩非法治学说的内在矛盾之所在。

三　后期晋法家的重要倾向:权治

法治的本质是约束权力,而韩非却主张君主集权,将商鞅式的形式法治推向了韩非式的尊君法治,由法治走向了权治。所以韩非的势治主义最终淹没了其法治主义。

韩非尚法,但尚法的前提是尊君。他是君主集权制的鼓吹者,强调君主权势对于法治的重要性,认为权势不可借人,反对分权。为此,他一方面反对中央与地方分权,在政体上主张郡县制和建立中央集权君主制——事在四方,要在中央。圣人执要,四方来效②;另一方面更反对君主与臣子分权:"威不贰错,制不共门。"③君主只有高度集权,才能控制天下。因此,韩非主张结合法、术、势来巩固君主集权:"君执柄以处势,故令行禁止。"④

由于韩非主张君主高度集权,要求服从君主绝对的权威,因而不主张限制君主的权力。那么,这里产生一个问题,好的君主姑且不论,如果遇到一个坏的君主怎么办?

对于暴君是否可以诛杀的问题,儒、法两家的态度截然不同。先看儒家孟子的观点:

> 齐宣王问曰:"汤放桀,武王伐纣,有诸?"孟子对曰:"于传有之。"曰:"臣弑其君,可乎?"曰:"……闻诛一夫纣矣,未闻弑君也。"⑤

---

① 高华平等译注:《韩非子·六反》,第657页。
② 高华平等译注:《韩非子·扬权》,第59页。
③ 高华平等译注:《韩非子·有度》,第49页。
④ 高华平等译注:《韩非子·八经》,第681页。
⑤ 方勇译注:《孟子·梁惠王下》,第33页。

在孟子看来,暴君非君,可以诛杀。孟子认为,民贵君轻,暴君违背仁义,就失去了为君的资格,成为独夫,因而可以诛杀。而韩非不同意这种观点:

> 尧为人君而君其臣,舜为人臣而臣其君,汤、武为人臣而弑其主、刑其尸,而天下誉之,此天下所以至今不治者也。①

在韩非看来,暴君亦君,不可弑君。法家的法治系于至上的君权,君就是法的化身,因此君主不可侵犯。他认为,君臣之义不可变,臣绝对不可以弑君,因为这违背了法家君权至上的原则。由此可见,儒家以仁义约束君主的权力,而法家以刑法维护君主的绝对权威。对于暴君,韩非是无能为力的,他只是敷衍说,暴君不常有,桀、纣千年一遇,忍受一下就行了。在君主集权这一点上,法家是大大地走在儒家的前头。

法、术、势系于君主一身,不仅不能有效维护法治,反而易于造成君主独裁,权大于法,必然破坏法治,这是韩非学说的内在缺陷,所以韩非的法治最终难免落入人治的窠臼。法、术、势三者之中,他尤其强调君主要牢牢把握权势,"权势不可借人",若君主失去权势,法术都免谈,因此赞成君主独裁,对君主独裁的危害性则视而不见。在法与权的关系上,韩非的认知还不及法治实践家的商鞅。商鞅强调树立法律的威信而不是君主权势,要求君主慎法守信,意识到要使法律必行,还须有一种"必行之法",而不是依靠加强君权。只可惜由于时代局限性,商鞅不可能找到这种必行之法。

如果说商鞅的法治学说重在立信,那么韩非的法治学说重在立威。商鞅反对君主干涉法治;韩非通过法、术、势的结合,使君主集赏罚大权于一身,而君主的权力不受法律约束,因此是一种极权主义法治,其本质是君主人治。水能载舟,亦能覆舟。韩非一味强调君主要集中权势,殊不知君主权势的来源是民众的支持。秦始皇正是行使韩非法治方式的例子。在君主的权力完全没有约束的情况下,法治将可能是灾难性的,类似焚书坑儒事件的发生也就不足为怪。虽然儒家也没有主张用法律来约束君主的权力,但儒家还是对暴君感到深深地担忧,因而主张以儒家的仁义道德来约束君主,甚至借助天意来提醒君主不可为非,虽然这只是一种软约束,但对帝王的心理威慑还是有的,强过没有任何约束的法家。从这一点看,法家的法治在秦亡

---

① 高华平等译注:《韩非子·忠孝》,第740页。

以后让位于儒家的德治,韩非难辞其咎。韩非的极权法治有利于非常时期的统一大业,但由于无法防止君主独断专横,最终招致人民的反抗而导致秦朝速亡。

韩非是著名的性恶论者,基于人性恶,主张法治,同时又基于尊君而主张势治。法治是对人治的深刻怀疑,包括君主在内的任何人都是不可靠的,君主也必须守法,因而渗透着理性精神。而势治则寄治乱于君主一身,君主的权力不受任何约束,君主不可侵犯,君主俨然成为法律的化身,理性的法律也就代之以君主的任性,法治成为君主人治的奴仆。而且对于君主的任性,韩非还要求人们绝对服从,只能忍受,不能反抗,以免招致天下大乱。然而,"民不畏威,则大威至",当法律上不能反抗,人民必然会诉诸暴力。法治在本质上是反对人治的;势治的本质是人治。君主"抱法处势",最终必然陷入君主独裁的人治,与法家法治的初衷背道而驰。法治与势治的矛盾是韩非学说的内在矛盾,是君主集权法治所无法克服的固有缺陷。这一矛盾遇明君尚可解,庸君、暴君必破坏法治。

总的看来,韩非的法治思想可取,但其势治和术治思想都掺入了君主人治的因素,背离了法治精神,因而不可取。韩非发展了商鞅的法治思想,但其势治和术治思想则偏离了慎到和申不害的原旨,发展出一套君主玩弄权术的统治方法,背离了其主张无为而治和缘法而治的法治初衷,走向君主专制独裁。为什么主张法治的韩非会拥护君主专制独裁呢?原因是韩非法治学说是为君王服务的一家一姓之学说,未能区分"君主之位"与"君主个人"。君主之位是至高无上的,然而不等于君主个人不可侵犯。君主之位是为天下苍生的利益而设的,而不是为君主个人利益而设的。君主之位要求天下为公,而君主个人难免以天下为私,因此二者的冲突不可避免。因此,不道之君不应窃据君位而暴敛天下,自是不言自明之理。儒家认识到这一点,认为暴君非君,可惜没找对根本解决的办法。韩非则没有看到这一点,认为暴君亦君,绝对不可侵犯。韩非不仅认为君主不可侵犯,而且也极力批评儒家的"禅让制",维护君主的一家万世之治。韩非势治思想是其君本位价值观决定的,适应了战时独裁的需要,促进了秦始皇的统一事业,但显然不适合战后法治建设的需要。天下一统后,人民苦战已久,需要休养生息,要求以民生为法律本位完善法律,为此必须限制君主的权力和私欲,做到无为而治和任法而治。法治是理性的事业,必须依靠"众人之智",岂能寄托在一个君主身上?因此,法治与政体的关系极为密切,韩非主张的君主集权政体不过是浅层次的法治,只能用法律来治理臣民,无法约束君权,不能实现真正的法治,本质上是人治、权治。

四 韩非之惑：法术之士焉得不危？

战国时代，法家站在时代潮头，主张变法，用功劳代替身份，打破了旧礼制，然而损害了权贵的既得利益，所以吴起、商鞅等人都落得悲惨的下场。韩非因而发问："法术之士焉得不危？"①

吴起、商鞅等著名法家人士的悲惨下场，常令人感叹，催人反思。人们对此褒贬不一，同情者有之，责怪者有之，寻找良方者有之。

司马迁可以说是同情者的代表。司马迁对吴起之死表示了同情："吴起说武侯以形势不如德，然行之于楚，以刻暴少恩亡其躯。悲夫！"②对于商鞅，司马迁一方面肯定了商鞅的功绩，"鞅去卫适秦，能明其术，强霸孝公，后世遵其法"③；另一方面又认为，"商君，其天资刻薄人也"④，是商鞅的严而少恩导致悲惨下场。可是，如果商鞅法外开恩，不刑公子虔等权贵，或许不至于遭到报复，然而其法治还能坚持下去吗？还能有秦国的富强吗？法不容情，情动法乱。

汉儒刘向等则是责怪者的代表。他说，"卫鞅内刻刀锯之刑，外深斧钺之诛……身死车裂，灭族无姓，其去霸王之佐亦远矣"⑤。刘向虽然认为商鞅罪不至死，但商鞅的法治则不足道，并由此否定法治而主张德治。他说："使卫鞅施宽平之法，加之以恩，申之以信，庶几霸者之佐哉！"⑥班固则直白地说是报应："孙、吴、商、白之徒，皆身诛戮于前，而国灭亡于后。报应之势，各以类至，其道然矣。"⑦班固由此主张推行德主刑辅的治国方式："文德者，帝王之利器；威武者，文德之辅助也。"⑧

作为法家的韩非则试图在法治主义范围内寻找破解法家命运魔咒的良方，以挽救法家的法治。他对法家人物面临的危险深表忧虑："楚不用吴起而削乱，秦行商君法而富强，二子之言也已当矣，然而枝解吴起而车裂商君者何也？"⑨原因在于法治为臣民所苦，所不理解："大臣苦法而细民恶治也。"⑩所以，法术之士往往为奸臣所害。

---

① 高华平等译注：《韩非子·孤愤》，第 107 页。
② （汉）司马迁：《史记·孙子吴起列传》，第 403 页。
③ （汉）司马迁：《史记·太史公自序》，第 766 页。
④ （汉）司马迁：《史记·商君列传》，第 422 页。
⑤ （汉）刘向著，马世年译注：《新序·佚文》，第 501 页。
⑥ （汉）刘向著，马世年译注：《新序·佚文》，第 501 页。
⑦ （汉）班固：《汉书·刑法志》，第 150 页。
⑧ （汉）班固：《汉书·刑法志》，第 151 页。
⑨ 高华平等译注：《韩非子·和氏》，第 127 页。
⑩ 高华平等译注：《韩非子·和氏》，第 127 页。

由此,韩非认识到明主对法家和变法的重要性:"然则有术数者之为人也,固左右奸臣之所害,非明主弗能听也。"①"人主非能倍大臣之议,越民萌之诽,独周乎道言也,则法术之士虽至死亡,道必不论矣。"②

因此,韩非认为如果没有明主,法术之士推行法治就避免不了身家性命之危:

　　　当今之世,大臣贪重,细民安乱,甚于秦、楚之俗,而人主无悼王、孝公之听,则法术之士安能蒙二子之危也,而明己之法术哉! 此世所以乱无霸王也。③

韩非将避免变法者风险的愿望最终寄托于明君的身上,可以说是法家的无奈。法家的法治依靠君主集权,所以根本不可能主张约束君主的权力,这是法家法治的内在缺陷。因此,法家只能寄希望于明君推行法治。而明君不常有,法家的风险就无可避免。韩非的问题在法家那里无解,所以后来的法家李斯遭遇同样的下场也就不足为怪了。可见,法家的法治连自己都保不住。可能唯一幸免的法家著名人物是李悝,而李悝在魏文侯死去的第二年即死亡,也许死得早才是他安全着陆的原因。

在法治寄托于明君的战国时代,有秦孝公的英明,故有商鞅的法治;有楚悼王的抱负,故有吴起的变法。法术之士离开明君则无所施为。离开明君,法术之士不仅无所施为,而且自身难保。封建法治离不开明君,而且在君主甲到君主乙的过渡时期是封建法治的最薄弱环节。由于君主是最高立法者,旧君之法须得到新君认可才有法律效力,所以代表旧君之法的前朝法术之士的命运就掌握在新君手里,加上旧君之法的反对派往往利用新君展开反扑,法术之士焉得不危?

由于法术之士的危险是由君主制法治的内在缺陷决定的,根源出在君主不受约束的权力上,所以要避免法术之士的危险,必须构建约束君权的机制,建立起完全的法治秩序。在这样一个完全的法治秩序中,一切人包括法家的命运都由这个法治秩序公正地决定,而不是由某个或某些个大人物来擅自决定,只有这样,法家才可以逃脱悲惨命运的魔咒。

对必行之法的追问,商鞅寄希望于君主带头守法,即强化法治本身的思

---

① 高华平等译注:《韩非子·奸劫弑臣》,第138页。
② 高华平等译注:《韩非子·和氏》,第126页。
③ 高华平等译注:《韩非子·和氏》,第127页。

路。韩非则引向另外一个途径,即加强君主的权力来推行法治,这虽然有利于推进浅层次的法治,但显然不利于推进深层次的法治。通过加强君主势治来推进法治,其弊端犹如抱薪救火,薪不尽,则火不灭,只会强化君权的恣意性,陷入君主独裁人治,最终毁坏法治。

　　至于儒家主张的以德治代替法治,历史证明也未必能如儒家所说的使国家富强,使忠臣不遭暴君和权贵杀戮。保护人权最终还得靠法律,必须在法治的范围内解决不管是法家还是儒家的人身保障问题,吴起、商鞅无罪而死,何也? 死于人治而非法治。尽管法家的法律缺少人文关怀,但不可否认,法治优于人治、德治,是更好的治国方式,当然这不等于说法治可以不讲道德。

第八章　晋法家法治
思想的评价

对于法家思想，历来批评者众，其中以儒家为代表，指责其严酷性，否定法家和法治，进而主张独尊儒术，实行德治。现代以来，以梁启超为代表的一批学者充分肯定法家的法治主义，推动了法家复兴，但有所忽视其专制成分；以郭沫若为代表的一些学者则大力批判法家的专制思想，而忽略其法治主义精神。可见，这两派学者都有失偏颇。晋法家法治思想是中国古代君主制纯粹法治的理论总结，精华与糟粕并存。其法治精神光芒闪烁，批判人治发人深省，在中国法治史上留下了浓墨重彩的一笔，是中华文化的重要组成部分；但任何思想都离不开其产生的时代，晋法家思想亦受春秋战国的历史条件限制，其目的是以法治实现富国强兵，维护君主集权，因而不惜采取严酷的法律，对人民实行专政，所以专制色彩也很浓厚。因此，晋法家是法治主义与专制主义的混合体，我们要辩证地看待，不能因其一面而否认其另一面。

第一节　晋法家的终结

晋法家作为独立流派随着秦亡而终结，总结秦亡的原因及其与晋法家的关系，对于我们深刻认识晋法家具有重要意义。

一　晋法家随秦亡而终结

秦朝（前221年—前207年）是秦始皇建立的中国历史上第一个大一统封建王朝。秦国在商鞅变法以后迅速富强，秦王嬴政先后灭韩、赵、魏、楚、燕、齐，完成统一大业，结束了自春秋战国五百年来诸侯分裂割据的局面。中央集权君主制度的建立，奠定了中国两千余年政治制度的基本格局，对中国历史产生了深远影响。

前210年，秦始皇巡游途中病死于沙丘，其子胡亥即位，为秦二世。然而秦始皇父子的横征暴敛，激起天下共愤。前209年，陈胜、吴广斩木为兵，揭竿而起,天下云集响应,项羽、刘邦起兵江淮,共同抗秦。前207年,秦朝灭亡。中国历史上第一个大一统封建王朝仅仅存在十五年就灭亡了,成为中国历史上最短命的王朝,这是始皇帝做梦也没有料到的,常令人嘘嘘不已。想当初,秦王政一统天下,志得意满,自认功盖三皇五帝,故自称"始皇帝","后世以计数,二世三世至于万世,传之无穷"①,谁知竟然二世而崩。笔者2019年参观秦始皇陵和兵马俑,感慨良多,当时赋诗一首:死后犹挥百万兵,当年横扫六国平。不将天下视嬴姓,或免匆匆二世崩。

始皇帝在沙丘病死后,李斯竟受赵高诱惑,矫诏迫使公子扶苏自杀,立昏庸的少子胡亥为帝。赵高有篡逆之心,利用二世铲除异己,"杀大臣蒙毅等,公子十二人僇死咸阳市"②,后来还演出"指鹿为马"的历史丑剧。李斯力保大秦,劝二世厉行法治,"行督责之术"③以御群臣,强化君权。李斯成为赵高夺权路上的最后障碍,二人斗争激烈,赵高密谋除掉李斯。前208年,李斯被赵高诬为谋反,"具斯五刑,论腰斩咸阳市"④,而夷三族。具有讽刺意味的是,二世自诩能行李斯所谓"督责之术",以致"税民深者为明吏","杀人众者为忠臣"⑤,最后竟诛杀了李斯本人。可见,法家不遇明主则适得其反,甚至祸及自身。诚如李斯所言:"不道之君,何可为计哉!"⑥晋法家的最后杰出代表李斯在秦亡之前一年被二世诛杀,已昭示晋法家的终结,李斯之后再无晋法家。

晋法家推动了古代中国大一统的完成,然而秦亡意味着晋法家作为独立门户的终结。晋法家因战国而兴起,随秦亡而终结,因而常被人称作"战时法家",它是带着使命来的,随着大一统的完成而终结。

晋法家虽然随着秦亡而终结,但也没有完全消失。汉兴不久,儒学独尊,法家不再是历史舞台的主角,蛰伏起来。随着儒、法合流,这一对先秦时的老冤家终于走到了一起,摒弃前嫌,携起手来,德主刑辅,共同维护封建君主专制统治。法家虽已没有独立地位,沦为儒家的附庸,但继续对中国社会发展发挥其重要作用和影响。

二 贾谊过秦论的片面性:不能因秦亡而否定法治

秦统一六国,然后又迅速灭亡,千百年来,令仁人志士们唏嘘不已。人

---

① (汉)司马迁:《史记·秦始皇本纪》,第43页。
② (汉)司马迁:《史记·李斯列传》,第525页。
③ (汉)司马迁:《史记·李斯列传》,第526页。
④ (汉)司马迁:《史记·李斯列传》,第529页。
⑤ (汉)司马迁:《史记·李斯列传》,第527页。
⑥ (汉)司马迁:《史记·李斯列传》,第528页。

们一方面惊叹秦帝国的伟业,一方面又感叹其短命似流星消逝。后人总结秦亡的教训文章中,贾谊的《过秦论》似乎无人能出其右。

贾谊认为秦国强大的原因在于自秦孝公任用商鞅变法开始,长期实行法家政策,富国强兵,积累了强大的实力,终于统一六国:

> 秦孝公据殽、函之固,……当是时也,商君佐之,内立法度,务耕织,修守战之具;外连衡而斗诸侯。……及至始皇,奋六世之余烈,振长策而御宇内,吞二周而亡诸侯。①

然而,贾谊指出秦始皇在统一六国之后,将法家政策推向了极端。焚书坑儒,以愚黔首;大兴土木,掠夺天下之民:

> 于是废先王之道,燔百家之言,以愚黔首……然后践华为城,因河为池,据亿丈之城、临不测之溪以为固。②

因此,秦始皇的暴政,激起天下共愤。"士不敢弯弓而报怨",就差一把火来点燃。戍卒陈胜"斩木为兵,揭竿为旗",点燃了这把火,"天下云集而响应,赢粮而景从"。山东豪俊遂并起而亡秦族。

由此,贾谊总结秦亡的根本原因:

> 仁义不施,而攻守之势异也!③

贾谊的意思是秦亡的原因是没有实行儒家的仁政。法治只能用于进攻,而守成必须依靠德治。贾谊不愧是儒家大师,将秦亡的原因最终归结到没有采取儒家德治思想,并以此来作为其主张用儒家思想治国的理由。所以贾谊最后得出结论,治国要采取周王之道才能旷日持久而社稷安:

> 故周王序得其道,千余载不绝;秦本末并失,故不能长。④

贾谊的这一结论千百年来为儒学者所称道,儒家借口法家的严酷性而

---

① （汉）贾谊著,方向东译注:《新书》,北京,中华书局,2012年,第1—4页。
② （汉）贾谊著,方向东译注:《新书》,第4—5页。
③ （汉）贾谊著,方向东译注:《新书》,第7页。
④ （汉）贾谊著,方向东译注:《新书》,第17页。

否定法治。然而,贾谊的这一结论值得商榷。贾谊承认秦国的成功在于实行了法家的政策,同时又认为秦国的失败还是推行法家政策的结果。可谓成亦法家,败亦法家,这一观点可以说是基本正确的。然而,贾谊的目的不止于此,他最后因法家的失败而否定法家的成功,进而主张以德治代替法治,则是非常片面的了。试想春秋战国时期,"周礼尽在鲁"的鲁国为什么没有强大,反而率先灭亡了? 假如秦国实行鲁国的政策,结局又会如何? 可能灭亡得更早。

贾谊和汉儒的这一"偷梁换柱"式的史论带偏了对秦亡教训的讨论,蒙骗了很多人。汉以后,中国的主流思想"罢黜百家,独尊儒术",将法家与秦帝国一起埋葬了。儒家思想由此统治中国两千余年,法家不过成为儒家的附庸,在幕后发挥作用。中国社会的发展,特别是法治事业的发展进入了缓慢的停滞期。

历史学家们往往将天下一统视为秦始皇的丰功伟绩,这是值得商榷的。秦国能统一天下,虽然是在秦始皇时实现的,但不能完全归功于秦始皇,商鞅变法功不可没。没有商鞅法治打下的根基就没有秦国的崛起和后来的统一天下。没有秦始皇的势治,国家的统一可能要延后,但或迟或早也会到来,将由秦始皇的儿子或孙子来统一天下,因为秦国在商鞅变法以后的强大实力已形成统一天下之势。换句话说,如果吴起在楚国变法成功,则统一天下的恐怕是楚国。可以说,战国之时,只要法家在哪国变法成功并坚持下来,哪国就可能率先统一天下。所以,法治是国家富强的必由之路,是值得肯定的治国方略,法治是人类伟大的发明,是人类建立稳定社会秩序的需要和保障,法治相对于人治来说无疑具有历史进步性,因此不宜因秦亡而轻易将它否定,认为法治只适合战时更是荒唐之论。

三　秦之过:由法治走向权治

探讨秦亡的原因,目的是吸取教训。秦亡于暴政是不可否认的事实,法家执政也难辞其咎,可惜贾谊的分析仅止于此,然而追根求源,探讨导致秦国暴政产生的原因才是问题的关键。基于此,贾谊所说的"仁义不施",也就是严刑峻法只是秦亡的浅层原因,秦亡的深层原因是不受约束的绝对君权。正是无限君权导致秦王的暴政,激起人民的反抗,进而二世而崩。某种意义上,可以说秦兴于商鞅的形式法治而亡于韩非的尊君法治。

第一,秦亡的主要原因不在于法治本身,而在于其高度集权的势治或说权治。秦始皇的专制独裁和"赋敛天下"激起人民的普遍不满和反抗,这在秦始皇死时借机集中爆发出来。商鞅之法虽然以严酷著名,但商鞅尚能做到法律至上,刑无等级,守法重信,强调君主慎法,秦孝公也不干涉商鞅执法,使得秦民心悦诚服,因此法令畅行,富国强兵。这说明商鞅法治是基本成功的,如果立法上再加一点民本关怀就更好了。而秦始皇奉行韩非的势治学说,集中权势,势治先于法治,甚至焚书坑儒,实行专制独裁,实际上走向了法治的对立面;加上秦二世又昏庸无能,滥杀无辜,就连功高之臣李斯也难以幸免,因而不仅尽失民心,又失得力辅佐之臣。所以,秦借商鞅变法以来的国力基础乘势统一天下,而不能守住天下,韩非难辞其咎。水能载舟,亦能覆舟。韩非一味强调君主要集中权势,殊不知君主权势的真正来源是民众的支持,失去了民心,自然也就失去了权势。诚如老子说,"民不畏威,则大威至"①。晋法家由尚法到尊君,建立君主集权政体,将商鞅的形式法治转向韩非的尊君法治,即由法治走向了权治;权大于法,法治成为权治的奴婢,成为君主独裁的工具,陷入了专制人治。这应是秦亡的深层原因,即高度集权的君主专制政体。所以说,秦亡的主要原因不在于其法律的严酷性,而是缺乏皇权约束机制。秦始皇和二世奉行韩非的术势思想,由法治走向了权治,实行高度集权的专制独裁统治,玩弄权术,偏离了法治轨道。法治的关键是约束权力,而势治要求集中权势,势治本质上是与法治背道而驰的。韩非的势治能够威慑潜御群臣,甚至包括忠臣在内,但唯独不能约束君主自己,无法防止暴君暴政的出现。所以说,秦亡于势治主义,而不是法治主义。

"势治之起,基于尊君。"②尊君是战国以来由分封制向郡县制过渡的必然产物,也是统一天下的需要,因此儒、法两家都主张尊君。但法家是绝对尊君,儒家是相对尊君。儒家的尊君是相对的、有条件的,就是君主必须爱民,即以儒家的仁义道德来约束君主;而法家的尊君是绝对的、无条件的。韩非要求臣民无限服从君主,哪怕是桀、纣这样的暴君也要忍受服从,这就维护了君主专制。韩非的势治主义维护君主一家统治的学说,视国家为君主一人的私有物,势必损害人民的利益,最终导致人民的反抗也就不足为奇了。孟德斯鸠说过,"一切有权力的人必然都容易滥用他们的权力"③。皇帝是最有权力的人,所以更不例外。秦始皇用他的绝对权力一方面干了一件千秋大事——统一天下;另一方面也不可避免地滥杀无辜,横征暴敛,给人民带来极大痛苦和不满,所以火山终究有一天是要爆发的。晋法家由儒

① 饶尚宽译注:《老子》第七十二章,第174页。
② 萧公权:《中国政治思想史》,北京,商务印书馆,2017年,第225页。
③ 〔法〕孟德斯鸠著,张雁深译:《论法的精神》上册,北京,商务印书馆,1961年,第154页。

家蜕变而来,但他们将反儒不断升级,将法家政策不断推向极端,以铁的手腕维护君主专制统治,没有采取有效的方法约束帝王的权力,因此有了秦始皇这样的极权统治者,铁腕统治天下,从而激起共愤,人民揭竿而起而亡秦朝。

第二,秦律的严酷性很可能被夸大了。有一个流行的说法:陈胜、吴广起义是由秦律"失期当斩"的酷法直接引发的。"失期当斩"的说法出自《史记·陈涉世家》中陈胜、吴广发动九百戍卒起义的演说:"公等遇雨,皆已失期,失期当斩。"①秦律有无"失期当斩"的规定,今已无考,但查《睡虎地秦墓竹简》"徭律"可知:"失期三日到五日,谇;六日到旬,赀一盾;过旬,赀一甲。"②可见,为朝廷征发徭役,如果误期,主要是罚款。同时又有:"水雨,除兴。"③如果遇到大雨耽误行期的情形,则免除征发。说明秦律对大雨失期的规定是免除责任的,从中可以窥见秦律还是相当有理性的。虽然这是关于服徭役的规定,对于服兵役也许严格一些,但以此为参照,也不至于"失期当斩"。退一步讲,即使秦律有"失期当斩"的规定,也应该是针对故意失期的情形;而对于大雨失期这种不可抗力的原因,问斩的可能性应该很小。所以,陈胜在上述动员戍卒起义的演说中也说:"藉弟令毋斩,而戍死者固十六七。"④陈胜的话表明,遇雨失期不一定问斩,但戍边而死的可能性则较大。陈胜、吴广还设计杀了带兵的两尉,这就相当于逼迫大家造反了。因此,戍卒显然不愿意为朝廷卖命,而在陈胜的大力鼓动下起义。再考虑到陈胜年轻时即有成为王侯将相的"鸿鹄之志",不满足于像"燕雀"一样躬耕陇亩,因此大泽乡起义可以说是陈胜借机发动的,与秦律的严酷性关系不是很大。刘邦的起事与陈胜大同小异,一半是不愿服徭役,一半是受陈胜起义的影响。各地旧贵族复辟势力纷纷响应,试图重新恢复旧诸侯的分封制,对抗秦的郡县制帝国。旧贵族的代表项羽在灭秦后,并没有实行帝制,反而大搞分封制,刘邦也被封王,所以项羽最终将天下一统的历史使命拱手让给了刘邦。可见,秦律的严酷性并不是造成秦亡的唯一原因。

第三,法律的严酷性往往源于专制政体。秦国失败不是因为推行的法治,而是因为其尊君集权的绝对权力体制。秦国法治的价值导向追求富国强兵,尊君抑民,缺少道德关怀,激起社会普遍的不满。亚里士多德说过,法治的两个要素是普遍的遵守加上良好的法律。法家主张"法自君出",而良

---

①　(汉)司马迁:《史记·陈涉世家》,第332页。

②　《睡虎地秦墓竹简》,第76页。

③　《睡虎地秦墓竹简》,第76页。

④　(汉)司马迁:《史记·陈涉世家》,第332页。

法的制定显然不能依靠独断的君主,反而要求限制君主的独断,使君主也服从普遍性的立法权。晋秦法家过分强调民众服从君主制定的法律,且不问法律本身的善恶与否,也不主张对君主的权力加以限制,犯了西方实证法学"恶法亦法"的错误。而恶法的源头正是专制的权力,所以说君主不受约束的绝对权力是秦亡的根本原因。

因此,不能因秦亡而否定法治本身。秦亡于不受约束的绝对权力,然而,汉儒却将秦亡教训问题带偏了,归结为不施仁政。为了建立自己的统治,儒家给法家贴上"暴政"的标签,将法治与暴政画上等号,得出秦亡于法治的结论,借以巧妙地否定了法家和法治,从而弃法治而主德治,使中国历史走上了儒家人治、德治的道路。不同于法治发展的最高层次就是治君,德治在根本上是治不了君的,儒家试图以道德约束来控制君权,然而这种自律性约束无法防范暴君的出现,因此中国历史无可避免地走进了一治一乱的历史周期律。对此,贾谊和汉儒难辞其咎。

秦亡于暴政,而非法治,总结秦亡教训的正确思路应该是如何健全法制,防止极权暴政,回到形式法治,核心是建立起君权约束机制,把权力关进制度的笼子。君主专制集权政体才是暴政的潜在源头,因为对民众权益的最大威胁不在于严法,而在于不受约束的权力和权力的滥用。推行法治不是依靠加强君主权力,而是要约束君主权力。要从秦亡中吸取教训,采取儒家的德治不过是治标,根本途径还是建立起约束权力的政体机制,这才是治本。法治的要义是约束权力,这也是商鞅之问的答案。商鞅法治的大方向是对的,只是过于严酷;韩非法治过多掺入权治的因素,走向专制人治。如果沿着商鞅形式法治的思路探索下去,就会找到"必行之法",中国古代法治可能会围绕着改良政体,走向君主立宪的道路。可惜法家法治随秦亡而陪葬了,中国古代的法治事业戛然而止。贾谊没有看到秦亡于专制权治的深层次原因,只是指责秦法严酷这一浅层原因,进而否定法治,要求以德治代替法治,而未认识到专制权力的危害性。圣人德治只是儒家的美好理想,无法从根本上约束暴君,造成"人存政举,人亡政息"的局面,同时抑制了民族的制度创新能力,因此中国历史进入循环停滞阶段,没能跳出王朝兴替的历史周期律。

暴君不一定是天生的,制度是根本性原因。很多暴君一开始却是一个大有为的英明雄主,由于建立了大功业,登上了权力和威望的巅峰,自视甚高,反而失去了清醒的头脑;加上尝到无限权力的滋味,害怕失去权力后的寂寞,所以变得独断残暴,以显示和维护自己至高无上的权威。如果没有制度的约束,这种暴君生成机制就会不断发生并强化。秦始皇可以说就是这样的一个雄主,完成了统一六国的千秋伟业,然而从招揽天下英才到焚书坑儒,从南面察臣之术到追求长生不老之方,从开渠发展农业到大修宫殿陵墓,秦始皇就开始一步步由雄主变成了暴君。因此,如果没有权力的约束机制,越是雄主,越容易变成暴君。秦始皇如斯,汉武帝亦近乎此。而一个庸君反而不会变成暴君,因为他不容易达到建立起自己的绝对权威这一先决条件。所以,为了防止暴君的产生,必须建立起君权的约束机制。

汉儒以道德来约束君主暴政的希望犹如空中楼阁——好看不中用。贾谊看到了秦王的暴政,希望帝王如圣君,祖述尧、舜,宪章文、武,宗师孔子,以德治国,仁义爱民,可是,贾谊看不到,道德之教能防止暴君的产生吗? 董仲舒只好说,天降灾异,试图拿天来压制君王。可是天也唬不住君王,反而使汉武帝弃之不用。所以,自汉儒主张以德治国以来的封建社会,中国历史仍然没有跳出一治一乱的周期律,贾谊所说的长治久安之道并没有实现。

因此,秦亡的教训与其说是道德问题,不如说是权力问题,而这是贾谊所分析不到的。总结秦亡教训必须跳出长久以来的儒家思维——以德治否定法治,而应回到法治思维本身来思考法家法治的缺陷所在,即缺乏君权约束机制,从而提出完善法治的权力约束机制,而不是抛弃法治本身。法治思维正是建立在对有权力的人一定程度不信任的基础上,法治的关键是约束权力,因为绝对权力对道德和社会的破坏性往往是最大的。阿克顿说过,"权力导致腐败,绝对权力导致绝对腐败"①。

第二节　功利主义纯粹法治

纯粹法治是以功利主义为理论基础,以国家主义为价值导向,排除道德和私智的干扰,严格依照国家制定的一套形式性的法律体系来治理国家事务的一种治国方式。纯粹法治之所以纯粹,是因为坚持实证法律观的形式法治,主张法律与道德相分离,坚定反对德治、人治,同时维护国家主权。

一　晋法家是纯粹法家

晋法家以功利主义为理论基础,以国家主义为价值取向,以重刑主义为法治方式,推行形式法治,可谓纯粹法家或醇法家。晋法家是典型意义上的法家,我们通常讲法家就是指晋法家;广义上的法家还包括齐法家,齐法家是道法家,非典型意义上的法家。晋法家是君主集权与以法治国的结合物,

① 〔英〕阿克顿著,侯健等译:《自由与权力》,北京,商务印书馆,2001年,第342页。

其法治蕴含着难以克服的内在矛盾。

（一）纯粹法治的法律观

1. 关于法律的起源

商鞅将人类社会发展划分为上世、中世、下世三个阶段,法律和国家出现于下世。他说:

> 天地设而民生之。当此之时也,民知其母而不知其父,其道亲亲而爱私。亲亲则别,爱私则险。民众,而以别、险为务,则民乱。当此时也,民务胜而力征。务胜则争,力征则讼,讼而无正,则莫得其性也。故贤者立中正,设无私,而民说仁。当此时也,亲亲废,上贤立矣。凡仁者以爱利为务,而贤者以相出为道。民众而无制,久而相出为道,则有乱。故圣人承之,作为土地、货财、男女之分。分定而无制,不可,故立禁;禁立而莫之司,不可,故立官;官设而莫之一,不可,故立君。既立君,则上贤废而贵贵立矣。然则上世亲亲而爱私,中世上贤而说仁,下世贵贵而尊官。①

"上世亲亲而爱私。"上世是原初状态,人们按照自私自利的本性活动,人与人之间相互争夺,而没有疏导方法,因而社会混乱。"中世上贤而说仁。"鉴于上世的混乱,有贤者出来说仁义,教导人们要相爱,不要相争,并制作礼仪,确定名分,从而引导人们的行为。"下世贵贵而尊官。"随着人口的增多,礼仪也逐渐失去了作用,就设立强制性的法律和官府来管理社会,使社会恢复秩序,这就是国家和法律的产生。商鞅由此指出法治取代礼治的必然性。

2. 关于立法权的归属

纯粹法治主张立法权属于君主,以君主制定或颁布的法令来治国。《韩非子·难三》说:"法者,编著之图籍,设之于官府,而布之于百姓者也。"②《韩非子·定法》说:"法者,宪令著于官府……帝王之具也。"③《商君书·定分》也说:"人主为法于上……故圣人必为法令置官也,置吏也,为天下师,所以定名分也。"④所以,商鞅认为,立法的主体是君主,立法的内容是确定名分,君主通过"为法令置官吏"来治理国家。

---

① 石磊译注:《商君书·开塞》,第69页。
② 高华平等译注:《韩非子·难三》,第587页。
③ 高华平等译注:《韩非子·定法》,第620页。
④ 石磊译注:《商君书·定分》,第178—179页。

法律就是由君主钦定,由官府执行,由百姓遵守的法令。只要是君主颁布的法令就是法律,都必须严格执行。可见,晋法家的法律概念是实在法,不问法律的道德性。法律成为君主统治国家的根本工具,"故法者,王之本也"①。由于立法权属于君主,君主可以一言兴法、一言废法,从而陷入君主人治,这是纯粹法治的内在缺陷。

3. 关于法律的功能

纯粹法治认为法律是治理国家的基本工具,对维护社会稳定和促进国家富强具有重要作用,体现在以下几个方面。

第一,一民之轨。韩非说:"一民之轨,莫如法。"②也就是说,法律是臣民行为的统一准则,是判定是非功过的统一标准。有了法,人们就知道什么可以做,什么不可以做,因此社会就有了秩序。商鞅也说:"圣人之为国也,壹赏,壹刑,壹教。壹赏则兵无敌,壹刑则令行,壹教则下听上。"③法律能够统一赏罚的标准,从而规范人们的行为和思想,使得政令畅通,国家大治。

第二,定分止争。所谓"定分",与"正名"意思相近,即确定"名分"。名分包括"土地、货财、男女之分"④等等;也就是指土地和财产的所有权,婚姻家庭中的伦理关系,以及君臣关系等各种权利义务关系。当这些关系以法律的形式确定下来,就是"定分"。定分是止争的前提。定分以后,臣民各守其分就能止争,而又以刑罚为后盾,对那些不守其分的人加以制裁,复归于止争。商鞅说了"百人逐兔"的故事,生动形象地说明了法律定分止争的功能。野外跑来一只兔子,百人追之,因为"名分未定";而闹市中出售的兔子,贫盗不取,因为"名分已定"⑤。可见,名分一经法律确定,就受到法律保护,不可侵犯,违者将受到法律的制裁,从而能够止争。

第三,立公去私。法家基于其国家主义价值观,认为以君主为代表的国家利益是"公",个人利益是"私",国家利益高于个人利益,公大于私,而法律的作用就是"立公去私",服务于国家利益,因此法律代表"公",要严格依法办事,防止以私枉法。韩非说:"夫立法令者,以废私也。"⑥又说:"能去私曲而就公法者,民安而国治。"⑦可见,法家一方面主张从立法方面立公去私;另一方面同时主张从执法方面就公去私,从而维护国家利益。因此,法

---

① 高华平等译注:《韩非子·心度》,第758页。
② 高华平等译注:《韩非子·有度》,第50页。
③ 石磊译注:《商君书·赏刑》,第120页。
④ 石磊译注:《商君书·开塞》,第69页。
⑤ 石磊译注:《商君书·定分》,第178页。
⑥ 高华平等译注:《韩非子·诡使》,第652页。
⑦ 高华平等译注:《韩非子·有度》,第44页。

家要求君臣严守法律,"不以私害法",坚决反对"释法任私"①。

第四,富国强兵。法家的法律以富国强兵为目的,通过赏功罚过的施行来达到这一目的。商鞅说:"故治国者,其抟力也,以富国强兵也。"②又说:"治国能抟民力而壹民务者强;能事本而禁末者富。"③因此,在法家看来,空谈误国,实干兴邦,要求"节去言谈,任法而治"④。

(二)纯粹法治以功利主义为理论基础,以国家主义为价值取向,推行重刑主义法治

纯粹法治以功利主义为理论基础和立法原则。法家认为,趋利避害是人的本性,而利用人的这一本性可以实行法治。韩非说:

> 凡治天下,必因人情。人情者,有好恶,故赏罚可用;赏罚可用,则禁令可立,而治道具矣。⑤

正是因为人性好利恶害,所以能够以赏劝,以罚止,实行法治。对于有利于国家利益的行为,要制定法律加以奖赏和鼓励;对于损害国家利益的行为,通过制定法律加以处罚和禁止。因此,利用人们行为的功利机制,通过严刑峻法来调节人们的行为,立公去私,可以达到富国强兵的目的。

(三)纯粹法治是形式法治,坚持法律与道德相分离,反对德治与人治

首先,主张"不务德而务法"的纯法之治,反对德治。

> 夫圣人之治国,不恃人之为吾善也,而用其不得为非也。……为治者用众而舍寡,故不务德而务法。⑥

可见,纯粹法治坚持法律与道德相分离。法律可以责众,道德只能要求少数,因此不能舍多而求寡。治国要因应人性,人之本性自利,治国只能守住人不能为恶这条底线,不能要求人人为善。道德对人的行为标准的要求高于法律,只有少数人能做到,不适用于大众。法律是道德的底线,是一个

---

① 石磊译注:《商君书·修权》,第105页。
② 石磊译注:《商君书·壹言》,第78页。
③ 石磊译注:《商君书·壹言》,第77页。
④ 石磊译注:《商君书·慎法》,第171页。
⑤ 高华平等译注:《韩非子·八经》,第681页。
⑥ 高华平等译注:《韩非子·显学》,第735页。

有秩序的社会的最低要求,适用于全体民众。因此,对于治国来说,只要守住法律这条底线就可以了。

其次,主张"任法不任智"的无为而治,反对人治。

韩非从大道无为的观点出发,主张因道全法,实行法治:

> 不以智累心,不以私累己;寄治乱于法术,托是非于赏罚,属轻重于权衡。……因道全法,君子乐而大奸止。①

可见,纯粹法治还要求守法去智。法治要求做到严格依法办事,以法律作为行为准则和判断是非曲直的准绳,排除一切人为的干扰。因此,法治是比较固定的,没有人治那么灵活自如。人总是喜欢运用自己的智慧,自觉不自觉地以自己的判断来代替法律,还往往自以为高明。如果这种以私智代替公法的趋势不加以制止,法律的严肃性就会削弱,法治就会不断遭到破坏。因此,要做到法治,就必须去智。

最后,主张"中主治国",无须圣贤。

治国不靠道德,也不靠智虑,只要按照法律来治理国家,所以,治国是一件轻松的事情,即无为而治。他说:"尽思虑,揣得失,智者之所难也;无思无虑,挈前言而责后功,愚者之所易也。明主虑愚者之所易,以责智者之所难,故智虑力劳不用而国治也。"②

既然治国只要因道守法,无须劳心劳力,那么理所当然也就不需要所谓大圣大贤之人,中人即可为之:

> 使中主守法术,拙匠守规矩尺寸,则万不失矣。③

可见,以纯粹法治来看,如果离开了法术,即使是儒家所说的像尧、舜这样的圣人也不能把国家治理好;而以中人之智坚守法术,则可以把国家治理得万无一失。

中人治国论思想深邃,令人耳目一新。可见,两千多年前的法家就反对圣贤崇拜,对于破除至今仍有很大影响的儒家圣贤治国论有着重要意义。

---

① 高华平等译注:《韩非子·大体》,第312—313页。
② 高华平等译注:《韩非子·八说》,第677页。
③ 高华平等译注:《韩非子·用人》,第302页。

二　法治的三个层次

法治按其治理对象来划分,可以分为治民、治吏和治君三个层次。这三个层次是依次上升的。法治从治民开始,设官以治民,设君以治官,立宪以治君。

"定分止争"①,即是治民层次。治民层次是浅层法治。这种法治的重点治理对象是民,要求人民遵守法律,官僚享有法外特权。"刑不上大夫"是其典型描述。

"明主治吏不治民"②,即是治吏层次。治吏层次是中层法治。这种法治的治理对象是官吏,官吏守法是法治的重要环节。术治、势治皆属于治吏层次。

"君臣上下贵贱皆从法"③,即是治君层次。治君层次是深层法治,是法治的关键环节和最难之处。古代法治一般停留在治民、治吏层次,无法达到治君层次。商鞅的"刑无等级"接近治君层次。

法治的要义是约束权力。权力就是强加于他人的优势意志,为了防止权力侵害他人,必须加以约束。约束权力同样包括三个层次:

第一层次是约束民众的自由意志,属于民法的范畴。这种自由意志如果任其泛滥,就会引起冲突和纠纷,损害社会秩序,因此需要立法加以约束,即定分止争。

第二层次是约束一般官吏的权力,属于行政法的范畴。有权力的人必然会滥用他们的权力,直到有边界为止。如果没有边界,官吏就会滥用权力,徇私枉法,不能公正裁决纠纷,损害民众的权益,损害法律权威,损害法治秩序。所以要立法限制官吏的职权,并要求他们依法履行职责,对其滥权行为加以追究。

第三层次是约束最高权力即君主权力,属于宪法的范畴。法治的核心是约束最高权力,因为如果有一个人超然法外,本质上就是人治。在法治国家,法律就是国王;在人治国家,国王就是法律。古代君主制法治的对象局限于治民和治吏,所以古代法治难以做到第三层次,商鞅法治做到了第一、第二层次。商鞅之问显然是针对第三层次的,商鞅可以刑太子傅,但商鞅最担忧君主不守法,这是他无能为力的。太子即位,即以莫须有的罪名法办了

---

① 李山、轩新丽译注:《管子·七臣七主》,北京,中华书局,2019 年,第 760 页。
② 高华平等译注:《韩非子·外储说右下》,第 516 页。
③ 李山、轩新丽译注:《管子·任法》,第 760 页。

他,这是法治之辱。商鞅显然已经预见了自己的下场,因而发出疑问。

法治的目标就是驯服权力,将权力关进制度的笼子,因此法治主要是指第二和第三层次的法治。第一层次的法治是不难做到的,因为个人权力是以个人实力和影响力为后盾的,其权力效用是非常有限的,在国家权力面前毫无抵抗力。所以个人权力一般不称作权力而称为权利,权力通常指国家权力,包括官吏权力和君主权力,都是以国家强制力为后盾的。法治就是驯服国家权力。在依次上升的法治层次中,商鞅已预见了法治之难点(尽管他没有找到解决办法),而韩非则还没有认识到法治的关键,反而走上了强化君权的权治道路(当然这是君主制法治的必然要求),从而走向了法治的反面。

第三节　晋法家的历史进步性：法治主义

晋法家适应时代潮流,鲜明地提出了"以法治国"的思想,强调"任法而不任智",其法治思想达到了古代君主型法治的高峰,与古希腊法治思想相比并不逊色。晋法家思想的历史进步性主要体现在以下几个方面:

一 "任法不任智"的理性精神

晋法家由儒家转化而来,其思想是在与儒家的礼法之争中建立和发展起来的。儒家主张仁义和礼治,法家主张功利和法治。儒、法两家礼法之争的实质是人治与法治的论争,法家主张任法而不任智,任法不任私,以形式理性的法治取代实质非理性的人治,作为治国的基本方式。

儒家从仁义思想出发,主张礼治,实行德教为主,并由圣贤治国。儒家这一套人治思想建立在性善论的基础之上。儒家理想主义大师孟子最早建立了系统的性善论,提出了"四心"说,认为人的本性是善的。后天的习性可能会使人迷失善良的本性,但人只要加强自我修养就能发现和涵养这种善性,成为善人,因为这不过是恢复人的本性而已。因此,统治者要统治人民,最好的方法就是实行"仁政",推行德教,使人人成为善人,从而建立一个和谐理想的社会。儒家的先祖孔子虽然没有明确提出性善论,但他的"性相近"说归根到底是倾向于性善论的,认为人是可以教化的,因此孔子也非常肯定道德教化的作用,主张"为国以礼"①,反对严刑峻法。儒家现实主义者

---

① 张燕婴译注:《论语·先进》,第 166 页。

子夏对人性的看法犹豫不决,心战不已,落得一个"小人儒"的名声,为正统儒家所不齿,但他开启了法家的先声,成为由儒向法转变的关键人物。

法家正是抓住了儒家的理论基础"性善论"而对其展开批判的。如果性善论不能成立,则儒家的人治思想就会动摇。对此,法家毫不掩饰地提出了人性"好利",倾向于"性恶论",认为人性"好利恶害",先功利后仁义,即功利是第一性的,仁义是第二性的。从人性恶,自然引申出两个结论:

第一,既然人性恶,所以德治、人治是行不通的。人的本性岂能改变?即使加强教化,又能改变多少?即使改变了一部分,又怎能保证不反弹?因此,德治是靠不住的,圣人也是靠不住的。圣人岂能铁面无私?难道没有个人情感好恶?再说,即使圣人能做到铁面无私,又怎能避免"人存政举,人亡政息"的局面?因此,韩非认为,治国无须圣贤,"中主守法"①,可以为治;商鞅甚至提出"以奸民治善民"②。所以,法家认为,既然人性恶,就只有建立法治,任法而不任智。建立起完整的规章制度,一切依据法律而行事,缘法而治,就不用统治者劳神费力了,这正是无为而治。

第二,既然人性恶,所以法治是可能的。人性好利恶害,则赏罚可行。统治者要富国强兵,就可以通过制定法令奖励耕战、惩罚无功来驱使有功利心的人们采取符合统治者期望的行为。统治者通过对一些行为加以利害评价而巧妙地利用人们的功利性来达到统治人们的目的。因此,只要人性是功利的,这种统治就是可能的。

春秋以来的历史,使法家相信人性是恶的。春秋以降,礼崩乐坏,弑君弑父者不计其数。利之所在,礼焉能存?在诸侯争霸的残酷事实面前,人性善岂不成了自欺欺人的说法?因此,在春秋战国历史大转变的时代,儒家的主张处处碰壁,而法家顺应潮流登上历史舞台。所以,法家的产生是历史的必然。

就连战国后期儒家的现实主义者荀子也持性恶论了。他一方面认为人性恶,另一方面又重视德教,从而要求礼、法并用。这就里外不是人了,儒、法两家都不买账,其理论难以自洽。

虽然没有充分理由使我们确信人性是恶的,也没有足够证据证明人性是善的,但有理由相信,向善比向恶难,诚如孔子所言,成为君子难,成为小人易。因此至少可以说,人性是不可靠的。纵观人类历史,生产力和科学技术不断发展,人性的进步却非常值得怀疑。两次世界大战中惨绝人寰的大

---

① 高华平等译注:《韩非子·用人》,第302页。
② 石磊译注:《商君书·去强》,第40页。

屠杀比诸侯争霸中的大屠杀（如坑俘）有过之而无不及。虽然正义最终战胜了邪恶,谁又能保证邪恶不再来? 人性非善非恶,但不可否认人性中有恶的元素,在私有制存在的历史条件下,还会更加显著。所以人治是靠不住的,必须依靠法治。法治是运用人类理性战胜人类野性的最为可靠的方法;法治还以其规则的可预见性排除人治的恣意性,使公正的秩序成为可能。以法治取代人治,是社会进步的必然要求和表现。

除了人性的不可靠以外,法家的代表人物韩非还从认识论角度来论证法治的必要性,这应该说比人性论更有说服力。韩非提出人的认识能力是有限的。韩非说:"天下有信数三:一曰智有所不能立,二曰力有所不能举,三曰强有所不能胜。"既然人的认识能力有限,那么人治是靠不住的。"而道法万全,智能多失。夫悬衡而知平,设规而知圆,万全之道也。明主使民饰于道之故,故佚而有功。释规而任巧,释法而任智,惑乱之道也。"①因此要求君主清静无为,守法而治,所以韩非说:"不以智累心,不以私累己;寄治乱于法术,托是非于赏罚,属轻重于权衡。"②仅仅君主守静无为还不行,还要做到"尽人之智",这便是法治所天然蕴含的民主成分,只可惜韩非仅仅点到为止,没有对此加以发挥。

诚如亚里士多德所说,"法律恰正是全没有感情的"③,它以众人的智慧排除个人的私智,具有一种为人治所做不到的"公正性质",因此"法治优于一人之治"④。韩非同样认为,"私义行则乱,公义行则治"⑤,法律代表公义,因而必须"明法制,去私恩"⑥,缘法而治。法治代表形式理性,具有公正性、稳定性和可预期性;人治意味着任性,具有不稳定性,难以预期,所以法治优于人治。

二 "因时变法"的革新精神

"法先王"与"法后王"是儒、法之争的核心议题之一。儒家主张"法先王"以抵制变法;法家主张"法后王"以推进变法。法家"法后王"的理论依据就是"因时变"的观点。

商鞅、韩非都主张因时变法,反对礼治,实行法治。商鞅提出"治世不一

① 高华平等译注:《韩非子·饰邪》,第180页。
② 高华平等译注:《韩非子·大体》,第312—313页。
③ 〔古希腊〕亚里士多德著,吴寿彭译:《政治学》,第163页。
④ 〔古希腊〕亚里士多德著,吴寿彭译:《政治学》,第167页。
⑤ 高华平等译注:《韩非子·饰邪》,第184页。
⑥ 高华平等译注:《韩非子·饰邪》,第183页。

道,便国不法古"①的变法思想。针对守旧派大臣甘龙所说的变法会引起天下混乱、杜挚所说的法古无过等反对变法的言论,商鞅反驳说,三代不同礼而王,五霸不同法而霸,因而治世不一道,便国不必法古。韩非认为"世异则事异,事异则备变"②,历史是进化的,因而治国方式也要随之改变。韩非强烈批判儒家"法先王"的思想:"是以圣人不期修古,不法常可,论世之事,因为之备。……今欲以先王之政,治当世之民,皆守株之类也。"③韩非历数先王之治,乃是因时立法的缘故。如果他们盲目"法先王",就必为后人耻笑,像宋国农夫守株待兔那样可笑。因此,韩非得出结论,必须因时变法:"是以圣人不期修古,不法常可,论世之事,因为之备。"④古今社会情势不一样,治国方式只有因时而变,才能取得成功:"法与时转则治,治与世宜则有功。"⑤

"因时变"的思想有力地驳斥了儒家守旧势力"法先王"的观点,体现了与时俱进的革新精神,是推进变法的思想武器。顺应时代变革的要求,法家推行变法,奖励耕战,废除世卿世禄制,实现了由分封向郡县、由身份向功劳、由贵族向官僚、由礼治向法治的巨大转变。

为了推进变法,晋法家开展了成文法运动,促进了立法的法典化,对中国法制的进步贡献巨大。

三　"刑无等级"的司法平等思想

法律是天生的平等派。如果法律因人而异,就没有了权威。商鞅认识到统一适用法律的重要性,他说:"法之不行,自上犯之。"⑥如果卿相大夫带头不守法,法律就形同虚设。因此,商鞅提出了刑无等级的"壹刑"思想:"所谓壹刑者,刑无等级,自卿相、将军以至大夫、庶人,有不从王令、犯国禁、乱上制者,罪死不赦。"⑦从而打破了"刑不上大夫"的礼制传统,剥夺了贵族在法律适用上的特权。

在太子犯法一案的处理中,商鞅不畏权势,坚决处罚太子的师傅和老师:公子虔被施以劓刑,公孙贾被施以黥刑。商鞅的严格执法,终于使得法令得以推行,人人敬畏法律。

刑无等级,法不阿贵,是晋法家的共同主张。韩非说过:"法不阿贵,绳

① 石磊译注:《商君书·更法》,第6页。
② 高华平等译注:《韩非子·五蠹》,第702页。
③ 高华平等译注:《韩非子·五蠹》,第698页。
④ 高华平等译注:《韩非子·五蠹》,第698页。
⑤ 高华平等译注:《韩非子·心度》,第759页。
⑥ (汉)司马迁:《史记·商君列传》,第420页。
⑦ 石磊译注:《商君书·赏刑》,第124页。

不挠曲。法之所加，智者弗能辞，勇者弗敢争。刑过不避大臣，赏善不遗匹夫。"①所以，司马谈在总结法家的特征时就指出："法家不别亲疏，不殊贵贱，一断于法。"②

但法家平等适用法律的思想并不能等同于现代"法律面前，人人平等"的思想。现代法律从法律的内容到形式都要求坚持平等原则，而法家的平等思想仅限于法律适用范围，即任何人犯法都要受到追究，法律之外无特权，但法律之内却是有特权的，君臣上下的等级正是法律所规定的和刻意维护的。所以司马谈又说，法家"严而少恩，然其正君臣上下之分不可改矣"③。这恰好体现了封建法治的局限性，但无论如何，法家"刑无等级"的司法平等思想使贵族不敢视法律为儿戏，不敢公然冒犯法律，从法律适用方面极大地约束了贵族的特权，维护了法律的权威，促进了法治的推行，将法治从治民层次推向治吏层次。

普遍遵守法律是法治的一个基本原则，两千多年前的法家难能可贵地提出并坚守这一原则，且不惜一切代价与破坏这一原则的贵族势力做不屈的斗争。吴起、商鞅等法家甚至用自己的生命诠释了这一法治原则。吴起、商鞅因推行法治得罪权贵，而在支持变法的君主死后，一个被乱箭射死，一个受车裂而亡。

法治的进步正是一个不断驯服特权的进程。法家首次从法律形式上废除了法外特权，这是一个历史进步。在法律内容上，法家虽然也废除了世卿世禄制，但极力维护封建官僚等级特权。法律只有从形式到实质都使特权无处藏身，人人平等，把权力关进制度的笼子，才得以真正实现法治。

四　"治吏不治民"的权力监督思想

法家严于吏治，重视权力监督。法家难能可贵地认识到，法治的关键在于治吏而不是治民。韩非提出了"明主治吏不治民"的著名论断："人主者，守法责成以立功者也。闻有吏虽乱而有独善之民，不闻有乱民而有独治之吏，故明主治吏不治民。"④在这段话里，韩非提出了治吏的重要性。譬如救火，官吏的作用不在于自己提水救火，而在于组织指挥众人救火。官吏的作用是治民，即治理民众，而君主是通过官吏来治理民众的，所以明君治国的关键在于治理官吏而不是民众。只要官吏治理好了，治民也就不是什么难

① 高华平等译注：《韩非子·有度》，第 50 页。
② （汉）司马迁：《史记·太史公自序》，第 759 页。
③ （汉）司马迁：《史记·太史公自序》，第 758 页。
④ 高华平等译注：《韩非子·外储说右下》，第 516 页。

事了。

申不害则专门针对治吏发展了一套循名责实的法治学说，即"术治"。所谓术治，就是指君主治理官吏的法术、方法。申不害改造老子"无为而治"的治国思想，把它解释为君无为而臣有为。官吏积极有为地治理百姓，君主则在一旁默默观察臣子的行为（实）是否合乎其职守（名）。如果名实一致，则予以奖赏，加官晋爵；如果名实不一，则予以惩罚，削官削爵，甚至追究刑事责任。可见，申不害的术治是一套治理官吏的法治方法。

申不害术治的立足点是君主亲自考察臣子，但这个范围毕竟是有限的。商鞅更重视对吏治的监督。商鞅认识到官员利益的一致性导致官官相护，因而认为官吏监督官吏缺乏有效性，从而提出异体监督的思想。可见，法家认识到权力监督是法治的一个重要环节。

官方行为与法律的一致性是现代法治的一个重要原则。官吏的行为合法，是实现法治的关键。如果官吏徇私枉法、滥用职权的行为而得不到纠正，则法律的权威荡然无存。民众就认为官吏手中的权力大于法，也不守法，反而争相贿赂官吏，这对法治的破坏是巨大的。晋法家提出先治吏，并发展出一套治吏的法术，这是法治的重要进步。

第四节　晋法家的历史局限性：专制主义

晋法家的法治思想里含有浓厚的专制主义成分，主张君主集权专制，严刑峻法，以法为教，压制异见，其本义是推行法治，实际上为专制独裁铺平了道路，也将秦国推向了灭亡。

一　功利主义人性论的片面性：排斥德教

法家认为"趋利避害"是人的行为原则，由此出发，认为人性是恶的，进而将国家主义价值观与性恶论结合起来，运用严刑峻法来统治人民，实现富国强兵。可见性恶论是晋法家专制主义的理论基础。

人性是个抽象的命题，天赋而然，本质淳朴，无所谓善恶。善恶是后天人为的分辨，是人对人类行为的价值取向和评判。人的天性包含善、恶两种潜在取向，在现实性上因环境的影响而导致一种倾向超越另一种倾向。在纷争的乱世，性恶的一面凸显，但不能因此而将性恶设定为基本人性。若人性恶是先天的，那么改造人性使其向善是不可能的，法律也防不胜防。晋法家笃信性恶论，以性恶论为其法治的理论基础，推行严刑峻法。片面的性恶论导致严酷的法治论。

商鞅刻薄寡恩,将性恶论运用到极致,利用人性好利恶害,实行严酷统治。在商鞅看来,人性好逸恶劳,立法要反其道而行之,立民之恶。"政作民之所恶,民弱;政作民之所乐,民强。"①耕战,民之所恶;享乐,民之所好。立法立民之所好而废其所恶,将使民强国弱;只有立法禁民之欲,立民之恶,才能使民弱国强,富国强兵。

韩非冷峻理性,将性恶论发挥到极致,以坏人的眼光看一切人,笃信法治,排斥德教。治国用其恶而不用其善,批评儒家"性善"的虚伪性。韩非不仅认为人性恶,而且认为所谓爱也出自私利。"产男则相贺,产女则杀之。"②父子之爱如此,君臣之爱亦如此。韩非甚至认为,一个官员之所以廉洁不贪,也是因为自利。所以,从性恶论出发,韩非认为人人都是自私的,"皆挟自为心"③,人的一切行为都不过是利益的权衡,以此揭开儒家爱的面纱,进而认定德治是不可靠的,只有实行严厉的法治。

性恶论的严重弊端是缺乏人文关怀,将人工具化,人成了只懂利害计算的工具人,成为实现富国强兵的工具人,法治成了掌控这一工具人的手段。所以法家的刻薄寡恩与儒家的人文关怀形成鲜明对比。法家对人性的过分妖魔化也在某种程度上受到报应,法家人物的下场往往是惨烈的,这难道不是性恶论导致的以恶报恶?性恶论不仅排斥儒家的人文关怀,同时也导致法治的严酷性,商鞅相信只有重刑才能达到法律的威慑作用,以达到以刑去刑之效果。如果人性普恶,不仅德教无用,就是法律也防不胜防,人人都没有安全感,到处都是坏人。性恶论完全排斥德教,低估了人类向善的能力,使人类建立美好社会的一切理想成为空中楼阁,绘制了一幅依靠严刑峻法统治的悲观的人类社会生活图景。

晋法家的性恶论具有片面性,抽象的人性是质朴的,现实的人性是社会环境的产物,或善或恶。性恶论与私有制是紧密联系在一起的,社会主义国家的所有制是以公有制为基础的,不存在人性恶的经济基础。虽然社会主义不存在普遍人性恶的制度基础,但在市场经济条件下对利益的追逐仍然导致一定程度存在损人利己的现象,因此还需要法律对此加以限制。社会主义法治不应建立在性恶论上,而应建立在对公民正当权益的保护上。

当然,否定性恶论,并不等于肯定性善论。性善论同样是片面的,这里

① 石磊译注:《商君书·弱民》,第153页。
② 高华平等译注:《韩非子·六反》,第657页。
③ 高华平等译注:《韩非子·外储说左上》,第408页。

不赘述。

二　法律的严酷性：轻罪重刑

秦律的严酷性是法家君主专制主义思想的必然产物。晋法家法治的价值追求是国家主义，目的是富国强兵，维护君主专制统治，为此运用严刑峻法对人民实行专政，驱使人民为国家利益而耕战，不惜将国家利益与人民利益对立起来，加重了对人民的经济压榨和对生命权的无视与践踏，其法律与道德相分离，以严酷著称。

商鞅一次临渭论囚，渭水尽赤。商鞅不仅轻罪重刑，而且刑罚种类繁多，以肉刑著称。不仅保存了奴隶制的五刑，而且各种肉刑花样繁多，更有滥杀无辜的连坐、族刑等。例如死刑就有腰斩、肢解、车裂、烹煮等多种死法。"卫鞅变法令，增加肉刑大辟，有凿顶、抽肋、镬烹之刑。"①可见刑罚之残酷。连商鞅自己最后也以身就法，难逃一死。

晋法家一味重刑，幻想以刑去刑，以致为了所谓国家称霸而不惜草菅人命。高压之下，士敢怒而不敢言，唯有赵良冒死劝谏，告诫商鞅："千人之诺诺，不如一士之谔谔。"②司马迁评价商鞅为天性刻薄之人。

从现代法治的眼光来看，倒不在于商鞅天性刻薄，而是商鞅的国家本位法治价值观导致商鞅之法刻薄寡恩。商鞅将国家利益置于人民利益之上，从富国强兵的价值追求出发，利用人性的功利性，通过严刑峻法驱使民众为国效力。他的价值观决定了他不在乎民众的生命财产权益，而一切以是否有利于称霸天下为取舍。现代法治的价值追求是民本位，法律以人民的权益为依归。因此，现代法治得到人民的衷心拥护和自觉遵循，而不是依靠严刑峻法来推行。

法家人性论的片面性，使君主迷信重刑可以止刑，人们不敢以身试法。然而，当犯了小错也不免一死，没有犯错也被株连，人们就会铤而走险，拼死反抗暴政了。诚如《老子》所言，民不畏威，则大威至。

三　法治的不彻底性：君主集权

有权力的人必然会滥用他们的权力，这是为无数中外历史事实所证明的权力扩张属性。权力的界限就是法律，可是在法自君出、朕即国家的封建社会，用法律来限制君主的权力岂不是悖论？所以晋法家虽然主张

① （明）董说：《七国考》，第346页。
② （汉）司马迁：《史记·商君列传》，第421页。

君主守法,但还是不可能认识到用法律来强制约束君主的权力,最多只能要求君主清静无为,自觉守法罢了。实际上,晋法家不仅不能以法律约束君权,反而法治的推行要寄托在君主集权上。因此,封建法治的成功不得不依靠明君而不是民众,这是先秦法家的宿命,也是商鞅等法家以悲剧收场的原因。

（一）法治对官吏权力的限制

韩非认识到法与权此消彼长的关系:"官之重也,毋法也;法之息也,上暗也。上暗无度,则官擅为;官擅为,故奉重无前。"①法强则官弱,官吏不敢妄为;法弱则官强,官吏位高权重,贪赃枉法,胡作非为,引起天下动乱。所以,韩非认为法治的关键在于治吏,要求以法治吏,加强对官员权力的限制。商鞅主张刑无等级,王子犯法与庶民同罪,以法治吏,秦国大治。

（二）法治对君权的依赖

法家的法治建立在君主制之下,法治的推行依赖至高无上的君权。虽然法治可以强化约束官吏的权力,但摆脱不了对君权的依赖。不仅法自君出,而且法的执行也仰仗君主的态度。所以法治成败与否就维系在君主一人身上,人存法治,人亡法败。这与儒家人治殊途同归。所以法家一方面推行法治,另一方面又不断强化君权。

韩非是这方面的极致,要求君主集法、术、势于一身,高度集权。他说:"君执柄以处势,故令行禁止。柄者,杀生之制也;势者,胜众之资也。……故明主之行制也天,其用人也鬼。"②韩非告诫君主应牢牢把握权柄,不能使大权旁落:"明主之所导制其臣者,二柄而已矣。二柄者,刑、德也。……人主者,以刑、德制臣者也。今君人者释其刑、德而使臣用之,则君反制于臣矣。"③韩非为了推行法治,一味要求君主集权,可是,一旦君主滥用权力,韩非就没辙了。

从法家法治对君权的依赖看,法家法治属于浅层法治,法治是君主治国的工具,法治的对象是臣民,君主在法律之上。这是法家法治的内在缺陷。但浅层法治仍然胜过人治,它是深层法治的基础,是法治发展的必经阶段。

（三）法治与人治（势治）的冲突不可避免

法家尊君尚法,一方面主张法治,另一方面又强化君权。这本身就是一个二律背反。法治就是要约束权力的,然而它对最高权力无能为力,反而依

① 高华平等译注:《韩非子·八经》,第 693 页。
② 高华平等译注:《韩非子·八经》,第 681 页。
③ 高华平等译注:《韩非子·二柄》,第 52—53 页。

赖它。所以,法治与君权的冲突不可避免。在君主制下,当法治与君权冲突时,法治自然让位于君权。这是吴起、商鞅、韩非、李斯等法家下场悲惨的原因。吴起、商鞅、韩非、李斯的法治也保不了自己,他们的命运完全掌握在君主的股掌之中。究其原因,君主型法治约束不了君主的权力,其实质是君主人治。

李斯临死前终于明白:"不道之君,何可为计哉!"①在昏君、暴君面前,法律算什么? 秦二世受奸臣赵高蒙蔽,残杀兄弟及朝中大臣无度,终于要除掉李斯,诬其谋反,灭其三族。李斯临死前哭着对儿子说:"吾欲与若复牵黄犬俱出上蔡东门逐狡兔,岂可得乎!"②李斯入秦,以法家之术辅佐秦王统一天下,最后落得一个"不法"的下场,岂不是法家尊君法治的悲哀?

儒家要求君主遵守道德,法家要求君主守法,但都没有约束君主权力的强制机制。因此,不管是法家的法治,还是儒家的德治,最终都寄托在明君身上。如遇昏君、暴君,就无法实现天下大治。

(四) 君权制约的无解

韩非知道君主是常常会犯错误的,他曾指出君主的十个过错,如不警惕,可能导致亡国灭身。韩非引用大量历史事实,请君主引以为鉴,但也只能告诫,因为韩非的法治终究约束不了至高无上的君权,无法防范昏君、暴君的出现和国家的灭亡。

与韩非极力主张君主集权来推行法治有所不同,商鞅朦胧意识到推行法治还得依靠法律,他感叹法治艰难的原因在于"无使法必行之法"。他说:"国之乱也,非其法乱也,非法不用也。国皆有法,而无使法必行之法。"③

在依靠君主推行法治的先秦,君权制约是无解的。商鞅难能可贵地发现问题所在,但他也不可能提出解决问题的方法。然而商鞅的思路指向是正确的,法治的建立,最终不能依靠加强君主集权来解决(这正是韩非的思路),而是依靠法律本身来解决。这一点显示出作为法治实践家的他比韩非这样的纯理论家的高明之处。沿着商鞅的思路走下去,必然得出这样的观点,须有约束君权的法律,使法大于权,尽管商鞅认为不存在这样的法律。法治就是法律的统治,没有人有居于法律之上的特权,这在君主专制社会是做不到的。

今天,我们知道"使法必行之法"是有的,就是约束君权的宪法,也就是政体设计。所以,君主制法治的出路在于走向君主立宪制,用宪法和议会民

① (汉) 司马迁:《史记·李斯列传》,第 528 页。
② (汉) 司马迁:《史记·李斯列传》,第 529 页。
③ 石磊译注:《商君书·画策》,第 133 页。

主制来约束君主的权力。这是近代英国发展出的新型君主法治。为什么古代中国的法治在秦以后戛然而止，没有走上英国式的法治道路呢？原因是多方面的，但韩非的极权主义法治理论的错误导向可能充当了罪魁祸首。韩非的极权法治理论为秦王所赏识，并成为秦国官方理论。秦国推行严刑峻法，加强君主集权，富国强兵，侵掠天下之民，吞灭六国。秦亡以后，儒家将暴秦的罪过归因于法家，未讨论政体问题，片面抛弃法治，却延续了君主集权的专制制度。法家被迫退出正面历史舞台，导致中国古代法治事业的发展半途而废，中国走上儒家贤人治国的道路，长达两千年。

四　思想文化的专制性：压制异见

晋法家的专制主义突出表现为"三禁"：禁行、禁言、禁心。韩非说："是故禁奸之法，太上禁其心，其次禁其言，其次禁其事。"[1]这个"三禁"可谓专制主义的二纲领，将彻底消灭政治上的异见者，以至于发生焚书坑儒这样的事件就不足为怪了。晋法家坚信功利主义，推行残酷刑罚，以求富国强兵，为此强烈反对儒家的仁义道德之说。因为儒学的性善论和德治思想从根本上动摇了法家性恶论的理论根基，所以晋法家必须尽一切可能铲除其对手儒家的影响。在特定历史条件下的儒、法斗争中，法家终占上风，为了统一思想甚至走向极端，动用国家权力，焚书坑儒，实行文化专制。

李斯焚书之策历来多受史家非议，但也应该看到，在当时的历史条件下，这也是与以儒家为代表的保守势力进行斗争的需要。近人储皖峰对此一分为二地说："李斯的奏同文字和焚烧诗书，乃是统一政策下所必行之事。在学术思想上看，固然是个绝大的厄运；在文化统一上看，也未尝不是一种幸运。"[2]他还认为，"焚书是战国以来一种趋势，尤其是法家，总觉得'儒以文乱法'"[3]，所以不能完全归罪于秦始皇；而且秦始皇焚书的范围也有限，"所烧者为民间私藏，官家的藏书仍然保存着"[4]。尽管如此，但运用政治权力钳制思想自由的做法，对文化的破坏力不应低估，各国诸子百家的诗书和士人历劫，百家争鸣的文化繁荣局面就此结束。更为恶劣的是，其独尊一教，首开中国思想专制之先河，对民族文化的负面影响无疑是巨大的。汉以后两千余年的封建君主纷纷采用思想专制政策，独尊儒术，遏制思想自由，再无百家争鸣的辉煌局面出现，学术思想因创新能力严重不足而呈现停滞

---

① 高华平等译注：《韩非子·说疑》，第 627 页。
② 储皖峰：《中国文学史》，1939 年自印本，第 113 页。
③ 储皖峰：《中国文学史》，第 112 页。
④ 储皖峰：《中国文学史》，第 112 页。

趋势。可见,秦始皇、李斯的国家统一之功与文化破坏之罪同样巨大。

法家推行法治总是遭遇儒家引经据典的批评,因此,压制异见,统一思想是法家的一贯主张。从历史传统方面考察,"焚书坑儒"并非秦始皇的发明,实则一向为法家所倡导。秦国的真正强大还是从孝公时代商鞅变法开始的。商鞅治国的利器是爵禄和刑罚,他对儒家的礼乐、仁义等,深恶痛绝,讥之为"六虱"。商鞅不仅主张法制统一,还主张思想统一。他说:"圣人之为国也,壹赏,壹刑,壹教。"①为了所谓的"壹教",商鞅教孝公"燔诗书而明法令"②。这很可能是历史上最早的一次焚书。韩非主张"三禁"和扫除儒家。李斯遵循法家传统,以史为师,以法为教。所以说秦始皇焚书不过是法家传统的延续。

言论自由与专制统治水火不容。一些儒生经常引用儒家经典,借用古代圣贤的言论来批评时政。秦始皇焚书坑儒,钳制言论自由,统一思想,以维护其专制统治。焚书坑儒是法家统治走向极端的必然产物。法家最终只迷信权力,用严刑峻法来推行权力的统治,用权力来推行思想的专制。法治在法家那里只是统治工具,而不是一种良好的国家状态。因此,法家走向文化专制也就不足为怪了。

秦始皇焚书坑儒,意在统一思想,维护集权政治,进一步排除政治异见,然而并未收到预期的效果,反而激起士阶层的不满,酝酿着统治危机,这是秦始皇、丞相李斯所始料不及的。这也向后人证明,思想的统一是不能靠强力来维持的,思想要靠思想本身的力量来建立统治。

现代法治视思想自由为重要价值并加以保障。思想自由是公民对抗专制统治的政治权利,是人权的重要组成部分,是社会创造力的源泉。它在推动社会进步和法治进程中扮演着怎么高估也不为过的角色。当然思想自由不等于没有禁区,也要遵守宪法和法律。马克思高度重视思想自由,他说:"人类精神应当根据它固有的规律自由地发展,应当有权将自己取得的成就告诉别人,否则,清新的河流也会变成一潭恶臭的死水。"③边沁强调自由批判对法治政府的促进作用,在他看来,法治就是"严格地服从"与"自由地批判"相结合④。专制政府只会走向自由和法治的反面。秦始皇不允许"自由地批判",焚书坑儒,走向权治,人民也就不会"严格地服从",反而揭竿而起,反对强权,推翻了秦政权。

---

① 石磊译注:《商君书·赏刑》,第120页。
② 高华平等译注:《韩非子·和氏》,第127页。
③ 《马克思恩格斯全集 第一卷》,北京,人民出版社,1956年,第94页。
④ 〔英〕边沁著,沈叔平等译:《政府片论》,北京,商务印书馆,1995年,第99页。

第九章　晋法家的历史影响
与当代意义

　　法家因秦亡而声名狼藉,被迫让位于儒家,但法家的历史影响却不宜抹去。相反,历代封建统治者儒表法里,将德教与法治并用,以维护其专制统治。在制度层面,汉承秦制,建立了中央集权国家,分封制退出主场;在思想文化层面,儒家独尊,法家蛰伏,但法家思想仍然在幕后发挥着重要作用,并在一定时机向儒家发起挑战。如果说西汉以后的封建正统时代,由于儒、法合流,阳儒阴法,法家乃以隐性的方式影响中国政治和社会,那么,到了近代,随着西方的入侵和西学东渐,中国面临两千年未有之大变局,中国学者开始反思儒家文化的本质,除了向西方寻求经世济民的新思想外,一些有见识的学者开始重构国学,重新审视法家,推动法家的思想复兴,逐渐形成新法家思潮。而且,法家思想对当代的法治中国建设来说仍然具有借鉴意义。

第一节　历史影响

　　自汉代独尊儒术,儒家取得正统地位以后,便开启了儒、法合流的历程,但法家并不甘心臣服于儒家。在两千年的历史长河中,儒、法之间展开了数次论争,其中代表性的有汉代盐铁会议上的论争、宋代王安石变法与反对派的论争、明代李贽批儒扬法等,这些论争虽然没有从根本上动摇儒家在意识形态上的正统地位,但不断打破儒家独霸的沉闷空气,像闪电划破寂静夜空,丰富了中国人的思想史,开启了民族的心智,对儒家思想最后退出统治舞台无疑起了推波助澜的作用。

一　汉代儒、法合流与儒、法斗争

　　百代皆行秦政制,秦朝大一统中央集权制度对后世所产生的影响是很大的。秦制构成了中国封建社会的制度基础。

（一）汉承秦制

汉朝建立以后,基本上承袭了秦朝的大一统国家集权体制及相应制度,主要包括中央官僚体制、郡县制以及秦律。也就是说,汉朝虽然推翻了秦朝,却继承并维护了秦始皇开创的中央集权政体。

秦统一后,建立了一套以丞相为核心的中央集权官僚体制,即三公九卿制,以三公为权力中心。三公即丞相、太尉、御史大夫,分掌中央大权,直接对皇帝负责。丞相是行政长官,其职责是协助皇帝处理全国政务,可谓皇帝的副手。太尉为军事长官,负责管理全国军事。御史大夫是监察长官,其位次略次于丞相,是丞相的辅佐,主要职责是纠察百官。可见,三公制度是一种古代权力的分工制度,但这三种权力既分开又集中,三权集中于皇帝的统治权。

秦朝在地方普遍推行郡县制。秦王二十六年(前221年),秦初并天下,秦始皇采纳李斯谏言,实行郡县制。"分天下以为三十六郡。郡置守、尉、监。"①随着边境的开拓,郡数不断增加,总郡数最多时曾达到四十六郡。郡县制在秦代已基本定型,构建了官僚统治的网状结构,并成为中国两千余年来封建社会一种固定的地方行政区划。

汉承秦制是刘邦政权建设的一个很大特点。西汉刘邦即位之后,开始着手建设政权。汉朝的政治制度基本上也是秦朝的延续,中央是三公九卿,地方是郡县制。像秦始皇一样,刘邦总揽了一切行政、立法、司法、军事和财政大权。

汉承秦制是概而言之,汉朝大体上承袭了秦朝的体制,但汉朝也不是简单照搬秦制,而是有所改变。汉朝建立后,刘邦采取了郡县制与分封制并行的办法,人们称之为"郡国并行制"。在楚汉战争中,刘邦为了拉拢人心,壮大自己的力量,曾经分封韩信、彭越、英布等七个功臣为"异姓王"。后来,他们的力量日渐庞大,占据前六国的封地,形成新的割据形式,威胁刘氏政权。刘邦便借故削藩,先后加以诛灭。但在诛灭"异姓王"后,刘邦又陆续分封刘氏的宗亲子侄等九个"同姓王"。剿灭异姓王而分封同姓王是刘邦生前为子孙基业所作的重要谋划。除了封国以外,中央政权占据关中,直接管辖原秦国的旧土十五郡,仍划分为郡、县两级。这种王国与郡县并存的体制,构成"郡国并行制",对汉初刘氏政权的巩固起了一定作用,但也埋下隐患。武帝即位,封国问题彻底解决后,汉朝逐渐形成了州、郡、县三级管理体制,汉初特定时期的郡国并行制遂被大一统的郡县制所取代。

① （汉）司马迁:《史记·秦始皇本纪》,第44页。

西汉,在萧何的主持下,以秦律为蓝本,制定了系统的律法,称为《九章律》。《汉书·刑法志》云:"相国萧何捃摭秦法,取其宜于时者,作律九章。"①《九章律》是在秦六律的基础上,增加《户律》《兴律》《厩律》,合为九章。另外,在叔孙通的主持下,以秦的礼乐制度为基础制定了汉王朝的礼乐制度;在张苍的主持下制定了历法及度量衡制度。西汉的各种制度基本建立起来。

在用人和选官方面,汉初沿袭秦制,以军功制为主,沿用了秦的 20 级爵位制度。《汉书·百官公卿表上》曰:"一级曰公士,二上造……十九关内侯,二十彻侯。皆秦制,以赏功劳。"②同时为了弥补军功官吏多武少文的缺陷,刘邦也多次下达求贤令,想方设法笼络知识分子,充实各级官吏队伍。这些制度的建立与完善,使汉朝开创了中央集权帝国发展的新局面。

(二) 儒、法合流

虽然汉初在政权体制和法律制度上承袭秦制建立了中央集权国家,但汉朝统治者鉴于秦亡的历史教训,在思想意识形态和文化制度上主动与法家隔离,采取了一整套新的治国思想,即复兴儒家思想。

汉初奉行黄老无为而治思想实行短暂的休养生息政策以后,汉朝统治者在儒家学者的不断鼓动下,终于采取"罢黜百家,独尊儒术"的政策,儒家独尊的地位得以确立。

"罢黜百家,独尊儒术"源自董仲舒《举贤良对策》之第三策:

> 《春秋》大一统者,天地之常经,古今之通谊也。……臣愚以为诸不在六艺之科、孔子之术者,皆绝其道,勿使并进。③

显然,汉武帝采纳了董仲舒的这个建议。班固在《汉书·武帝纪》中说,汉武帝"罢黜百家,表章六经"④。

汉武帝的"独尊儒术"与秦始皇的"焚书坑儒"都是为了统一思想,然而最终效果却大不一样。秦始皇的"焚书坑儒"失败了,汉武帝的"独尊儒术"取得了成功。这是由于秦始皇采取暴力惩罚的强制手段,失去了民心,加速了秦朝的灭亡;而汉武帝采取奖赏引导的怀柔手段,大兴儒学,以之为选官晋升的进阶,从而开创了两千多年来儒家学说长盛不衰的局面。

---

① (汉) 班固:《汉书·刑法志》,第 152 页。
② (汉) 班固:《汉书·百官公卿表上》,第 106 页。
③ (汉) 班固:《汉书·董仲舒传》,第 570 页。
④ (汉) 班固:《汉书·武帝纪》,第 52 页。

奇怪的是,虽然儒家在历史的舞台上表演,民众在台下喝彩,可是,法家却躲在幕后,注视着台下少数不拍手的异端,随时加以无情惩罚和残酷镇压。儒、法这两个先秦时期的老对手在封建社会终于携起手来共同维护君主专制统治,即"儒、法合流"。儒、法合流表现为儒为阳,法为阴,或说儒为表,法为里。堂而皇之说的是儒家仁义道德,实而行之的是法家的利害赏罚。因此,法家成了为儒家服务的工具。"外儒内法"是中国两千多年封建社会专制统治的真实写照。儒家建立三纲五常、君臣父子的等级制度,灌之以仁义的温情鸡汤,束之以忠孝的法制绳索,对违反者不惜诛灭九族,其法律严酷性与法家相比也差不了多少。

儒家罢黜百家,骨子里却吸收了法家残酷的一面,排斥异己,打压思想自由,历朝多次兴起的"文字狱"即是明证,极大阻碍了中国思想文化的繁荣发展和社会的进步。统治者采取德教和刑压两种手段,礼、法并用,以维护封建专制统治。这正是荀子礼法思想的运用。

晋法家表面上随着秦亡而退出历史舞台,但却被儒家以隐蔽的方式将其专制性的一面继承下来,用以维护封建专制统治。儒、法合作得天衣无缝,以致中国封建统治维持了两千余年之久。可见,晋法家名亡实存,影响深远,只是朝坏的一面发挥影响了。

所以,所谓"独尊儒术"实际上是"儒、法合流"。究其原因,儒、法在维护君主专制统治这一根本点上殊途同归。晋法家是最强烈反对儒家的学派,然而其学说的源头却由儒家的现实派演化而来。因此,晋法家表面上与儒家决裂,骨子里却含有儒家的专制基因。晋法家对君主专制的维护与儒家相比,有过之而无不及,只是方法不同罢了:儒家以温情脉脉的道德教化的方法;晋法家以赤裸裸的刑罚强制的方法。也就是司马谈所说的"同归而殊途"[1]。儒、法维护君主统治的目的是一致的,只是二者的不同在于人性论。儒家认为人性善,故可以实行德治;晋法家认为人性恶,故必须实行法治。而就人性的现实表现来说,不是非善即恶,而是有善有恶。因此,德教与刑罚皆是统治的手段,不能执其一端,舍此就彼。这是秦亡以后,儒、法由对抗走向合流,成为中国两千多年封建社会主流统治思想的原因。

（三）盐铁论争

盐铁论争是在汉初儒、法合流后,儒、法争夺统治地位的一场重要论争,儒家占了上风。自此以后,在漫长的封建社会,法家基本处于蛰伏状态和从属地位。虽然也曾有王安石变法、李贽批儒扬法等儒、法斗争的历史事件夹

---

[1]　（汉）司马迁:《史记·太史公自序》,第737页。

杂其间,但未能从根本上动摇儒家正统地位。

盐铁论争是对汉武帝治国政策的全面检阅,是法家路线与儒家路线这两条路线的斗争。在思想文化的层面,贤良、文学是汉武帝"独尊儒术"的结果。武帝即位初期有尊崇儒术之意,采纳董仲舒的"臣愚以为诸不在六艺之科、孔子之术者,皆绝其道,勿使并进"的政治主张,举贤良,兴太学,立五经博士,以经术为出仕的途径。"尊儒"逐渐形成了一个饱读诗书的儒生阶层,这个阶层显然不满足于饱读诗书,而是要干预政治。在现实的政治层面,为满足汉武帝对外扩张政策的需要,对内采取盐铁官营、增税实库的国家主义财政经济政策和提拔酷吏、推行高压统治的手段,这些渐次展开的政策实际上走的是法家路线。因此,两条路线的斗争不可避免,盐铁会议是一次总爆发。身居官位的桑弘羊一方依据韩非之言立论,攻击儒家空谈误国,认为只有采取法家政策才能富国强兵。来自民间的儒生则依据孔、孟之道,对汉武帝以来的法家政策罔顾民生做了全面批评,并提出"夫为君者法三王,为相者法周公,为术者法孔子,此百世不易之道也"①的儒家政治主张,与董仲舒"独尊儒术"的主张可谓前后呼应。经过此次会议后,法家思想在政治领域就让位于儒家而蛰伏起来。

盐铁会议上的儒、法斗争集中表现为法家国家主义与儒家民本主义的斗争。国家主义是汉武帝奉行对外征伐政策的需要,而民本主义是平息国内矛盾的需要。在汉武帝死后,对外征伐政策也随之结束,儒家特别是孟子的民本主义仁政思想适应了发展农业生产和民间商业以缓和国内矛盾的需要,因此儒家取得了胜利。但儒家重义轻利,其所谓民本主义只停留在解决民众温饱的基础上,反而抑制民众的求富欲望,其终极的追求是维护封建等级统治秩序,因此往往导致国弱民贫的局面。这是中原汉族政权不断被外族政权侵扰甚至取代的重要原因。也正因为如此,在国弱民贫、外族侵扰之际,法家思想往往在长期蛰伏之后有了重新抬头的机会。

盐铁会议之后,儒家跨出学术界,全面接管政治,儒为显学,法家蛰伏。治国的基本方式是德主刑辅,儒家处于主导地位,法家居于辅助地位。法家的法治不过是维护封建君主制度和官本位等级制度的工具。当封建礼制和德教不足以维护其专制统治时,封建统治者就揭开儒家教化的面纱,先教后诛,露出狰狞的法家面目,以残酷的刑罚维护其专制统治,如大兴"文字狱"

---

① (汉)桓宽撰集,王利器校注:《盐铁论校注·刑德》,北京,中华书局,2017年,第527页。

的文化专制,对犯上作乱者"灭门九族"等等。因此,以儒学独尊为指导的儒、法合流必然导致思想僵化,创新动力不足,社会发展缓慢甚至停滞,从而使得国家走向贫弱状态。北宋即为典型。

二　宋代王安石阳儒阴法的思想

北宋中期,欲以大有为的神宗即位,为改变国家积贫积弱、备受侵扰的状态,决心改变朝政积弊,启用务实革新派领袖王安石,委以参知政事,主持旨在富国强兵的一系列新政,史称王安石变法。王安石(1021 年—1086 年),江西临川人,北宋著名政治家、文学家。少时就有矫世变俗之志,二十二岁中进士,历任地方官,体察民情,忧国忧民。1058 年向宋仁宗上万言书,针砭时弊,请求改革政治,尤其是用人制度,但没有被仁宗所采纳。1067 年,年轻的神宗即位后,王安石被启用。他主持变法,颁布了一系列法令,加强中央集权,追求富国强兵。由于变法受到保守派的极力反对,神宗有所动摇,王安石两度罢相。1085 年神宗去世,变法夭折,次年王安石病逝于金陵。王安石以变法闻名于世,被列宁誉为"中国十一世纪时的改革家"。

（一）变法背景

北宋以来国家积贫积弱,神宗即位,面临内忧外患。国内,官僚豪绅对土地的兼并达到惊人的程度,贫富悬殊,广大农民处于破产的边缘。富者有弥望之田,贫者无立锥之地,加上沉重的赋税和徭役,穷人"半年不饱食",流民不断出现,构成对统治阶级的潜在威胁。国外,北方的游牧民族政权不断侵扰边境,直接威胁北宋政权。北宋的军队缺乏战斗力,朝廷没有抵抗的决心,反而屈膝求和,采取绥靖政策,奉送大量财物安抚侵略者,国家财力日趋枯竭。此外,思想文化上的儒学独尊,士大夫阶层的保守气息浓厚,害怕变革,国家缺乏能用之人才,这也是国力衰弱的重要原因。正如王安石所说:"内则不能无以社稷为忧,外则不能无惧于夷狄,天下之财日以困穷,而风俗日以衰坏。"[1]年轻的神宗皇帝也看到了这些威胁及其带来的统治危机,决心改革政治,以求富国强兵,巩固赵氏政权。

（二）王安石的变法思想

王安石变法的指导思想是推行"经世致用"的功利主义法家路线,革除

---

[1]　（宋）王安石:《上仁宗皇帝言事书》,载《王安石文选》,天津,天津人民出版社,1975年,第 4 页。

儒家"清谈仁义"保守政治的积弊,追求富国强兵,挽救赵宋王朝的统治危机。因此,法家思想是王安石变法思想的理论基础,只不过被王安石加以包装和发挥而已,呈现出"儒表法里"的特征。

1. 王安石的中性人性论

法家持性恶论,王安石的人性论深受法家的影响。他说,"人之情,不足于财,则贪鄙苟得,无所不至"①。可见,王安石认为人性是贪图财利的,但是他在这个问题上没有法家极端,而是退了一小步,加了一个小前提——"不足于财"。也就是说,人性恶在穷困的时候才充分显露,在富足的时候,人往往能知礼义廉耻,这与管子的"仓廪实而知礼节"相似。由此,王安石将人性分为三等:大善之人(中人之上)、中人、大恶之人(中人以下)。大善之人,"虽穷而不失为君子";大恶之人,"虽泰而不失为小人"。而中人则具有二重性,"穷则为小人,泰则为君子"②。也就是说,善人善到底,恶人恶到底,中人可善可恶。三种人的划分,充分显示了王安石对人性的深刻洞察。在此基础上,王安石进一步指出,大善大恶之人只占极少数,"千百而无十一";而中人者,"则天下皆是也"③。可见,王安石的"中人论"受到韩非"中人治国"的思想影响。

既然中人占绝大多数,王安石认为治国应该"以中人为制",必须"因其欲而利道之"④,即实行法家的功利主义法治。可见,王安石的人性论是其变法的重要理论基础。王安石的理财思想、高薪养廉思想等无不以人性好利为基础。民以财聚,正是人性好利的表现,因此理财对于统治者而言非常重要。如果君主不善理财,豪强就会积累财富,与人主争百姓,危及江山社稷。高薪养廉,也正是以"利道之",使官员能够尽职尽责。就像广为流传的公仪休拒收鱼的故事那样,公仪休嗜吃鱼而不收人家送给他的鱼,并非因为道德高尚,而是出自功利之心——他知道如果收了鱼而替人办事,就会触犯法律而丢官,再也吃不上鱼了。也就是说,因为丢官之害大于收鱼之利,权衡利害,所以他就拒绝收鱼了。显然,王安石是以功利思想来考虑廉政问题的。

虽然王安石的人性论深受法家影响,但他并没有直接称引法家,从这一点看,他是隐蔽的法家。虽然"性中论"看上去不偏不倚,游走于儒、法之间,但在王安石看来,中人仍然是逐利的,只有少数大富大贵者才能跳出功利束缚,这无疑是一种阶级偏见和歧视。同时,因人而异的人性论调也违反逻

---

① (宋)王安石:《上仁宗皇帝言事书》,载《王安石文选》,第12页。
② (宋)王安石:《上仁宗皇帝言事书》,载《王安石文选》,第22页。
③ (宋)王安石:《上仁宗皇帝言事书》,载《王安石文选》,第23页。
④ (宋)王安石:《上仁宗皇帝言事书》,载《王安石文选》,第23页。

辑,人性从其概念本身来说应该是人类的普遍本性。

2. 王安石的法治思想：变法、善法、重法、以法治吏

王安石的法治思想以法家功利主义为基础,主张因时变法,通过立法、守法,追求富国强兵。

首先,王安石主张因时变法。王安石认为,二帝三王相去千载,其所遭遇的时代情势各不相同,因而采取的法令制度也不尽相同,但先王治理天下之意不变。因此,面对当今内忧外患的情势,必须对现有法令制度进行改易更革;同时,王安石认为,变中有不变,变的是"施设之方"①,不变的是"天下国家之意"②,即法令制度可以改变,而法意不可变。因此,他提出"法先王之意"进行"改易更革"的变法主张,法先王"当法其意而已"③,为变法找到托古依据。一方面要变法,一方面又要托古,这既是王安石变法论述的一种策略,又暴露出王安石变法思想的矛盾之处。王安石在儒家的"法先王"与法家的"不法先王"的主张之间搞个"法先王之意"的折中,充分表现了王安石变法思想的妥协性,也为他变法的最终失败埋下了伏笔。

其次,王安石主张"立善法治国"。王安石认为治国首要的是立法度,然而有法令不等于有法度。王安石尖锐地批评,虽然"今朝廷法严令具,无所不有,而臣以谓无法度"④。因为法令有善恶之分,立法度就是要立善法,否则就是无法度。既然善法这么重要,那么,衡量法之善恶的标准是什么呢?王安石提出以"合乎先王之意"来衡量。而"先王之意"的内容是什么呢?那就只好由王安石来重新解释了。因此,王安石主持编纂《三经新义》,以经世致用的视角重新解释经典,作为立法的指导思想。从王安石的变法实践来看,王安石对"善法"的理解有其历史局限性,其所谓善法是以国家为本位,旨在富国强兵的法。也就是指符合现实需要,匡正时弊,增强国力的法律。尽管王安石未能清晰地阐释善法的标准,但在中古时期,他能提出"以善法治国"的观点,显然比先秦法家的"以法治国"有进步,丰富了中国古代法治思想的宝库。

最后,王安石非常重视以法治吏,"裁之以法"⑤。王安石同意孟子所说的"徒法不能以自行"。治国要有善法,但善法还要由人才来施行。因此,官吏对于法治非常重要。基于人性好利的基础论断,王安石提出对官吏要"约

---

① （宋）王安石：《上仁宗皇帝言事书》,载《王安石文选》,第6页。
② （宋）王安石：《上仁宗皇帝言事书》,载《王安石文选》,第6页。
③ （宋）王安石：《上仁宗皇帝言事书》,载《王安石文选》,第6页。
④ （宋）王安石：《上仁宗皇帝言事书》,载《王安石文选》,第5页。
⑤ （宋）王安石：《上仁宗皇帝言事书》,载《王安石文选》,第12页。

之以礼,裁之以法"①。王安石认为,虽然高薪往往可以养廉,但是并不必然如此。"人情足于财,而无礼以节之,则又放僻邪侈,无所不至。"②因此,必须以礼来约束官吏。如婚丧、祭祀、宴会、服饰、器物等皆以官爵等级来加以节制。然而,礼的约束是软约束,靠的是自觉,如果官吏不循礼怎么办?那就裁之以法。"不循礼,则待之以流、杀之法。"③要裁之以法,"又非独其禁严而治察之所能致也"④。

王安石主张重法,"加小罪以大刑"⑤。他举先王之例说,群饮者杀,变衣服者流,"不如是,不足以一天下之俗,而成吾治"⑥。可见,王安石继承了商鞅的重刑思想。王安石还主张严格执行法律,难能可贵的是,王安石进一步提出:权贵违礼犯法也必须裁之以法,"凡在左右通贵之人,皆顺上之欲而服行之,有一不帅者,法之加必自此始"⑦。这实际上提出了执法平等的问题,这个问题曾经困扰过商鞅,而王安石的态度似乎更加明确。

(三)王安石的变法举措

1. 富国措施

颁布《青苗法》《农田水利法》《免役法》《方田均税法》等遏制土地兼并,发展农业生产,增加国库收入;颁布《市易法》《均输法》等打击大商人囤积居奇,平抑物价,稳定市场流通。所有这些措施,加强了政府的经济集权,沉重打击了大地主、大商人的利益,大大增加了国库收入,但农民的负担并未减轻,实际税负甚至有所加重。可见,王安石继承了商鞅弱民富国的思想。既然改革没有受益者,推行的社会阻力就会很大。由于这些国家主义改革措施富了国却没有富民,所以被反对派攻击为与民争利的苛政。

2. 强兵措施

颁布《保甲法》《置将法》《保马法》《军器监法》等法令以加强军队和民兵训练,改良武器装备,同时减少政府的军费开支。这些举措增强了军队的战斗力,拓宽了兵源,但同时加重了民间的负担。

3. 重法地区的设置和扩大

为了加强治安,熙宁四年(1071年)立《盗贼重法》,朝廷在一些盗贼活动频繁的地区专立重法。

---

① (宋)王安石:《上仁宗皇帝言事书》,载《王安石文选》,第12页。
② (宋)王安石:《上仁宗皇帝言事书》,载《王安石文选》,第13页。
③ (宋)王安石:《上仁宗皇帝言事书》,载《王安石文选》,第13页。
④ (宋)王安石:《上仁宗皇帝言事书》,载《王安石文选》,第13页。
⑤ (宋)王安石:《上仁宗皇帝言事书》,载《王安石文选》,第14页。
⑥ (宋)王安石:《上仁宗皇帝言事书》,载《王安石文选》,第14页。
⑦ (宋)王安石:《上仁宗皇帝言事书》,载《王安石文选》,第14页。

4. 改革科举制度

颁布新《贡举法》，废除明经科，改革进士科的考试内容，罢诗赋，以经义和策论为主。

（四）王安石变法失败的原因

王安石变法的效果具有两面性。一方面，变法在短期内取得了富国强兵的效果，增加了国库收入，增强了军队战斗力；但另一方面，由于新政急功近利，在执行中出现了偏差，理财的重点不是生财而是取财，与民争利，导致变法没有实际受益者，反而加重了社会各阶层的负担，因而推行起来阻力重重，从而使效果大打折扣，最终随着支持变法的神宗去世而流产。

尽管历史上对于王安石变法的评价褒贬不一，但无论如何，王安石变法是商鞅变法以来最重要的一次法家变法实践，而且在这场实践中，蛰伏千年的法家思想得以重新抬头，并且得到了丰富和发展。虽然王安石变法流产了，但其变法思想和实践无疑是中国法治建设本土资源的重要组成部分。对王安石变法的评价不必苛求一致，而探求其变法失败的原因似乎更有意义。探寻王安石变法失败的原因，不能仅从变法效果来看，还要从王安石变法思想的局限性乃至那个时代的思想特征来看，才能理解王安石变法失败的深层次思想原因。

王安石变法一定程度上是在效仿商鞅变法。为何商鞅变法成功而王安石变法失败？主要是因为战国时代的商鞅实行一套法家政策，其时儒家之徒到处受排挤；而在王安石时代，儒家思想已长期占统治地位，势力强大，因而王安石的变法思想无法突破儒家的桎梏，也得不到士大夫阶层的支持，只得举儒旗搞法政，儒表法里，阳儒阴法，变法具有不彻底性和矛盾性，推行起来又大打折扣，这才是其变法失败的深层次原因。

三 明代李贽尊法批儒的思想

李贽（1527 年—1602 年），号卓吾，福建泉州人，明代思想家，泰州学派的重要代表人物。出身于商人家庭，二十六岁中举人，曾任南京国子监博士、南京刑部员外郎、云南姚安知府等职。五十四岁辞官治学，寄寓黄安、麻城、南京等地。在麻城芝佛院讲学时，从者数千人，还有不少妇女也慕名来听讲。最后以思想罪被捕下狱，自刎于狱中，显示了宁折不屈的斗士精神。其著作甚多，代表性的有《焚书》《藏书》等。恰如其书名，死后官方焚其书，但民间却保留下来。李贽一生以"异端"闻名，尊法反儒，在中国封建社会后期向正统儒家教条发起猛烈攻击，振聋发聩，似一颗耀眼的流星划破了沉寂的夜空,对唤醒沉睡的国人无疑具有进步意义。

（一）童心说和私心说,反对存理灭欲

面对孔孟儒学的升级版程朱理学"存天理,灭人欲"的说教,李贽矫正王阳明的心学,提出童心说。李贽说:"童心者,心之初也"①,"夫童心者,绝假纯真,最初一念之本心也"②。可见,李贽认为童心是人的本心、真心。人都有童心,但在成长过程中,往往童心被蒙蔽而失却真心。"失却童心,便失却真心;失却真心,便失却真人。"③失却童心也就成了虚伪的人,李贽最痛恨这样的假人,"其人既假,则无所不假"④。

童心是人的真心,而人的真心又是什么呢? 李贽提出私心说。他说:"夫私者,人之心也。"⑤李贽毫不隐讳地认为,私心就是人心。李贽举种田、置业、求学为例:"服田者私有秋之获,而后治田必力;居家者私积仓之获,而后治家必力;为学者私进取之获,而后举业之治也必力。"⑥认为农、商、学都是为了追求私利,才会不辞辛苦。即使人人都想做官,没有利禄也没有人干呀。"故官人而不私以禄,则虽召之必不来矣。"⑦

既然私心是人的真心,那么所谓无私便是不可能的。"人必有私,而后其心乃见;若无私,则无心矣。"⑧

可见,在李贽看来,私心、人欲是与生俱来的,不可消灭,要灭人欲,就等同于灭人心,也就是杀人,从而有力地揭露了程朱理学的虚伪性和以理杀人的真面目。

存理灭欲是违背人性的,是不利于社会发展的,李贽认为,理想的社会是人人各遂其生,各获所愿。李贽认为国家应允许人们自由发展,这也是明朝后期资本主义萌芽在思想上的反映。面对封建统治危机,道学者不惜以存理灭欲来禁锢人们的思想,维持其私天下的特权统治,这是明朝走向灭亡的必然原因。李贽对道学家的批判无疑戳到了统治者的痛处,但由于时代的局限性,其社会理想难免落空。

（二）是非相对论,反对儒学独尊

李贽认为是非没有固定标准,对人的评价也没有确定结论。他说:"人

---

① （明）李贽:《焚书·童心说》,北京,中华书局,1975 年,第 98 页。
② （明）李贽:《焚书·童心说》,第 98 页。
③ （明）李贽:《焚书·童心说》,第 98 页。
④ （明）李贽:《焚书·童心说》,第 99 页。
⑤ （明）李贽:《藏书·德业儒臣后论》,北京,中华书局,1959 年,第 544 页。
⑥ （明）李贽:《藏书·德业儒臣后论》,第 544 页。
⑦ （明）李贽:《藏书·德业儒臣后论》,第 544 页。
⑧ （明）李贽:《藏书·德业儒臣后论》,第 544 页。

之是非,初无定质;人之是非人也,亦无定论。"①因此,是非是相对的,变化的,"昨日是而今日非矣,今日非而后日又是矣。"②

既然是非是相对的,没有绝对真理,那么不同观点可以相互争鸣,共同发展。李贽说:"无定质,则此是彼非,并育而不相害;无定论,则是此非彼,亦并行而不相悖矣。"③因此,不应该钳制人们的思想;相反,应该鼓励思想多元化。

从是非相对论出发,李贽批判以孔子之是非为是非的荒谬观点。先秦时代,百家争鸣;汉、唐、宋以来,再无争论。原因何在?"咸以孔子之是非为是非,故未尝有是非耳。"④可见,独尊儒术,思想僵化,造成千百余年独无是非的局面,这恐怕也不是孔子愿意看到的。"虽使孔夫子复生于今,又不知作如何非是也。"⑤在否定了以孔子之是非为亘古不变的是非标准以后,儒学独尊的地位也就不攻自破。

(三)圣、凡一性,反对圣人崇拜

李贽认为,"天下无一人不生知"⑥,因而人在认识能力方面是一致的,没有天生的圣人与凡人。每个人在道德修为方面的能力也是相同的,人人都可以成为圣人。而且,李贽指出,即使成为圣人也脱离不了凡人的人性,圣人也是人,不能不食人间烟火,因而与凡人没有本质区别,即圣、凡一性。

传统儒学虽然也认为"人皆可以为尧、舜",承认每个人有成为圣人的可能性,但不必然如此。圣、凡起点相同,但由于后天的环境和实践不同,才有了圣、凡差别。也就是说,性相近,习相远。圣人与凡人的差别随着后天的习染而越来越大,从而出现了圣、凡之间的一条鸿沟。

李贽不仅认为凡人可以成为圣人,而且认为圣人也是凡人,这就破除了圣、凡之间难以逾越的鸿沟,这无疑是人格观念上的重大进步,有利于平等观念的发展。儒家向来刻意扩大君子与小人、圣人与凡人的人格差别,有意无意忽视他们的共性,抹杀人的平等性,借以为封建等级统治编造舆论。

圣、凡一性,暴露了圣人平凡的一面,揭开了圣人的神秘面纱,这无疑沉重打击了千百年来儒家所塑造的偶像崇拜。西汉以来,独尊儒术,儒家推行

---

① (明)李贽:《藏书·世纪列传总目前论》,第1页。
② (明)李贽:《藏书·世纪列传总目前论》,第1页。
③ (明)李贽:《藏书·世纪列传总目前论》,第1页。
④ (明)李贽:《藏书·世纪列传总目前论》,第1页。
⑤ (明)李贽:《藏书·世纪列传总目前论》,第1页。
⑥ (明)李贽:《焚书·答周西岩》,第1页。

造神运动,大搞偶像崇拜。孔子被树为"至圣先师",大兴孔庙祭祀,孟子也成为"亚圣",配享孔庙,人人祭拜。孔孟之道成为不可怀疑的教条,亘古而不变,言必称"子曰",反对者即是异端,要加以诛灭。李贽认识到,不破除偶像崇拜,就不能破除教条主义。

(四)尊崇法家,主张革新变法

李贽在批判儒家的同时,对法家大加肯定和赞扬。他看到旧史书以儒家史观贬低法家人物,心里感到不平,决心为历史翻案,著书重评历史人物。在《焚书》中,他称赞法家"各各有一定之学术,各各有必至之事功"①。在《藏书》中,李贽更要为历史上的许多法家"解除冤屈",予以肯定。

李贽对先秦法家推崇有加。对李悝变法、吴起变法都予以肯定,称能使国家富强。对商鞅变法更是高度肯定。对韩非的著作也非常推崇,认为"益人意智"②。对被儒家攻击为"千古罪人"的秦始皇,李贽则称其为"千古一帝",赞扬秦始皇"混一诸侯"③,建立中央集权的一统国家的历史功绩。称赞辅佐秦始皇统一天下的李斯为"才力名臣",认为李斯"五帝不相复,三代不相袭,各以治"的革新思想"甚可贵"④。

李贽之所以赞扬法家,既是他批判儒家的需要,又是他认同法家的功利思想和革新精神的表现。李贽提倡经世致用,顺民之性,要求"顺其性不拂其能"⑤;同时主张因时变法,要求"因其时,用其术",⑥要求"革旧鼎新"⑦。李贽看出明朝中后期的统治危机及思想僵化的根源,认为欲求变革,必须打破日趋腐朽的儒家教条主义对人们思想的束缚,于是他重拾法家思想,并兼采诸子百家,对儒家展开猛烈批判。

李贽的思想在沉闷的封建社会令人耳目一新,当时就产生了很大的影响。李贽一时成为风云人物,受邀四处讲学,所到之处,听者云集。在儒学独尊的封建社会大胆批判儒学显得难能可贵,李贽可谓十六世纪具有初步启蒙意义的思想家。统治者和道学家十分害怕,斥李贽为离经叛道的"异端之尤",加以疯狂地迫害。李贽拒绝妥协投降,"我头可断而我身不可辱"⑧。

---

① (明)李贽:《焚书·孔明为后主写申韩管子六韬》,第 224 页。
② (明)李贽:《焚书·孔明为后主写申韩管子六韬》,第 223 页。
③ (明)李贽:《藏书·世纪·秦始皇帝》,第 13 页。
④ (明)李贽:《藏书·世纪·秦始皇帝》,第 13 页。
⑤ (明)李贽:《焚书·论政篇》,第 87 页。
⑥ (明)李贽:《焚书·晁错》,第 203 页。
⑦ (明)李贽:《焚书·代深有告文之二》,第 149 页。
⑧ (明)李贽:《续焚书·与耿克念》,第 24 页。

最后,保守派官僚站出来弹劾李贽"敢倡乱道,惑世诬民"①,皇帝下令逮捕李贽,七十六岁的李贽被捕入狱,被迫自杀而亡。李贽死后,其书被列为禁书,遭官方下令焚烧,然而其书焚而不灭,在民间得以保存,"今焚后而宏甫之传乃愈广"②,足见李贽思想的影响是不可磨灭的,它在中国思想史上留下浓墨重彩的一笔。

李贽的思想对于我们理解封建社会后期儒、法思想斗争很有意义,但李贽的思想也不可避免具有历史局限性。它虽然具有资产阶级思想萌芽的成分,但总体上仍然属于封建地主阶级改良思想的范畴。李贽面对审判官时,称自己的书"于圣教有益无损"③,不过良药苦口而已。李贽试图端出法家的实用"良方",医治儒家的迂腐"痼疾",他还没有也不可能提出资产阶级民主革命的新思想。

四　近代新法家思潮

西汉以后,由于儒、法合流,阳儒阴法,法家基本处于蛰伏地位,乃以隐性的方式影响着中国的政治和社会。直到近代,随着西方入侵和西学东渐,中国面临两千年未有之大变局,中国学者开始反思儒家文化的本质,除了向西方寻求经世济民的新思想外,一些有见识的学者注重运用西方思想整理国故,重新审视法家,逐渐形成新法家思潮。新法家思潮是在儒学至尊地位被西学冲击而颠覆之际乘机复兴的本土法家思想。

（一）清末民初的国粹主义新法家思想萌芽:重整理阶段

鸦片战争以来,西方帝国主义的坚船利炮打开了中国闭关锁国的大门,也惊醒了国人的泱泱大国梦,中国人开始放眼看世界。随之而来的西方的思想文化在中国大地传播,古老守旧的中华文明与西方先进的现代文明猛烈碰撞。关于中国文化向何处去的问题引起人们的思考。一些人热烈拥抱西方思想,要求全盘引进西方的民主、科学和法制,这实际上是一条西化的道路;也有一些人主张运用西方现代思想全面整理改造中国传统学术,在此基础上保留国粹,并发展成为一场规模浩大的整理国故运动,这是一条中西融合并保持民族性的道路。

整理国故运动肇始于清末开始的旨在从思想上拯救民族危机的国粹研究。1898 年,梁启超在日本横滨创办《清议报》,将"发明东亚学术,以保存

① 转引自(明)李贽《焚书》再版说明,第 1 页。
② (明)焦竑:《李氏焚书序》,载(明)李贽《焚书》,第 2 页。
③ (明)袁中道:《李温陵传》,载(明)李贽《焚书》,第 5 页。

亚粹"列为该报的宗旨之一。这里"亚粹"实际上指国粹,只是因为在日本办报,故言亚粹。1902 年,梁启超在与黄遵宪讨论国学的信中又提出:"养成国民,当以保国粹为主义,取旧学磨洗而光大之。"①1905 年,邓实、黄节等人在上海成立国学保存会,创办《国粹学报》,邓实提出:"汉学、宋学皆有其真,得其真而用之,皆可救今日之中国。"②1906 年,章太炎在东京对留学生演说时也提倡要"用国粹激动种性,增进爱国的热肠"③。可见,国粹是指国学的精华,研究国粹就是从纷繁芜杂的国学中淘洗出精华以拯救民族危亡,保存并发展民族文化。在提倡研究国粹的同时,梁启超、章太炎、刘师培等人也进行国粹研究,并取得很多开创性的成果,其中包含法家的研究成果。

青年章太炎可谓第一个站出来赞扬法家"以法治国"的法治思想的学者,并为法家的重刑思想辩护。章太炎著《读管子书后》(1897 年)、《商鞅》(1898 年)、《原法》(1904 年)、《秦政记》(1910 年)等宣扬法家思想。通过这些著作,章太炎反驳汉以来儒家对法家的非难,主张法治,反对人治。章太炎认为秦亡的原因罪不在法,他说:"秦政如是,然而卒亡其国者,非法之罪也。"④

章太炎不仅反对人治,而且反对兼用人治、法治,主张"专以法律为治"。章太炎说:"铺观载籍,以法律为诗书者,其治必盛,而反是者,其治必衰。"⑤麦孟华在《商君》一书中也指出:"中国之弱于欧美者,原因不止一端,而其相反之至大者,则曰中国人治,欧美法治。"⑥早在 1904 年梁启超在《中国法理学发达史论》中第一次提出中国法理学的概念,认为法理乃是法律的本原,"既有法系,则必有法理以为之原",初步探讨了先秦诸子的法律思想。梁启超 1909 年著《管子传》,推崇管子的法治思想。梁启超认为,管子政术,以法治主义及经济政策为两大纲领。时人认为,法治与经济竞争是西方富强之术,而中国贫弱是因为无此两样。梁启超回应:中国的法治思想和经济竞争思想先于欧美,不信请以《管子》为证。

早期国粹研究中,中国学者开始以中西比较的方法从中国古代国粹中寻求救国真理和治国方法,初步认识到儒家人治思想的弊端,转而重拾法家的法治思想,如获至宝。法治思想和法家借此得以重放光芒。但新文化运

---

① 参见郑师渠:《晚清国粹派——文化思想研究》,北京,北京师范大学出版社,1997 年,第 1—7 页。

② 邓实:《国学今论》,《国粹学报》1905 年第 5 号。

③ 汤志钧编:《章太炎政论选集》,北京,中华书局,1977 年,第 272 页。

④ 汤志钧编:《章太炎政论选集》,第 500 页。

⑤ 章太炎:《官制索隐》,载《章太炎全集(四)》,上海,上海人民出版社,1985 年,第 97 页。

⑥ 麦孟华:《商君》,上海,上海书店,1936 年,第 45 页。

动对传统文化持彻底否定的态度,国粹研究被视为复古而受到冲击,一时低落。中国大地上,各种西方思潮风起云涌,中国文化又一次面临向何处去的问题。

1919年7月,胡适号召青年"多研究些问题,少谈些主义"①;同年12月他又在《"新思潮"的意义》一文中提出"研究问题、输入学理、整理国故、再造文明"的口号,明确主张整理国故。1923年在《国学季刊》的《发刊宣言》中,胡适认为,整理国故就是以"评判的态度"重新评估国学的价值,即在整理的基础上加以评判。"整理就是从乱七八糟里面寻出一个条理脉络来"。胡适还提出扩大国学研究范围(中国一切古代文化),并用系统的方法和比较的方法来研究国故。之所以用"国故"而不用"国粹",是因为国故是个中性词,不含褒贬的意义,国故既包含"国粹",又包含"国渣"。胡适在《先秦名学史·导论》中说整理国故的初衷是从中国传统文化中"找到可以有机地联系现代欧美思想体系的合适的基础",进而在此基础上"再造文明"。整理国故经胡适的大力提倡,在二十世纪二三十年代的学术界引起了一场规模较大的"整理国故运动",研究的范围日益广泛,涌现了一大批文史学家和经典著作,其中法家研究方面以梁启超、杨鸿烈等为代表。

如果说胡适倡导整理国故重在"改造文明",那么梁启超整理国故就旨在发扬"国粹"。梁启超虽是胡适的前辈,但在整理国故运动中却也追随勇立时代潮头的胡适。他在《治国学的两条大路》(1923年)一文中说,"我们中国文化比世界各国并无逊色。那一般沉醉西风,说中国一无所有的人,自属浅薄可笑"。1923年,梁启超在北京政法专门学校的五四演讲中将先秦政治思想分为四派:"一无治主义,二人治主义,三礼治主义,四法治主义。"②他并认为,道家代表无治主义,儒家兼礼治主义与人治主义,墨家兼人治主义与法治主义,法家代表法治主义。将四种主义相比较,梁启超推崇法治主义,并分析了法治主义的优缺点。"我们虽崇拜法治主义,却要知他短处。"③除了强调法治主义,梁启超还提出"法自然"的思想,认为四派都承认自然法则,只是法自然的方法不同而已。"中国人深信宇宙间有一定的自然法则……惟实现这自然法则的手段,各家不同。"④这个演讲可以说是对先秦政治思想奠基性的整理,是一部研究先秦学术的纲领性指导,影响后学深远,至今仍无人能突破。他随后又在《先秦政治思想史》一书中系统论述

① 胡适:《多研究些问题,少谈些"主义"》,《每周评论》第三十一号,1919年7月20日。
② 梁启超:《先秦政治思想史》,第271页。
③ 梁启超:《先秦政治思想史》,第308页。
④ 梁启超:《先秦政治思想史》,第272—273页。

了法家的法治思想,分别论述了法家的起源与法的概念,法家的法、术、势三派及其区别,法家的性恶说与国家的起源,法治主义的缺陷等问题。可以说是近代法家研究的马首之作,引领近代法家研究的方向。当时的法家研究就分别沿着梁启超指出的法治主义与自然法两条路径展开,取得大量研究成果。如王振先的《中国古代法理学》(1925 年)、张陈卿的《韩非子的法治思想》(1930 年)、丘汉平的《先秦法律思想》(1931 年)、杨鸿烈的《中国法律思想史》(1936 年)等。

(二)民国中期国家主义新法家的兴起:重应用阶段

以梁启超为代表的国粹派对法家思想的重新评估,虽然对法家进行了重估,宣扬了基于本土的法治主义思想,但也指出了法家的不足。他们没有将法家的法治主义作为根本治国之道来加以推崇,而是主张法治与人治相结合。也就是说,他们是将法家放在国粹这个总盘子里端出来的。因此,国粹派尚法人物还称不上新法家。直到民国中后期,随着日本加紧对中国的入侵,民族危机空前显著,"新法家"这个概念才被常燕生和陈启天明确提出。

1935 年 8 月,常燕生(1898 年—1947 年)在其主编的《国论》杂志第 1 卷第 2 期上发表了《法家思想的复兴与中国的起死回生之道》一文,标志着新法家思想的形成。论文先提出当时中国处于一个"新战国时代"的判断:"今日中国是一个战国以后最大的变局,今日的世界又是一个新战国时代。"①新战国时代的判断基于常燕生的生物史观,他认为社会与人一样,是生物有机体,国际社会就是国族丛林,弱肉强食,适者生存。那么,面对新战国时代,如何寻找一条道路去救国图强就显得非常重要。论文接着说:"在中国固有文化的宝库里……我想来想去,只有先秦时代的法家。"②因此,文章得出结论,"中国的起死回生之道就是法家思想的复兴,就是一个新法家思想的出现。"也就是说只有法家思想才能救中国。可见,常燕生不再停留在整理国粹的层面谈论法家思想,而是将今日世界当作当年战国时代的升级版,今日救国必用法家富国强兵思想而别无他途。也就是说,常燕生的目的不是改造法家,而是直接要求在新时代背景下复兴法家,因此可称他为新法家。常燕生提出了复兴法家的必要性,但如何复兴法家,常燕生并没有做出系统的回答。因此,常燕生可谓新法家思想的提出者,新法家思想的系统构建任务则落到了陈启天身上。

①　参见程燎原:《常燕生的"新法家思想"》,《南通大学学报》2017 年第 3 期,第 40 页。
②　参见程燎原:《常燕生的"新法家思想"》,《南通大学学报》2017 年第 3 期,第 41 页。

1935 年,陈启天(1893 年—1984 年)在《国论》杂志发表了多篇有关法家的文章,次年汇编成《中国法家概论》出版。陈启天在书中提到"新法家"的概念,他说:"近代中国已进入世界的新战国时代,似有产生新法家的必要。"他在书中系统论述了他的新法家思想。陈启天的新法家思想可以概括为新战国时代定位、国家主义价值观、国家集权论、法治论等几个方面。第一,新战国时代定位是对世情和国情的基本认识,是法家复兴的逻辑起点,也是新法家理论的出发点。鸦片战争以来中国遭遇两千年来(时人说三千年)未有之大变局,帝国主义的入侵堪比中国历史上的战国时代,甚至更为惨烈。第二,陈启天继承先秦法家的国家主义价值观,将国家利益置于个人利益之上,追求富国强兵。他认为,近代国家以发达的国家主义思想为意识形态,坚持以国家为本位的根本原则。新法家们高举爱国主义旗帜,宣扬国家主义价值观,培养青年为国家牺牲的精神,以救亡图存,建设富强国家。第三,陈启天将先秦法家的势治发挥为国家集权。法家所说的势是指权势,包含近代的"国家主权""统治权""国家权力"等概念,是一种发号施令、统制臣民的权力。本来,在"势"的提出者慎到那里,势是指一个共同体的权威,即相当于近代的"国家主权",因此,势并不属于君主个人,反而君主必须"借势"(得助于众)才能实现对臣民的统治,暗含权势来源于众的思想。然而,韩非将慎到的国家之势发挥为君主之势,要求君主"抱柄处势",变成赤裸裸的君主集权了。陈启天重新将法家的"势"解释为"国家主权",主张强化国家权力,政府集权,实行准军事化的铁腕统治,具体措施包括政治、经济、军事、教育、文化等方面的集权。他深信法家所谓立国的根本在"力",而要培养"力",就要实行军事的、经济的及文化的国家主义。[①] 陈启天的国家集权理论将法家的君主换成政府,政府拥有绝对的权力控制人民,个人必须为此牺牲一些权利。第四,陈启天主张继承法家的"法治",要求以重法治理国家。法家主张"以法治国","信赏必罚"。陈启天肯定法家的"法治",强调法治对于治理国家的高度功效性。陈启天认为,法家所谓的法律是定分止争的标准、齐众使民的标准、成文的客观标准、因时制宜的标准,[②]他赞成以法律为治国的唯一标准。但陈启天似乎并没有注意区分法家的法治与现代法治的区别,现代法治要求权力受法律限制,但在崇拜权力,主张国家至上的新法家眼里,这一点被有意无意地忽略了。因此,新法家的法治要求人

---

① 参见〔韩〕孙承希:《析国家主义派的"新法家主义"与"生物史观"》,《复旦学报》2003 年第 3 期,第 111 页。
② 参见〔韩〕孙承希:《析国家主义派的"新法家主义"与"生物史观"》,《复旦学报》2003 年第 3 期,第 111 页。

民绝对服从政府,服务于救亡图存的目的,可谓战时法家。由此可见,所谓国家主义的新法家不过是旧法家在新时代的复兴,并非真正意义上的新法家。

(三)民国后期宪政主义新法家思想的探索:重创新阶段

民国后期,抗战即将胜利,共产党和各民主党派都对国民党独裁专制日益不满,要求改组政府,战后中国向何处去的问题又一次摆在中国人民的面前,各派精英和学者开始思考这一问题。二十世纪四十年代,郭沫若适时推出《十批判书》,其中有三篇是对法家的批判,批判法家专制独裁,影射国民党。郭沫若批判秦始皇焚书坑儒是推行法家的思想专制,指斥秦始皇"真是一位空前的大独裁者"①,剑指蒋介石的独裁统治,代表战后学界渴望实行民主政治、废除独裁的思想潮流。在此民主潮流下,新法家的战时法治思想已明显不合时宜,因此新法家学者也开始探索改造法家思想与民主宪政相结合的道路,这是民国新法家思想发展的最后阶段,代表性著作是陈启天的《民主宪政论》。

1944年,陈启天出版《民主宪政论》,系统阐发了他的新法治观,就是法治与民主、宪政相结合。这时他已认识到新法家应与旧法家有根本不同,"旧法家的理论特征,是君主的政治学。新法家的理论特征,则须是民主的政治学。"②旧法治是政府以法治人民,新法治不仅是政府以法治人民,而且是由人民以法治政府。③ 可见,陈启天已经由十年前的主张复兴法家思想走向改造法家思想了。他说:"今后中国政治必须回头重走民主宪政的路,已成为历史的趋势。"④陈启天认为,儒家的贵民思想带有民主的意味,法家的法治思想与宪政有点接近,而新法家就是要把民主与宪政结合起来。可见,陈启天已由单纯强调法家法治转向儒、法融合,政治立场由国家本位开始向民本位转变了。由此,陈启天提出新法家的新法治模式是"法治与人治的结合"。他认为,一方面,法治离不开人治,没有贤人来实施法治,再好的法律也形同虚设;另一方面,没有法治的保障,贤人政治就会演变成坏人政治。这实际上是指法治的文化环境,即人的素质和社会的法治信仰对于运行法治的重要性问题,而不能混同于人治。可见陈启天对法治的认识还具有历史的局限性,甚至还不及韩非深刻。法治不排斥由贤人来实施,但并非必须,真正的法治理论并不寄希望于贤人;相反,现代法治恰恰是建立在"圣

---

① 郭沫若:《十批判书》,第 405 页。
② 参见程燎原:《论"新法家"陈启天的"新法治观"》,《政法论坛》2009 年第 3 期,第 9 页。
③ 参见程燎原:《论"新法家"陈启天的"新法治观"》,《政法论坛》2009 年第 3 期,第 11 页。
④ 陈启天:《民主宪政论》,上海,商务印书馆,1944 年,第 9 页。

人不可靠"这一假设的基础上的一套程序方法。陈启天将法治与人治相结合,试图调和法治与人治的矛盾,又怎能不陷入人治的窠臼而最终破坏法治呢? 他肯定新法治是民主宪政的法治,与先秦法家相比具有历史进步性,但将法治与人治相结合的主张,实在比韩非还要落后得多。韩非认为以法治国无须圣人,中人即可治国。基于新法家国家主义的思想传统,陈启天的新法治学说不可避免地产生矛盾,为人治留下缺口,容易被独裁者利用,因而是不彻底的法治理论。

此外,陈启天对法治不能有效施行的分析很值得思考。他指出法治八障碍: ① 执政者只习惯用法律治人民,不习惯用法律治政府;② 执政者单纯追求决策效率;③ 执政者选择性法盲;④ 执政者立法自说自话,漠视民意;⑤ 政治上的特殊机关享有法外特权;⑥ 法律本身不合法,法律内容冲突,频繁变更;⑦ 不懂依法行政的重要性;⑧ 缺乏民意支持。陈启天对民国法治观察深刻,这八大障碍也是古代法治向现代法治过渡的通病。要克服这些障碍,陈启天指出,建立一个宪政的政府非常重要。所以他说:"不但要有人民遵守的宪法,而且要有政府遵守的宪法。"①这些洞察可谓是深刻的。

纵观新法家思潮的演变,新法家渐渐向现代民主制靠拢。国家主义新法家只是古代法家(地主阶级的法家)的复兴,宪政主义新法家才称得上近代意义上的新法家(资产阶级的法家)。古代法家与君主制结盟,新法家必须拥抱民主制度,否则与旧法家没有本质区别。虽然法家都主张法治,但法治的价值导向有很大不同。从这一点来看,法治本身只是一个中性概念,仅具有工具价值,法治为什么人服务,才是区分法治类型的关键。

按照法治为什么人服务的标准,可将法治分为君主型法治、国主型法治和民主型法治三种类型。三种法治类型的划分可以帮助我们更加洞悉法治概念的复杂性和深刻本质。三种法治都主张用理性的法律来治理国家,反对人治,但也有诸多重要区别。法治的主体不同,君主法治的主体是君主,国主法治的主体是政府,民主法治的主体是人民;法治的对象有差别,君主法治重在以法治吏,国主法治重在以法治民,民主法治重在法治政府;法治的目的不一样,君主法治为君主利益服务,国主法治为国家统治者利益服务,民主法治为人民利益服务。可见,法治本身不过是一个中性的统治工具,古今中外都可以使用;法治的区别在于为谁所用,从而有着不同的价值倾向,服务不同的统治目的,从而构成不同的法治类型。因此,每一种法治类型都是工具性和各自价值的统一。相对于不同历史时期法律价值的变动

---

① 陈启天:《民主宪政论》,第210页。

性,法律作为社会治理的形式工具则更有普遍性和连续性。

第二节　当代意义

中共十八届四中全会提出全面建设社会主义法治国家的历史任务。在中国这样一个长期受儒家文化浸染,法治不彰的东方大国,要建设现代法治国家,不能完全照搬西方法治经验,必须兼顾法治的世界性和民族性,建设有民族气派的法治国家。因此,充分挖掘本土法治资源,对于建设中国特色法治国家有着重要意义,同时也有利于我们增强民族自豪感和文化自信。法家变法至少为我们留下了两大重要历史遗产,一是变分封制为郡县制,二是变人治为法治,这两大遗产对中国历史产生了深刻的影响。郡县制一直为历朝历代所沿袭,而法治却被后来的统治者无情抛弃了,这是非常可惜的。法治中国的思想源头是先秦法家,先秦法家的法治思想是宝贵的本土法治资源,博大精深,可以说与古希腊法治思想相比并不逊色,只是汉以后独尊儒学使得中国法治思想的发展进入了漫长的停滞时期。我们不能因秦亡而全盘否定法家和他们的法治思想,而要从中汲取经验教训。梁启超基本肯定法家和郭沫若基本否定法家这两种代表性的观点都有偏颇之处。晋法家是法治主义与专制主义的混合体,我们要过滤掉其专制主义成分,继承其法治主义精神,并把法治主义与民主主义结合起来,建设社会主义法治国家,尤其要处理好法与权的关系。

一　继承晋法家的法治精神

两千多年前的法家就提出"法不阿贵,一断于法",鲜明地主张法治,反对人治,要求不论亲疏贵贱,平等适用法律,体现了形式理性的法治精神。过去,人们常常指责法家的重刑主义,往往忽略了法家的形式法治精神。晋法家的形式法治精神与当今社会主张的"有法可依,有法必依,执法必严,违法必究"以及"科学立法,严格执法,公正司法,全民守法"在多方面可以说是契合的。今天我们建设社会主义法治国家应该继承晋法家的法治精神,不断完善依法治国。

(一)法治优于人治,坚持依法治国基本方略不动摇

法治优于人治,要坚持依法治国,反对人治,任何时候都将法治作为治国的基本方略不动摇。亚里士多德说"法治优于一人之治"①;韩非也说"任

---

① 〔古希腊〕亚里士多德著,吴寿彭译:《政治学》,第 167 页。

数不任人……去言而任法"①。这两位古代圣哲都得出了相同的结论。人治有两个明显的缺点：第一，人无完人，人性是靠不住的，人总不免有情感，有私情，因而很难始终做到公正无私；第二，个人的认识能力也是有限的，难免犯认识上的错误。此外人治还有一个不易觉察的缺点：所谓道德高尚的人有一个致命的自负，他往往将自己倾向的道德价值观道貌岸然地强加于人，即"己所欲，施于人"，从而实行专制统治，扼杀个人自由。这方面的典型例子是宋儒的"存天理，灭人欲"，道貌岸然地以"理"杀人。这才是人治的最大弊端。将人们置于人治之下，无异于让任性主宰人的命运，并不比占巫高明。法治渗透着人类的理性精神，集中了众人的智慧，具有可预见性和平等性，使公正秩序成为可能，因而是国家长治久安的根本保证。现代国家是法治国家，中国的现代化离不开法治化。因此中国要实现全面现代化，就必须坚持全面建设法治国家不动摇。

（二）弘扬法治文化，防止人治思想回流

中国有着两千多年的儒家人治传统，法治精神不彰。要树立法治信仰，须从各方面剔除封建人治思想的影响。打破官本位，在全社会树立其法律至上的信念，大力宣传法治思想，建设法治文化。法家的法治思想是中华传统文化中的重要法治资源，要发扬光大。

韩非说，治国无须期待圣贤，守法无为，中人可以治国。《老子》说："天地不仁，以万物为刍狗；圣人不仁，以百姓为刍狗。……多言数穷，不如守中。"②治国要"绝圣去智"，反对人治。"治大国如烹小鲜"，以法治实现无为而治。"我无为而民自化"，市长不要过多干涉市场。因此，要坚持依法治国，反对各种形式的人治。

尤其要警惕儒家人治思想的回流。对儒家人治传统要保持警惕和批判的态度，否则对于树立法治信仰是极其不利的。在当前的国学热中，学习传统文化的热情空前高涨，这无疑是一件好事，但要纠正一个错误倾向，将复兴国学等同于儒学独尊。国学应是诸子百家的综合体，不能以一废百。老子、孔子、韩非都要研究，儒、道、法三者的智慧相加才是完整的中华本土智慧，不必独尊其一。我们这个民族历来不崇拜天上的神，只崇拜人间的圣人，这是人治思想的文化根源。儒家圣人崇拜的人治思想始终是法治的重大障碍，荀子所谓"有治人，无治法"。它使我们这个民族容易盲目崇拜圣贤，片面包容圣贤，不允许批评圣贤，以致纵容圣贤犯错误。

① 高华平等译注：《韩非子·制分》，第763页。
② 饶尚宽译注：《老子》第五章，第13页。

这种错误并不是圣贤私心所致,而是其个人认识局限性所致,因而往往在付出沉重的历史代价以后才得以纠正。我们常常有意无意忽略了人民才是历史的创造者和主人翁。儒家的圣人崇拜本质是不相信人民有自治能力的,视人民如婴儿,圣贤如父母,这与现代民主法治思想背道而驰。人无完人,圣贤也不例外,如果不破除儒家的圣人崇拜,建立起权力制约机制,我们的法治就始终难以摆脱人治的影子,从而难以树立起法律的最高权威。

(三)严格遵守法律,平等适用法律,杜绝法外特权

要严格遵守法律,平等适用法律。马克思说:"法官除了法律没有别的上司。"①法官只服从形式性的法律,法家主张法不阿贵,刑无等级,不论亲疏,不殊贵贱,"一断于法",符合现代法治精神。法律是天生的平等派,法律面前人人平等,减少和杜绝法外特权,任何人、任何组织都不能不遵守法律。切实维护法律的权威,不以言代法,不以权压法,不因人废法,不徇私枉法。要坚持权利平等保护的原则、司法平等原则,人人平等地遵守法律。有法必守,执法必严,违法必究。法律的威慑力不在于其严酷性,而在于其不可避免性。只有人人严格守法,特别是官员带头信守法律,法律才有权威。

要做到"一断于法"并非易事,太子犯法就让商鞅感到非常棘手。商鞅感叹:"法之不行,自上犯之。""无使法必行之法。"困扰商鞅的难题是封建特权,这是君主型法治不可逾越的障碍。君主制是特权的天堂,而法律是天生的平等派。二者之间的内在矛盾在封建社会是不可调和的。

只有在民主制下,法律必行才成为可能。今天,要使法律必行,必须坚持立法平等和司法平等。只有立法平等,司法平等才可能实现;只有司法平等,立法平等才有保障。通过平等立法打破各种特权,将任何人、任何组织都纳入法治的轨道;通过平等司法,使任何人、任何组织违反法律的行为都受到法律的追究。所谓"天网恢恢,疏而不漏",大概就是这个意思。

(四)重视加强权力监督,减少和消除滥权腐败的现象

法治的关键是约束权力,这与韩非的"君主治吏不治民"的思想是一致的。要杜绝权大于法、以权压法的现象。官员要带头守法,严格依法行政。官方行为与法律的一致性是法治的一个根本要求,法治难以建立往往是官方行为与法律不一致造成的,因为这严重损害了法律的权威。

---

① 《马克思恩格斯全集 第一卷》,第76页。

马克思指出:"国家和国家机关由社会公仆变为社会主人——这种现象在至今所有的国家中都是不可避免的。"①要防止权力异化,必须加强监督。有权力必有监督,把权力关进制度的笼子,是法治建设的重中之重。要特别重视变同体监督为异体监督,即商鞅所说的"别其势,难其道"②,防止监督者与被监督者构成利益共同体,官官相护,使监督形同虚设。

监察权改革是加强以法治吏的重要宪制措施,必将使法治的重心由治民向治吏转移,独立行使监察权是把权力关进制度笼子里的重要举措。监察权改革无疑向权力监督全覆盖的目标大大推进了。但现代法治的目标是任何人、任何组织都不能居于法律之外,因此,监察权本身也要接受法律监督。如何监督监察权,使监察权不被滥用,这是今后要不断研究的课题。

二 弘扬晋法家的革新精神

晋法家顺应历史潮流,反对因循守旧,主张因时变法,这种革新精神是推动历史进步的动力。晋法家为推动革新变法甚至不惜牺牲自己的生命,显示了变革的决心和勇气。在建设社会主义法治国家的今天,应该弘扬晋法家的革新精神和斗争精神,大胆解放思想,勇于改革,推动各项事业走上法治的轨道。

(一)法律随社会的变化而变化,但并非总是一致的

法律是社会存在的制度形式,随着社会的变化而变化,但这种变化不是一帆风顺的,有时落后,有时超前。当法律落后时,就会束缚社会发展;而适当超前,能够引领社会发展。伴随着生产力的进步,人类社会总是不断发展变化的。从原始社会到现代社会,社会的变化呈现出两种基本状态,缓慢阶段和跳跃阶段。在缓慢阶段,法律制度保持基本不变,法律发展往往落后于社会发展,到一定阶段,法律制度严重束缚社会发展。这时候,社会变革的风暴就要来临了,打破旧制度,建立新制度,社会进入跳跃发展的阶段。当新制度确立起来以后,社会又归于平静,进入缓慢发展的阶段。所以,社会发展呈现出阶梯状的特征,虽然其间也可能伴有倒退,但总体趋势是跳跃向前的。每一个阶梯都伴随着法律的剧烈变革,甚至拉锯战。当社会变革来临时,支持变法和反对变法的力量就要展开激烈斗争。

在由奴隶社会向封建社会大变革的历史时期,奴隶主贵族极力维护旧

---

① 《马克思恩格斯选集 第二卷》,北京,人民出版社,1972 年,第 335 页。
② 石磊译注:《商君书·禁使》,第 166 页。

的礼制,反对封建化变革;代表新兴地主阶级利益的法家,勇立时代潮头,主持变法,废除分封制,建立郡县制,由身份社会向官僚社会转变,变奴隶主贵族的诸侯分权礼治为地主阶级的君主集权法治。法家的变法适应了社会变革的需要,反过来又推动了社会的发展进步,促成了中国的统一,在世界上率先建立了中央集权的官僚制国家。

(二)弘扬法家因时变法的革新精神,不断推进社会主义各项改革事业

改革开放以来,中国社会从计划经济向市场经济转变,经济的市场化是一场深刻革命,它既不同于古代重农抑商的自然经济,也不同于国家高度控制的计划经济,而是以发达市场为基础的商品经济。经济的市场化必然要求治理的法治化,要给市场充足的自主决策权,释放高度政府集权,这在中国历史上是前所未有的变革。因此,坚持走中国特色的社会主义法治道路,建设中国特色社会主义法制体系成为时代主题。为此,应该弘扬法家的革新精神,大力推进改革,建设法治国家。

要与时俱进地全面深化各项改革措施,不断完善法律制度,扩大改革开放。淘汰不合时宜的旧法,制定和完善适应时代需要的新法,确认和保障人民在新时代的法权要求。深化国有企业改革,保障公平的市场竞争;保护知识产权,创造良好的营商环境,吸引外资;推进农村土地产权改革,保护农民的土地利益,保障农民工在城市的权益;完善房地产市场的立法,加强住房保障,使全体人民住有所居等等。

(三)弘扬法家的斗争精神,坚持改革不动摇

由于法律的变化涉及社会利益的重新分配,总是招致各种既得利益集团的反对,因而改革和变法总不能轻而易举地实现。不同于改革开放初期,社会各方面普遍从改革中受益,因此改革推行起来的阻力较小;今日中国的改革开放已逐渐步入深水区,剩下的往往是改革的硬骨头,涉及深层次的体制机制问题,每项改革措施的推出,往往使一部分人受益,一部分人受损,因而改革的阻力较大。各种既得利益集团总是以这样那样的借口来消极对待对于他们不利的改革,甚至公开反对改革。

先秦法家为推进变法,勇于与反对派斗争,甚至不惜牺牲生命,谱写了一曲曲变法悲歌。吴起伏箭,变法夭折,而楚国日削;商鞅变法,使秦国富强,而自己遭分尸;更有李斯,辅佐秦王,致天下一统,却父子相哭于法场。历史上的变法总是遭到保守派的极力反对,斗争是残酷的,乃至有流血冲突。今天的社会主义改革,是社会主义制度的一场自我革命,但改革的阻力仍然不可低估。因此,不仅要弘扬法家因时变法的革新精神,也要学习法家的大无畏的斗争精神,两者总是相辅相成的。

三 改造晋法家的功利思想

晋法家是功利主义法家,从国家本位功利主义出发,主张以法治国,坚持法律与道德相分离,治理国家依靠法律而不是道德,反对德治。晋法家的功利思想不应全盘否定,但须加以改造,变国本位为民本位,同时不应将德教与法治对立起来。

（一）功利思想是晋法家法治理论的基础,不应全盘否定

无可否认,趋利避害是普通人的行为的利益机制,但更多属于人的自然属性。人成其为人,是因为有自我意识,自我意识即区别于自然界和他人的独立意识,包括生存意识和自由意识两个层次,生存是基础,自由是追求。第一,人皆有生存意识,即要活下去,自我保全是个体生物性存在的第一原则,人和动物莫不如此,否则便不能作为生物生存下去,所以人要吃饭穿衣,要躲避伤害、死亡。第二,人皆有自由意识,自由意识是个人主体性存在的第一原则,否则不能成为"我"这样一个独立个体,反而成了被人操控的工具人。自我意识把人与自然、人与他人区别开来,成为独立的个人,我就是我自己,不是物,也不是他人的工具。因此,自我意识本质上是自由意志,没有自由意志就不能成为自我。自由意志虽然在社会中养成,但它源于人的内心,生活于社会"牢笼"中的人是渴望自由的。人有了自我意识,就要满足自我发展的需要。自我保全是人的物质性存在的需要,自由意识是人的精神性存在的需要,趋利避害和追求自由是统一的。无论是自我保全还是自由发展,人都离不开自然和社会环境,而且必须借助外界环境来实现自我保全,发展自由意志。因此,人通过趋利避害来适应自然和社会环境,最大限度谋求个性的自由发展,而社会的道义责任恰恰在于为人的自由发展创造公平条件,然而统治者往往为谋求其狭隘的阶级利益而限制人的自由。可以说,功利主义是个人自由和社会发展的作用机制。司马迁说:"天下熙熙,皆为利来;天下攘攘,皆为利往。"[1]诚如司马迁所言,人性逐利并不必然是有害的,反而可以是推动社会发展的动力。"各劝其业,乐其事,若水之趋下"[2],逐利是民富国强的动力,"上则富国,下则富家"[3]。因此,英明的统治者要顺从这种自然人性,而不是试图改变它,"故善者因之,其次利道之,其次教诲之,其次整齐之,最下者与之争"[4]。

---

[1] （汉）司马迁:《史记·货殖列传》,第752页。
[2] （汉）司马迁:《史记·货殖列传》,第751页。
[3] （汉）司马迁:《史记·货殖列传》,第751页。
[4] （汉）司马迁:《史记·货殖列传》,第751页。

晋法家认为,人性好利而恶害,故可以为治。因为趋利避害是人的本性,所以能够以赏劝,以罚止,来调节人们的行为,为国家利益服务。对符合国家利益的行为予以鼓励,对损害国家利益的行为予以处罚,令行禁止,实行法治。离开了功利主义,赏不能劝,罚不能止,法治也就无从谈起。如果人不好利,厚赏也无人理睬;如果人不怕死,死刑又何足惧。所以功利思想是法治发生作用的一个行为学的基础,不应全盘否定。不仅如此,人性好利还是反对人治的理论基础。既然人性好利,那么人治就是不可靠的,所以晋法家要求去智、去私,反对人治,主张法治。因此,人性好利不仅使法治成为可能,也使法治取代人治成为必要。

(二) 应将功利主义与性恶论区别开来,反对将德教与法治对立起来

人追求个人自由离不开社会环境,人天生要过社会生活,在与他人进行物质、情感和观念的交换或交流中实现个人自由发展,社会就是一个实现个人自由的交换场所。那么,这种交换或交流有可能是自愿公平的,也有可能是尔虞我诈的,甚至是强取豪夺的,这就产生了善恶观念。自然状态下的人类,本来是自由而平等的,只是在社会交易中占强势的一方开始定义善恶的标准,制定道德和法律,把他们认可的善恶观念强加给弱势者,人类进入阶级社会。

人与物的区别在于人有自我意识,这使人脱离了自然界;人之所以为人,是因为人在社会生活中有善恶观念,渴望善的生活,追求正义,这使人脱离了动物界。因此,求善厌恶是人的社会属性,也就是说善不仅仅是社会强加于人的,它亦根源于人内心的自由意志,因为不公平不道义的社会实现不了人的自由发展。从《论语》到《法经》,从《诗经》到《楚辞》,无不反映了人们对善的生活的赞扬和追求,对恶的行为的贬斥和厌弃。只是不同时代人们对善恶有不同的认识,因而制定不同的标准和法则来扬善抑恶。

因此,人性包括两个方面——自然属性和社会属性,两者相辅相成,不可割裂开来。人有趋利避害的一面,也有求善厌恶的一面,正是人的理性将二者协调起来。所以说,人性就其表现来说可以说是中性的,有善的一面,也有恶的一面。社会治理正是通过理性立法、赏善罚恶来发扬人们善的一面,抑制恶的一面,从而维护社会秩序的。因此,扬善抑恶离不开趋利避害的作用机制,趋利避害也离不开扬善抑恶的保护机制。也就是说,义、利兼顾。

性恶论只承认人的自然属性并加以放大,否定人的社会属性,或者认为人的自然属性亦是其社会属性,走向了极端。趋利避害不等于性恶,但趋利避害如果没有求善厌恶来调节,必然沦为性恶。性恶是唯利是图,为了自己

的利益甚至不惜损害别人的利益,例如诽谤、偷盗、抢劫、谋杀、奴役、剥削;而性善则过于理想化,爱别人,利他,无私奉献,牺牲自己,等等。性善论、性恶论都是片面的,儒家和法家在人性问题上往往走向两个极端。如果人性本善,那么还要法律干什么? 如果人性本恶,那么不仅德教无效,而且法律也防不胜防,社会将一片黑暗。

现实社会中,大恶大善者少,大多数人性近于中,习为善恶。中性之人,可善可恶,但由于后天习染,成为小人易,成为君子难。人通过不断加强道德修养,能够超越功利主义,成为君子,但即使是君子,一定条件下也可能为恶。由于人所生存的自然和社会空间有限,如自然资源的短缺和社会职位的有限,使得人们之间的竞争加剧,人性趋利性的一面在市场经济条件下表现尤甚。因此,治理国家应当以中人为制,以法治为基本治国方式,保障个人的合法权益和自由,惩罚侵害他人的行为,抑恶扬善。

善恶义利都是相对的,片面追求利而不顾义,往往得到的是害;片面追求义而忽视利,义也难以为继。一个中性的人本无所谓善恶,但在社会习染下,当他利欲熏心,见利忘义,就会走向邪恶,成为小人;相反,如果加强自身修养,淡泊名利,乐于奉献,就会走向良善,成为君子。因此,治理国家也不能忽视德教,德教可以使人自觉向善的方向发展,防止向恶的方向堕落,而且德教也有利于人们自觉遵守法律。所以不应将德教与法治对立起来,而应该将两者有机结合。但德教的作用也不应高估,法治仍然是社会治理的底线。从某种意义上说,性善论虽然动听,但它对社会进步的作用却不明显。性善论容易使人麻痹大意、疏于防范,所谓取之弥高,得之弥低;性恶论有些难听,反而给人以警醒,它让人们丢掉幻想,治国从寄希望于道德转向依靠制度,建立起制度上的防范机制,防止坏人做坏事,保住社会秩序的底线,同时也并不妨碍好人做好事。

总之,趋利避害是人的自然属性,求善厌恶是人的社会属性,两者统一于人的理性并寓于现实生活之中,大善大恶者少。法律重在抑恶,道德重在扬善,治理国家要将两者结合起来,抑恶扬善。道德是追求,法律是底线。在社会主义市场经济条件下,损人利己是恶,公平竞争是善,博爱利他是圣。法律主要发挥维护公平竞争的作用,道德主要发挥引导遵纪守法、鼓励博爱利他的作用。二者要结合起来。

(三) 改造法家功利主义思想,变国本位为民本位

法家的功利思想有其局限性。法家的功利思想以国家为本位,法家立法以富国强兵为目的,以有利国家为利,以不利国家为害,因此提出了"立民之恶"的立法思想,不惜将国家利益与个人利益对立起来,实行严酷的法律

统治。其法律以加强对百姓的盘剥和压榨闻名，"弱民强国"，加重百姓的负担，结果国家富强了，百姓反而穷了。对此，百姓虽然不满恶法的驱驰，但往往敢怒而不敢言，并最终揭竿而起。

仓廪实而知礼节，衣食足而知荣辱。民生是治国的首要问题，要对法家的功利主义加以改造，变国本位功利主义为民本位功利主义。要以"最大多数人的最大利益"为立法原则，合理调节个人利益与国家利益的关系，做到藏富于民，富民强国。个人利益与国家利益既对立又统一。个人利益是基础，国家利益是保障。离开了个人利益，国家利益就是无源之水、无本之木，长久不了；离开了国家利益，个人利益也没有保障，因而发展缓慢，最终受到损害。

当然，以民本位功利主义作为立法原则的同时，并不反对利他主义，但利他主义是道德要求，不能作为立法原则。法律要求不能损害他人、集体和国家的利益，这和道德的底线是一致的。加强道德教育是必要的，有利于人们自觉遵守法律，但不能以道德取代法律。比如，公交车上的不让座是不道德行为，应该受到谴责，但老人殴打不让座的年轻人，则是一种违法行为，后者性质更为恶劣，破坏了法律秩序。我们赞扬道德，但我们不能要求人人成为道德模范；我们讴歌道德，但不能以道德取代法律。法律主要是防止坏人做坏事，但并不禁止好人做好事。对于好人，法律备而不用；对于坏人，法律是一种威慑；对绝大多数人而言，法律是一种保障。

（四）克服晋法家的严酷性，重视法律的道德性和人权保障

严酷的法律违背基本人权，损害人民的利益，最终会危及统治者的统治。这是秦亡的历史教训。法家迷信重刑可以去刑，以严刑峻法驱驰人民为统治者效劳而不顾人民死活，当人民犯小罪也是死，自然会走上反抗道路。陈胜、吴广由此揭竿而起，反对秦朝的苛政酷法，一举而亡秦国。

良法是法治的前提，亚里士多德在《政治学》中指出："法治应包含两重意义：已成立的法律获得普遍的服从，而大家所服从的法律又应该本身是制定的良好的法律。"①良法就是合乎道德的法律，必须重视法律的道德性，要以公民的基本权利作为法律的本位和法治建设的出发点。反对义务本位的压制型法律观，损害公民的正当权利。要正确处理公民权利与国家利益、集体利益、他人利益之间的关系。社会主义法律以权利为本位，同时，权利受义务制约。国家和法律尊重和保障人权，因而要以保障性法律为主，惩治性法律为辅。

---

① 〔古希腊〕亚里士多德著，吴寿彭译：《政治学》，第199页。

四　抵制晋法家的专制思想

秦国的兴亡,成亦法家,败亦法家。成,主要是因为法治可以富国强兵;败,主要是因为君主专制集权的弊端。韩非主张抱法处势,君主集权,这对于促进秦统一六国是有积极作用的,但由于君主专制独裁,实行残暴统治,最终走向人民的对立面而被推翻。今天,我们建设法治国家,必须抵制晋法家的专制极权思想,正确处理法与权的关系。即现代法治应与民主制结合起来,构建权力约束机制,反对专制独裁。

（一）法治只有与民主制结合起来,才能克服专制集权的弊端

法律是统治阶级意志的集中反映,是实现统治的工具。马克思、恩格斯在《共产党宣言》里说:“你们的法不过是被奉为法律的你们这个阶级的意志。”①在封建时代,“法自君出”,必然体现君主意志,维护君主专制统治。

法家主张君主集权,却没有任何约束君主权力的机制。郡县制加强了中央集权,有利于国家统一,但也有弊端。郡县制消除了原来分封制下贵族藩王对君主权力的制衡作用,使君主一权独大,失去了制约。官吏都是君主任命的,他们对君主俯首称臣,往往竭尽阿谀逢迎之能事以讨好君主,很难约束君主。所谓“楚王好细腰,宫中多饿死”②,面对专制君主,人们争先恐后,唯恐讨好而不得,更别说监督约束君主了。即使是孔子,面对不道之君,也只能选择归隐,“道不行,乘桴浮于海”③。在权力没有制约的情况下,贤君可能变得不贤,昏君可能变得残暴,走向人民的对立面。在由意志而不是由法律行使统治的地方没有真正的正义可言。所以,古代君主专制国家,难以解决皇权制约的问题,导致权力过分集中,危害甚大。

因此在吸收晋法家法治精神的同时,要克服其君主集权专制的局限性。晋法家法治思想及其实践的种种弊端都是与君主集权政体密切相关的。晋法家主张君主高度集权,官吏沦为统治工具甚至帮凶,人民无权,加重了统治的对抗性。所以晋法家法律的严酷性是为了维护专制的封建统治;晋法家的法治以君主权力为依托,必然无法约束君主滥权,因而具有不彻底性;晋法家的法律必然随着君主意志的改变而改变,因而缺乏稳定性。所有这些,使得晋法家的法治往往走向人民的对立面,成为压迫人民的统治工具,

---

① 《马克思恩格斯选集 第一卷》,北京,人民出版社,1972年,第268页。
② （南朝宋）范晔撰:《后汉书·马廖传》,第257页。
③ 张燕婴译注:《论语·公冶长》,第54页。

最终激起人民的反抗。

马克思说:"法律的用处通常是限制政府的绝对权力。"①法律是普遍性的规定,而独断的"王权就是任性"②。"法自君出",就意味着专制君主的法律必然带有任性,任性就是不法,不法必然破坏法治。只有把法治建设与某种形式的民主建设结合起来,构建法治的民主机制才能防止专制集权,防止任性和独断。法治与君主制结合,往往导致君主集权,权大于法,走向君主权治,最终破坏法治,这是古代君主专制法治的致命缺陷,法家杰出人物也正是因此献出了自己的生命。要克服君主制法治的内在缺陷,就必须把法治与民主制结合起来,树立法律的权威,使法大于权。坚持民主立法,把最大多数人的最大利益作为立法原则;加强权力监督,把权力关进制度的笼子,不能有任何权力游离于法律之外。只有充分发挥社会主义民主,法治才有真正保障,社会才能长治久安。

(二)加强对立法权的约束,推进合宪性审查

法家主张"法自君出",君主拥有立法权,因此君主可以一言兴法,一言废法,构成对法治的主要威胁。君主拥有最高立法权,因此无法对君主立法权加以约束,这是古代法治的软肋。古代法治能够约束官吏的权力,无法约束君主的权力。

现代法治的核心是约束权力,先要约束立法权,因为行政权与司法权在本质上都是执行权,受立法权控制。立法权不受约束,法治便无从保障。立法权属于法内权力,所以从法理上说也应该受到宪法的约束。培根在《论法律》一文中说过,一次不公正的裁判,其恶果甚至超过十次犯罪,因为犯罪虽是无视法律——好比污染了水流,而不公正的审判则毁坏了法律——好比污染了水源。其实,比司法不公更大的腐败是立法不公,因为一次司法腐败伤害的是个案正义,而立法不公真正从源头上伤害了社会正义。因此,立法权也不能没有约束。

既然要依法行使立法权,那么对于违法性立法就必须予以追究,这就是建立合宪性审查制度的理由。合宪性审查就是对一切法律法规是否符合宪法的精神和要求进行审查,按其本义,审查对象应该除宪法以外全覆盖。因此,理论上允许对国家立法机关制定的法律进行审查,但实践操作上有难度。

从中国实际出发,合宪性审查可以逐步推进。国务院法规和地方法规

---

① 《马克思恩格斯全集 第十二卷》,北京,人民出版社,1962 年,第 576 页。

② 《马克思恩格斯全集 第一卷》,第 269 页。

可以作为优先推进合宪性审查的对象,较低层次的法律规范只进行合法性审查即可。对于国家立法机关的立法可进行事先审查,即审查法律草案,避免出现违宪的法律,这也是对立法权的一种约束。

(三)弘扬主旋律,提倡多样性,繁荣文化

要吸取焚书坑儒的教训,重视保障思想自由。两千余年的封建思想专制给中国人的历史教训太深刻了,钳制了中国人的思想自由和制度创新,思想近乎僵化停滞,发展缓慢,阻碍了社会的发展进步,使中国封建社会长期处于封闭循环的停滞状态。言论自由是推进法治的文化环境。中国宪法保障公民广泛的自由和权利,同时,公民在行使自由和权利的同时也要遵守宪法和法律。要依据宪法不断完善对言论自由的制度保障。

法家先驱子产反对摧毁批评朝政的乡校,他说:"其所善者,吾则行之;其所恶者,吾则改之。是吾师也,若之何毁之?"①子产对言论自由的宽容态度,使他能够虚心吸取民意,制定准确的政策和法令,这是他执政成功的重要因素,可惜没有被晋法家所继承。

马克思批评普鲁士政权钳制思想自由。他曾撰文猛烈批评普鲁士颁布的书报检查令:"你们并不要求玫瑰花和紫罗兰发出同样的芳香,但你们为什么却要求世界上最丰富的东西——精神只能有一种存在形式呢?"②马克思赞赏思想自由:"人类精神应当根据它固有的规律自由地发展,应当有权将自己取得的成就告诉别人,否则,清新的河流也会变成一潭恶臭的死水。"马克思反对用法律钳制人们的思想自由,法律只应惩罚人们的行为,不应惩罚人们的思想方式。他说:"凡是不以行为本身而以当事人的思想方式作为主要标准的法律,无非是对非法行为的公开认可。"③

孔子说过"君子和而不同"④。思想自由的原则应该是"和而不同",既讲"和",也讲"不同",在不同中求和,在和中允许不同。五音相和,所以悦耳;五色斑斓,所以赏目;五味相调,所以爽口;五指长短不一,但能奏出和谐的乐章。没有不同,就没有和,世界不应是单一的色调;没有和,不同也难以并存,世界就会一片混乱。我们既要坚持马克思主义,又要提倡文化多样性,不断吸收中国古代文化的优秀成分和西方文化的有益经验。真理是不断发展的,所以要坚持百花齐放,百家争鸣,不断推动思想进步和文化创新,思想发展反过来必然促进社会的发展进步。

---

① (春秋)左丘明:《左传·襄公三十一年》,第220页。
② 《马克思恩格斯全集 第一卷》,第7页。
③ 《马克思恩格斯全集 第一卷》,第16页。
④ 张燕婴译注:《论语·子路》,第199页。

　　今天我们考察晋法家思想的来龙去脉,总结其经验教训,以更深刻地理解晋法家的法治思想,这对于清除长期以来儒家人治思想的消极影响,对于弘扬古代法治文化和建设社会主义法治国家有着重要意义。总之,晋法家是重要的本土法治资源,对晋法家既不能全盘肯定,也不能全盘否定。要汲取晋法家的法治主义精神,坚持以法治作为治国的基本方略;同时涤除其专制主义弊端,对其法治方式进行民主化改造。

主要参考书目

1. 张燕婴译注：《论语》,北京,中华书局,2006 年。

2. 饶尚宽译注：《老子》,北京,中华书局,2006 年。

3. 方勇译注：《孟子》,北京,中华书局,2015 年。

4. 方勇、李波译注：《荀子》,北京,中华书局,2015 年。

5. 方勇译注：《庄子》,北京,中华书局,2015 年。

6. 李山译注：《管子》,北京,中华书局,2009 年。

7. 高流水、林恒森译注：《慎子、尹文子、公孙龙子全译》,贵阳,贵州人民出版社,1996 年。

8. 陈曦译注：《吴子》,北京,中华书局,2018 年。

9. 石磊译注：《商君书》,北京,中华书局,2011 年。

10. 高华平等译注：《韩非子》,北京,中华书局,2015 年。

11. 王世舜、王翠叶译注：《尚书》,北京,中华书局,2012 年。

12. 胡平生、张萌译注：《礼记》,北京,中华书局,2017 年。

13. （春秋）左丘明：《左传》,长沙,岳麓书社,2015 年。

14. （春秋）左丘明：《国语》,长沙,岳麓书社,2015 年。

15. （战国）吕不韦等：《吕氏春秋》,长沙,岳麓书社,2015 年。

16. 《睡虎地秦墓竹简》,北京,文物出版社,1978 年。

17. （汉）刘向：《战国策》,长沙,岳麓书社,2015 年。

18. （汉）司马迁：《史记》,北京,中华书局,2009 年。

19. （汉）班固：《汉书》,北京,中华书局,2007 年。

20. （汉）刘安等撰,陈广忠译注：《淮南子》,北京,中华书局,2012 年。

21. （汉）董仲舒：《春秋繁露》,北京,中华书局,2012 年。

22. （汉）桓宽撰集,王利器校注：《盐铁论校注》,北京,中华书局,2017 年。

23. （汉）刘向撰,王天海、杨秀岚译注：《说苑》,北京,中华书局,2019 年。

24. （唐）魏征等撰,沈锡麟整理：《群书治要》,北京,中华书局,2014 年。

25. （唐）长孙无忌等编纂,岳纯之点校：《唐律疏议》,上海,上海古籍出版社,2013年。

26.《王安石文选》,天津,天津人民出版社,1975年。

27.（明）李贽：《焚书 续焚书》,北京,中华书局,1975年。

28.（明）董说：《七国考》,北京,中华书局,1956年。

29. 梁启超：《先秦政治思想史》,北京,中华书局,2015年。

30. 胡适：《中国哲学史大纲》,武汉,崇文书局,2015年。

31. 郭沫若：《十批判书》,北京,东方出版社,1996年。

32. 冯友兰：《中国哲学史新编》第一册,北京,人民出版社,1982年。

33. 萧公权：《中国政治思想史》,北京,商务印书馆,2017年。

34. 张岱年：《中国哲学大纲》,北京,中国社会科学出版社,1982年。

35. 罗根泽：《诸子考索》,北京,人民出版社,1958年。

36. 钱穆：《先秦诸子系年》,北京,商务印书馆,2005年。

37. 蒋伯潜：《诸子通考》,杭州,浙江古籍出版社,1985年。

38. 吕思勉：《先秦史》,上海,上海古籍出版社,1982年。

39. 金德建：《先秦诸子杂考》,郑州,中州书画社,1982年。

40. 卫聚贤：《古史研究 第一集》,上海,商务印书馆,1931年。

41. 沈家本：《历代刑法考》,北京,中华书局,1985年。

42. 陈烈：《法家政治哲学》,上海,华通书局,1929年。

43. 丘汉平：《先秦法律思想》,上海,上海光华书局,1931年。

44. 陈顾远：《中国法制史》,上海,商务印书馆,1934年。

45. 杨鸿烈：《中国法律思想史》,北京,中国政法大学出版社,2004年。

46. 陈启天、谢无量、曹谦、陈烈：《中国法家概论 韩非 韩非法治论 法家政治哲学》,上海,上海书店,1992年。

47. 陈启天：《民主宪政论》,上海,商务印书馆,1944年。

48. 张晋藩：《中国法律史论》,北京,法律出版社,1982年。

49. 张国华：《中国法律思想史新编》,北京,北京大学出版社,1998年。

50. 武树臣、李力：《法家思想与法家精神》,北京,中国广播电视出版社,1998年。

51. 杨鹤皋：《先秦法律思想史》,北京,中国政法大学出版社,1990年。

52. 何勤华：《中国法学史（第一卷）》,北京,法律出版社,2006年。

53. 徐祥民、刘笃才、马建红编：《中国法律思想史》,北京,北京大学出版社,2004年。

54. 公丕祥主编：《法律文化的冲突与融合——中国近现代法制与西方法律文化的关联考察》,北京,中国广播电视出版社,1993年。

55. 程燎原:《从法制到法治》,北京,法律出版社,1999 年。

56. 马小红:《礼与法:法的历史连接》,北京,北京大学出版社,2004 年。

57. 霍存福:《权力场:中国人的政治智慧》,沈阳,辽宁人民出版社,1998 年。

58. 范忠信、陈景良:《中国法制史》,北京,北京大学出版社,2007 年。

59. 王立民:《古代东方法研究》,北京,北京大学出版社,2006 年。

60. 张中秋:《中西法律文化比较研究》,南京,南京大学出版社,1999 年。

61. 钱大群、艾永明:《唐代行政法律研究》,南京,江苏人民出版社,
1996 年。

62. 张仁善:《法律社会史的视野》,北京,法律出版社,2007 年。

63. 杨宽:《战国史》,上海,上海人民出版社,2003 年。

64. 孙茂法:《孔子高足:卜子夏与西河设教》,太原,山西经济出版社,
2009 年。

65. 冯宝志:《三晋文化》,沈阳,辽宁教育出版社,1991 年。

66. 张有智:《先秦三晋地区的社会与法家文化研究》,北京,人民出版社,
2002 年。

67. 马积高:《荀学源流》,上海,上海古籍出版社,2000 年。

68. 徐祥民:《法家的法律思想研究》,北京,法律出版社,2002 年。

69. 杨玲:《中和与绝对的抗衡:先秦法家思想比较研究》,北京,中国社会
科学出版社,2007 年。

70. 时显群:《法家"以法治国"思想研究》,北京,人民出版社,2010 年。

71. 戴东雄:《从法实证主义之观点论中国法家思想》,台北,三民书局,
1973 年。

72. 黄公伟:《法家哲学体系指归》,台北,商务印书馆,1983 年。

73. 蔡振修:《韩非的法律思想研究》,彰化,1986 年。

74. 郑良树:《商鞅及其学派》,台北,学生书局,1987 年。

75. 徐汉昌:《管子思想研究》,台北,学生书局,1990 年。

76. 林聪舜:《西汉前期思想与法家的关系》,台北,大安出版社,1991 年。

77. 李增:《先秦法家哲学思想》,台北,台北编译馆,2001 年。

78.《中国法律思想史资料选编》,北京,法律出版社,1983 年。

79. 安徽师范大学历史系《法家人物传略》编写组:《法家人物传略》,合肥,
安徽人民出版社,1975 年。

80.〔古希腊〕亚里士多德著,吴寿彭译:《政治学》,北京,商务印书馆,
1965 年。

81.〔法〕孟德斯鸠著,张雁深译:《论法的精神》上册,北京,商务印书馆,

1961 年。

82.〔英〕洛克著,叶启芳、瞿菊农译:《政府论》,北京,商务印书馆,1964 年。

83.〔英〕阿克顿著,侯健等译:《自由与权力——阿克顿勋爵论说文集》,北京,商务印书馆,2001 年。

84.〔英〕边沁著,沈叔平等译:《政府片论》,北京,商务印书馆,1995 年。

85.〔英〕梅因著,沈景一译:《古代法》,北京,商务印书馆,1969 年。

86.〔英〕崔瑞德、鲁惟一编,杨品泉等译:《剑桥中国秦汉史　公元前 221—公元 220 年》,北京,中国社会科学出版社,1992 年。

87.〔美〕罗斯科·庞德著,邓正来译:《法律史解释》,北京,中国法制出版社,2002 年。

88.〔美〕布迪、莫里斯著,朱勇译:《中华帝国的法律》,南京,江苏人民出版社,1995 年。

89.〔德〕马克斯·韦伯著,王容芬译:《儒教与道教》,北京,商务印书馆,2004 年。

90.〔德〕何意志著,李中华译:《法治的东方经验:中国法律文化导论》,北京,北京大学出版社,2010 年。

91.〔日〕大庭脩著,徐世虹等译:《秦汉法制史研究》,上海,中西书局,2017 年。

92.〔日〕滋贺秀三著,张建国、李力译:《中国家族法原理》,北京,商务印书馆,2013 年。

93. J. J. L. Duyvenda, *The Book of Lord Shang*, Arthur Probsthan, London, 1928.

94. Arthur Waley, *Three Ways of Thought in Ancient China*, Clarendon Press, Oxford, 1989.

95. Roger T. Ames, *The Art of Rulership*, *A Study of Ancient Chinese Political Thought*, University of Hawaii Press, Honolulu, 1983.

人名索引

后 记

　　日本知名法史学者滋贺秀三对中国古代法律文化下了一个"判词"："在世界各主要文明中，中国是距离法治最为遥远的一种，甚至与欧洲形成了两极相对的反差。"这种看法在国内也颇有影响。儒家向来主张人治、德治、礼治，重情理道德超过法律，其法治不彰自不必说；而主张法治的法家在秦亡以后一直被儒家贴上了"暴政"的标签，声名狼藉，在国人脑海里形象不佳。中国学界对于法家法治的看法有肯定也有否定，但总体上是否定多于肯定的。而我通过这几年对法家的深入研究，深感法家思想博大精深，与同时代的古希腊思想家相比并不逊色，所以中华文明无法治论根本站不住脚。因此有必要摘除有色眼镜，重新审视法家，深入挖掘这一宝贵的本土法治资源，这对于法治中国建设来说无疑具有积极意义。

　　我的硕士论文的研究主题是法律文化建设。当时由于学识粗浅，对中国传统法律文化是一知半解，总体上持否定态度，硕士毕业后也没有对其继续深入研究。博士论文转而选取西方宪法的制宪权问题进行研究。虽然有关研究增进了我的学术水平和法理涵养，但这种研究由于以西方社会为背景，有些远离中国社会的历史与现实，因而其实际意义非常有限。

　　随着近些年国学热的兴起，我又重新审视中国的历史与文化，尤其对两千多年前的诸子百家发生了浓厚兴趣，那可谓中国人的文化家园。人们对国学的认识常有一个误区，将国学等同于儒学，其实诸子百家都是国学，尤其是道、儒、法三家都是国学中的瑰宝，如果厚此薄彼，反而削弱了我国文化的多样性。先秦法家好似流星转瞬即逝，然其在法治理论方面颇有建树，是宝贵的思想遗产。为探寻法治之道，五年前我着手进行法家研究。2016年获得了省级课题立项，2018年又获得国家课题立项，2020年结项。法家研究资料浩繁，特别是大量古文原著，对于我这古文功底浅薄的新式书生来说，读起来佶屈聱牙，然而又不能不硬着头皮钻研下去。有时也想过打退堂鼓，问自己把头埋进故纸堆探寻法治之道到底值不值？好在课题的连续立项鼓舞了我不断研究下去的信心。越研究越深入，越深入越发现这里学问很多,整理国故大有可为。因此,我要特别感谢那些未曾谋面的匿名评审专家,给我的课题立项开了"绿灯",并给了很多中肯的修改意见,这才有今天这本书的面世,在此对他们致以崇高敬意。同时还要感谢我的老师龚廷泰教授以及各位师友、领导和同仁还有家人的关心帮助,没有他们的热心支持,我的研究进展会困难得多。

法家研究是一件非常有意义的事情,它不仅对于我们全面建设社会主义法治国家提供历史借鉴,为弘扬社会主义法治文化提供本土法治资源,而且为我们打开了管窥中华文化宝库的一扇门窗,增强了文化自信。因此,对法家的后续研究我将坚持下去。

由于才疏学浅和时间有限,书中对晋法家的研究难免还有很多不足之处,欢迎读者朋友不吝批评指正。

黄辉明庚子仲秋于南京晦明斋